Manhattan Lower Manhattan TriBeCa Chinatown Lower Eastsi
ittle Italy SoHo West Village Greenwich Village East Villa
Gramerc [illegible] Hell's Kitchen Theater Distr
Midtown [illegible] Side Central Park Upper We
Side Uppe [illegible] The Bronx Queens Brooklyn Stat
Island [illegible] attan TriBeCa Chinatown Low
Eastside Little Italy SoHo West Village Greenwich Village Ea
Village Gramercy Koreatown Chelsea Hell's Kitchen Theater Distr
Midtown Midtown East Upper East Side Central Park Upper We
[illegible]
[illegible]
[illegible] West Village [illegible] Village Ea
Village Gramercy Koreatown Chelsea Hell's Kitchen Theater Distr
Midtown Midtown East Upper East Side Central Park Upper We
[illegible]
[illegible] Lower Manhattan TriBeCa [illegible]
[illegible] Village [illegible] Village Ea
Village Gramercy Koreatown Chelsea Hell's Kitchen Theater Distr
Midtown Midtown East Upper East Side Central Park Upper We
Side Upper Manhattan Harlem The Bronx Queens Brooklyn Stat
Island Manhattan Lower Manhattan TriBeCa Chinatown Low
Eastside Little Italy SoHo West Village Greenwich Village Ea
Village Gramercy Koreatown Chelsea Hell's Kitchen Theater Distr
Midtown Midtown East Upper East Side Central Park Upper We
Side Upper Manhattan Harlem The Bronx Queens Brooklyn Stat
Island Manhattan Lower Manhattan TriBeCa Chinatown Low
Eastside Little Italy SoHo West Village Greenwich Village Ea
Village Gramercy Koreatown Chelsea Hell's Kitchen Theater Distr
Midtown Midtown East Upper East Side Central Park Upper West Si
pper Manhattan Harlem The Bronx Queens Brooklyn Staten Isla

Chinatown Lower Eastside

Manhattan Harlem The Bronx Queens Brooklyn Staten Island

Manhattan Lower Manhattan TriBeCa Chinatown Lower Eastsi
ittle Italy SoHo West Village Greenwich Village East Villa
Gramercy Koreatown Chelsea Hell's Kitchen Theater Distr
Midtown Midtown East Upper East Side Central Park Upper W
Side Upper Manhattan Harlem The Bronx Queens Brooklyn Sta
Island Manhattan Lower Manhattan TriBeCa Chinatown Low
Eastside Little Italy SoHo West Village Greenwich Village E
Village Gramercy Koreatown Chelsea Hell's Kitchen Theater Distr
Midtown Midtown East Upper East Side Central Park Upper W
Side Upper Manhattan Harlem The Bronx Queens Brooklyn Sta
Island Manhattan Lower Manhattan TriBeCa Chinatown Low
Eastside Little Italy SoHo West Village Greenwich Village E
Village Gramercy Koreatown Chelsea Hell's Kitchen Theater Distr
Midtown Midtown East Upper East Side Central Park Upper W
Side Upper Manhattan Harlem The Bronx Queens Brooklyn Sta
Island Manhattan Lower Manhattan TriBeCa Chinatown Low
Eastside Little Italy SoHo West Village Greenwich Village E
Village Gramercy Koreatown Chelsea Hell's Kitchen Theater Distr
Midtown Midtown East Upper East Side Central Park Upper W
Side Upper Manhattan Harlem The Bronx Queens Brooklyn Sta
Island Manhattan Lower Manhattan TriBeCa Chinatown Low
Eastside Little Italy SoHo West Village Greenwich Village E
Village Gramercy Koreatown Chelsea Hell's Kitchen Theater Distr
Midtown Midtown East Upper East Side Central Park Upper W
Side Upper Manhattan Harlem The Bronx Queens Brooklyn Sta
Island Manhattan Lower Manhattan TriBeCa Chinatown Low
Eastside Little Italy SoHo West Village Greenwich Village E
Village Gramercy Koreatown Chelsea Hell's Kitchen Theater Distr
Midtown Midtown East Upper East Side Central Park Upper West Si
Upper Manhattan Harlem The Bronx Queens Brooklyn Staten Isla

영화, 뉴욕을 찍다

영화, 뉴욕을 찍다

펴낸날 1판 1쇄 2017년 6월 10일
1판 2쇄 2019년 3월 15일

지은이 박용민
펴낸이 윤미경

펴낸곳 헤이북스
출판등록 제2014-000031호
주소 경기도 성남시 분당구 황새울로 234, 607호
전화 031-603-6166
팩스 031-624-4284
이메일 heybooksblog@naver.com

책임편집 김영회
디자인 류지혜
마케팅 김남희
찍은곳 한영문화사

ISBN 979-11-957146-9-8 03680

책값은 뒤표지에 적혀 있습니다. 잘못된 책은 구입하신 곳에서 바꾸어 드립니다.

유별난 도시 뉴욕을 읽는
필모그래피 273

헤이북스

일러두기

1. 이 책은 다섯 개의 장으로 나누어 편집했다. 뉴욕이 맨해튼 · 브롱크스 · 브루클린 · 퀸스 · 스태튼아일랜드의 다섯 구Boroughs로 이루어져 있으므로 행정구역별로 구분한 것이다. 유독 맨해튼만 21곳으로 세분화하여 분량이 많아진 것은 그곳이 여행과 영화의 중심지이기 때문이다.
2. 편의상 이 책에서 1~12가는 애비뉴Avenne를 의미하고, 13~263가는 스트리트Street를 가리킨다. 그렇지 않은 곳에는 영어 표기를 병기했다.
3. 인명 · 지명과 작품명 등의 외국어와 외래어는 국립국어원의 표기법을 따랐다. 인명 · 지명 등은 원어를 처음 한 번에 한해 병기하고, 관례적으로 또는 통상적으로 사용하는 경우 우리말로 옮기지 않고 그대로 차용했다. 뜻을 설명할 필요가 있거나 혼동의 우려가 있을 때는 원어를 살려 표기했다. 작품명은 한국판 제목과 원어를 처음 한 번에 한해 병기했다. 한국판 제목이 없는 영화와 노래 등은 원어로만 표기했다.
4. 《 》은 단행본을 표시한 것이며, 〈 〉은 영화, 드라마, 프로그램, 단편소설, 노래, 신문, 잡지 등을 표시한 것이다.
5. 영화 포스터 밑에는 각각의 별점을 달아두었다. 극히 주관적인 평가이지만, 이 책에서 소개된 영화를 일부러 찾아서 보실 독자들은 참고하길 바란다. 별 넷은 '안 보면 손해', 별 셋은 '취향 따라 골라 보면 재미', 별 둘은 '시간이 많다면', 별 하나는 '말리고 싶은' 정도를 의미하는 거친 분류다. 별점에 동의하시지 않는 독자들의 모든 이의를 존중하고 환영한다.

뉴욕에서 걸어 다니는 것은 운동이 아니다.

그것은 자신만의 영화를 끊임없이 상영하는 것이다.

로이 블라운트 주니어Roy Blount Jr(미국 작가)

프롤로그

세계 영화의 수도, 뉴욕

> 어느 시기에든 지구 상에는 1500명 정도의 외계인이 살고 있어. 대부분은 여기 맨해튼에 머물고 있지. 그들 중 대다수는 해롭지 않아. 그저 먹고살려고 애쓰는 부류들이랄까.
>
> 영화 〈맨 인 블랙Men In Black〉 중에서, 요원 K의 대사

미국이라는 나라를 영화로 정의한다면? '할리우드와 뉴욕 그리고 그 사이의 온갖 것'이라고 할 수 있다. 미국 영화의 기표icon는 할리우드지만, 정작 영화의 도시를 꼽는다면 단연 뉴욕이 으뜸이다. 거짓말을 조금 보태면, 미국 영화의 절반 정도는 배경이 뉴욕이다. 뉴욕의 모든 구석구석이 영화 속 이야기를 담고 있는 셈이다.

당신이 보석상 티파니 쇼윈도 앞에 서서 샌드위치로 아침을 때우는 아가씨를 지나쳐 웨스트사이드로 간다고 가정하자. 거기서 로버트 드니로를 닮은 택시 드라이버에게 푸에르토리코 이민자 타운이 있던 위치가 어디냐고 물어보면 그는 '지금 나한테 말하는 거냐'며 시비를 걸어올지도 모른다. 죽지도 않는 브루스 윌리스가 그를 지긋지긋해하는 독일인 악당들을 뒤쫓던 센트럴파크에는 수많은 인파가 조

깅을 즐긴다. 그중 누군가는 '마라톤맨'처럼 절박한 사연을 안고 뛰고 있을지도 모르고, 멍하니 비둘기를 바라보는 아이는 가족과 떨어져 '나 홀로 집에' 남은 처지인지도 모른다. 운이 좋다면 자유의 여신상 근처에서 데릴 한나 닮은 인어를 만난다거나 34번가 백화점에서 기적을 목격할 수도 있다. 운이 아주 나쁘다면 엠파이어스테이트빌딩 위에 떠 있는 적대적인 외계의 비행접시라든지, 거길 기어오르는 초대형 유인원과 마주칠지도 모른다. 월 스트리트에서 마주쳤던 정장 입은 여성은 스태튼아일랜드에서 매일 아침 배를 타고 출근하는 '워킹걸'이었을지도 모르고, 저녁 식사를 하러 들른 브루클린의 식당에는 달빛에 취해 약혼자의 동생과 사랑에 빠진 노처녀가 당신 옆자리에 앉아 있을지도 모른다.

뉴욕은 슈퍼히어로 인구도 과밀 상태다. 지하에서는 '닌자 터틀'과 '헬보이'가 바삐 활약하고, 미드타운에 '아이언맨'과 '판타스틱 4'의 본부가 있는가 하면, 그리니치빌리지에는 '닥터 스트레인지'가 살고 있다. '스파이더맨'은 맨해튼이 아닌 다른 도시에서 활동했더라면 길거리를 부지런히 뛰어다녀야 했을 거다. '배트맨'의 무대인 고담이나 '슈퍼맨'의 메트로폴리스도 뉴욕을 모델로 삼고 있다. 악당이나 히어로나 한결같이 기를 쓰고 뉴욕에서 활동하려는 것은, "캔자스시티를 쑥대밭으로 만들었다."거나 "나는 밀워키의 수호자다."라고 해서는 폼이 나지 않기 때문이다. 프랭크 시나트라Frank Sinatra가 부른 〈New York, New York〉이라는 노래 가사는 뉴욕에서 성공하고 싶은 신인 가수의 심정을 대변한다. 'If I can make it there, I'll make it anywhere(여기서 성공할 수 있다면 어디서든 성공할 거야).' 시골에서 올라온 신인 가수든, 외계에서 쳐들어온 악당이든 뉴욕을 바라보는 심정은 비슷한 모양이다. 그래서 뉴욕은 바쁘다. '잠들지 않는 도시the city that never sleeps'가 될 만큼.

뉴욕이 영화의 배경으로 사랑받는 이유는 이곳이 어느 곳과도 다른 특별한 장소이기 때문이다. 역설적이지만, 가장 미국적이지 않기 때문에 미국을 대표하는 도시가 된 셈이다. 이 도시에 일찌감치 초고층 스카이라인이 생겨난 것은 맨해튼의 지반이 매우 단단한 변성암의 일종인 운모편암으로 이루어진 덕분이었다. 그래서 1920~1930년대의 건축 공법으로도 다닥다닥 붙어선 마천루들을 지을 수 있었다. 숲이 밤의 정령을 부르듯이 맨해튼의 잠들지 않는 빌딩 숲은 세계 각지로부터 가난과 핍박을 벗어나려는 이주민과, 자기만의 왕국을 꿈꾸는 갱단과, 새로운 스타일을 추구하는 예술가와, 대박을 꿈꾸는 프로듀서와, 유명해지고 싶은 연예인 지망생과, 떼돈을 벌려는 금융 전문가들을 불러 모았다. 욕망이 장애물을 만나는 지점에서 이야기가 탄생한다. 언제나 수많은 이들의 욕망이 만만찮은 도전과 부딪치며 꿈틀대고 있는 곳, 뉴욕이 풍성한 이야깃거리를 품고 있는 이유다.

나는 도합 5년 반 동안 뉴욕에 있는 유엔 대표부에서 근무했다. 1998~2001년의 뉴욕은 나로서는 처음 경험하는 미국이었다. 당시 뉴욕이 눈부신 변화를 겪고 있다는 사실을 알아채기란 어렵지 않았다. 1980년대 내내 산업의 공동화, 생산성의 급락, 쌍둥이 적자의 누적으로 침체에 빠져 있던 미국 경제는 1990년대 중반부터는 연 3%대의 안정적 성장을 보이면서 자신감을 다시 회복했다. 실업률도 낮아졌다. IT 기술의 급속한 발전이 장기 호황을 이끌 듯이 보였고, 건설붐도 다시 일기 시작했다. 영화에서 보던 범죄로 얼룩진 뉴욕은 빠르게 사라지고, 부동산 시장의 활황과 재개발, 몰라보게 좋아진 치안 속에서 기지개를 켜는 다른 모습의 도시가 그 자리를 채웠다.

11년이 흐른 뒤 2012년 여름에 다시 뉴욕 근무를 시작했다. 유엔 안전보장이사회에서 바라본 국제 정세는 지난번 뉴욕에 근무하던 세기말보다 더 세기말적이었고, 패기만만하던 냉전 직후 미국의 모습을 더는 찾아볼 수 없었다. 20년 전에는 프랜시스 후쿠야마Francis Fukuyama의 《역사의 종말The End of the History and the Last Man》이 유행하더니 이제는 로버트 케이건Robert Kagan의 《돌아온 역사와 깨진 꿈The Return of History and the End of Dreams》이 화제에 올랐다. 〈스타워즈Star Wars〉에서 제국이 역습하듯이 살아 돌아온 '역사의 역습'이 한창이었다. 한 세기 전에 획정된 국경선이 분쟁의 소재가 되었고, 수니와 시아는 7세기의 권력 다툼을 재현했고, 이슬람도 국가도 아닌 극단주의자들이 이슬람국가IS라는 간판을 내걸고 역사의 시계를 칼리프caliph 시대로 돌리겠다며 중동을 휘저었다. 맨해튼에는 건물의 신축이나 개보수 현장이 별로 눈에 띄지 않았다. 광동어를 쓰던 예전의 중국인들은 다 어디로 간 건지, 이제 뉴욕의 중국인들은 만다린을 쓴다. 단체 관광객이든, 가게 종업원이든.

외교관도 '글 쓰는 직업'에 해당한다. 내가 애써 기록한 대부분의 자료와 보고서들은 외교부 문서철 속으로 들어간다. 까다롭지만 보람 있는 일이다. 굳이 사적인 감상을 책으로 남기는 것이 업무상 쓰는 글로만 만족할 수 없어서는 아니다. 내가 그때 그곳에 살면서 배우고 느꼈던 것들 중 보고서에 담지 못한 '생각의 잔돈들' 역시 내게는 소중한 삶의 흔적이기 때문이다. 돼지저금통처럼 이 잔돈을 모아 또 한

권의 책을 출간하게 되었다. 출간을 독려하고 아이디어를 주신 헤이북스의 윤미경 대표께 감사드린다. 막연히 여러 도시에 살던 경험을 정리해볼까 생각하던 내게 '뉴욕과 영화'로 범위를 좁혀보라고 권해준 친구 장원재 박사에게도 감사한다. 뉴욕에 10년 가까이 근무하신 영화의 고수 윤여철 대사님의 조언은 이 책을 살찌워주었다.

이 책에는 가급적 피하려고 했지만 어쩔 수 없이 영화의 스포일러도 포함되어 있다. 내용 전개상 필요한 부분임을 간곡히 양해 바라며, 찾아보기에 영화 목록을 정리해놓았다. 혹시 포함되었을지 모를 오류는 물론 저자의 몫이다. 오류를 발견한 독자는 헤이북스로 제보해주시면 개정 작업을 할 때 감사히 반영하겠다.

저널리스트 메이어 버거Meyer Berger의 말처럼 '사람들은 뉴욕에서 저마다 자기만의 의미를 읽어낸다.' 모쪼록 이 책이 뉴욕 여행자와 영화 팬에게 작은 즐거움을 선사하기를.

햇살 맑은 동아프리카의 언덕 위에서

박용민

차 례

맨해튼 *Manhattan*

잠들지 않는 뉴욕의 심장

그는 뉴욕을 사랑했다. 그는 균형이 맞지 않을 만큼 그곳을 숭배했다. 아니, 그곳을 지나치게 로맨틱하게 묘사했다. 계절과 무관하게, 뉴욕은 그에게 여전히 흑백의 화면 속에 존재하면서 조지 거시윈George Gershwin의 위대한 음악에 맞추어 고동치는 도시였다.

영화 〈Manhattan〉 중에서, 우디 앨런Woody Allen

맨해튼 지도

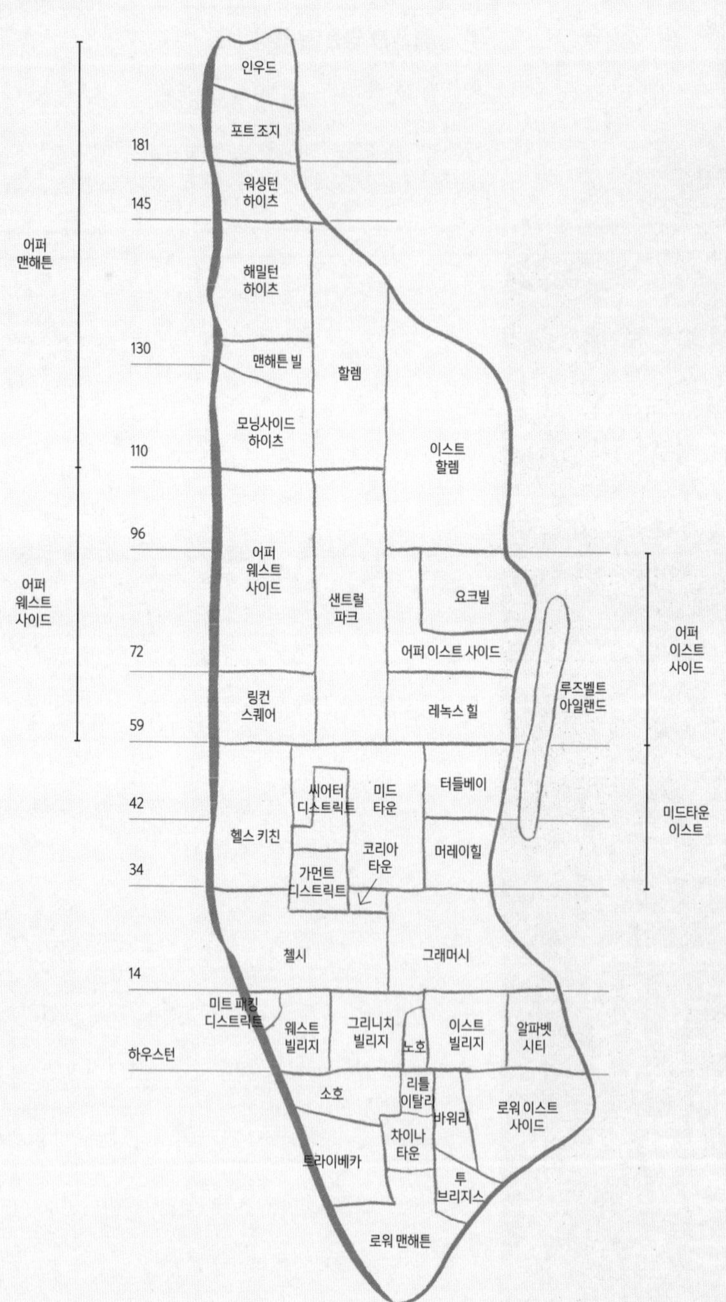

인우드
포트 조지
181
워싱턴 하이츠
145
어퍼 맨해튼
해밀턴 하이츠
130
맨해튼 빌
할렘
모닝사이드 하이츠
110
이스트 할렘
96
어퍼 웨스트 사이드
어퍼 웨스트 사이드
샌트럴 파크
요크빌
72
어퍼 이스트 사이드
어퍼 이스트 사이드
링컨 스퀘어
레녹스 힐
루즈벨트 아일랜드
59
씨어터 디스트릭트
미드 타운
터들베이
42
미드타운 이스트
헬스 키친
코리아 타운
머레이힐
34
가먼트 디스트릭트
첼시
그래머시
14
미트 패킹 디스트릭트
웨스트 빌리지
그리니치 빌리지
노호
이스트 빌리지
알파벳 시티
하우스턴
소호
리틀 이탈리
바워리
로워 이스트 사이드
차이나 타운
트라이베카
투 브리지스
로워 맨해튼

★ 뉴욕에 오신 걸 환영한다. 먼저 명칭부터 정리하자. 뉴욕 시New York City는 한반도 면적의 3분의 2쯤 되는 뉴욕 주New York State의 남쪽 끝에 붙어 있는 도시다. 육지 면적만 따지면 서울특별시보다 조금 더 크고, 강과 바다를 합치면 서울의 두 배쯤 된다. 상식적으로 주州의 이름과 시市의 이름이 같으면 덩치가 큰 주를 그냥 이름으로만 부르고 시는 '무슨 시티'라고 불러주는 게 온당하겠다. '오클라호마에 있는 오클라호마 시티'처럼. 그런데 '빅애플The Big Apple'이라는 요란한 별명까지 가지고 있는 뉴욕 시는 어찌나 유별난 도시인지, 그냥 뉴욕이라고만 하면 보통은 시를 가리킨다. 구별하기 위해서 주를 꼬박꼬박 '뉴욕 스테이트'라고 부르고 있으니, 배보다 큰 배꼽인 셈이다. 자, 정리를 했으니 이 책에서도 뉴욕 시를 그냥 뉴욕이라고 부르겠다.

위도상 신의주보다 더 북쪽이건만 뉴욕의 날씨는 만주보다는 서울과 비슷하다. 맨해튼 · 브롱크스 · 브루클린 · 퀸스 · 스태튼아일랜드 등 총 다섯 개의 자치구Boroughs로 이루어져 있다. 그중에서도 뉴욕 하면 제일 먼저 떠오르는 곳은 역시 맨해튼이다. 다섯 자치구 중 가장 작아도 맨해튼의 인구밀도는 미국 최고다. 강남구와 서초구를 합친 정도의 면적(87km^2)인데, 강남 · 서초 · 송파 3개 구민을 합친 정도의 인구(160만여 명)가 살고 있다. 맨해튼으로 출퇴근하는 유동 인구까지 포함하면 그 두세 배는 족히 되지 싶다.

엄밀히 말하면 맨해튼은 섬이다. 서쪽에는 허드슨 강, 북쪽으로는 할렘 강, 동쪽으로는 이스트 강이 흐르고 남쪽으로는 대서양을 면하고 있다. 이스트 강은, 버젓이 강이라는 이름이 붙어 있고 실제로 강처럼 보이지만, 북쪽 바다에서 시작해서 남쪽 바다로 끝나는 바닷물이다. 낚싯대를 드리우면 잉어나 붕어가 아니라 넙치나 농어가 잡힌다는 애기다. 다리와 터널을 통해서만 들어갈 수 있는 맨해튼, 이 섬을 가리켜 '더 시티the city'라고 할 때는 그저 번화가를 뜻하는 것만이 아니라 마치 사대문을 통과해야 들어갈 수 있는 도성처럼 지리적으로 이격된 특별한 느낌이 담겨 있다. 이 세상에 맨해튼처럼 다양한 인종과 문화와 사상이 활기차게 부대끼는 곳을 찾기 어렵다는 점을 생각하면, 맨해튼은 지리적으로만 섬이 아니라 비유적으로도 섬이다.

물론 상상력은 반대 방향으로도 작용한다. 존 카펜터John Carpenter 감독의 영화 〈Escape From New York〉은 미국의 범죄율이 급증하자 맨해튼 주변에 장벽과 지뢰를 설치하고 섬 전체를 야외 감옥으로 만든 세상을 그렸다. 들어갈 수는 있지만 아무도 살아서 나올 수 없는 이 섬에 대통령 전용기가 불시착하자, 경찰서장은 특수부대 출신 범죄자 스네이크에게 사면을 조건으로 대통령 구출을 지시한다. 뉴저지에서 맨해튼으로 출퇴근해본 입장에서 보면, 맨해튼을 벗어나기 위해 죽을 고생을 하는 스네이크 일행의 분투는 매일 교통지옥을 뚫고 출퇴근 전쟁을 벌이는 뉴욕 근로자들의 노고에 바치는 비유였나 하는 생각도 든다.

크리스토퍼 놀란Christopher Nolan 감독은 만화 주인공 배트맨을 현실 세계로 끌어내 느와르 3부작을 만들었다. 세계화 시대의 슈퍼히어로는 테러에 맞서 싸워야 하는 것이다. 전편인 〈배트맨 비긴즈Batman Begins〉와 〈다크 나이트The Dark Knight〉는 시카고에서 촬영했지만 〈다크 나이트 라이즈The Dark Knight Rises〉의 고담Gotham 시는 뉴욕이었다. 악당 베인은 도시로 이어지는 다리와 터널을 폭파하고 모든 범죄자를 선동해 고립된 도시에서 폭동을 일으킨다. 9·11 이후, 뉴욕이 테러 공격을 당하는 장면은 허황된 상상에 그치지 않는다. 맨해튼은 원래부터 섬

〈Escape From New York〉(1981)
★★★ 감독 존 카펜터
출연 커트 러셀(스네이크), 리 반 클리프 (경찰서장), 어네스트 보그나인(택시기사)

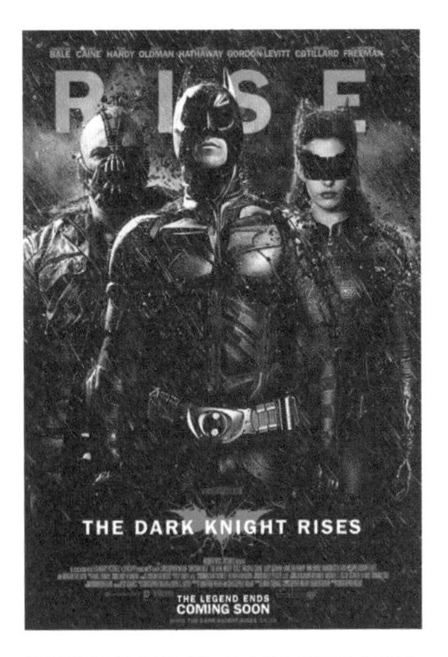

〈다크 나이트 라이즈The Dark Knight Rises〉(2012)
★★★ 감독 크리스토퍼 놀란
출연 크리스찬 베일(브루스 웨인), 마이클 케인 (알프레드)

이었지만, 그런 의미에서 더 외롭고 위태로운 섬이 되어버린 느낌이다.

맨해튼은 원주민의 언어로 '많은 언덕을 가진 섬'이라는 뜻이다. 1626년 네덜란드는 원주민들로부터 이 땅을 (지금 돈으로) 1000달러 상당의 현물을 주고 매입하여 뉴암스텔담Nieuw Amsterdam이라고 불렀다. (오늘날 맨해튼의 부동산 가치는 약 9000억 달러에 해당한다.) 영국이 이곳을 점령해 뉴욕이라는 이름을 붙인 건 1664년이었다. 당시 요크 공작이던 제임스 2세를 기리는 이름이었다. 상업 도시로 쑥쑥 성장한 뉴욕은 1810년에 필라델피아Philadelphia를 제치고 미국 최대의 도시가 되었다. 유럽 각국의 이주민들이 물밀듯 쏟아져 들어왔다.

초창기의 네덜란드인, 영국인 외에 독일과 아일랜드 이주민이 많이 들어왔고, 1850년대부터는 이탈리아인과 동유럽 출신 유태인들이

맨해튼처럼 다양한 인종과 문화와 사상이 활기차게
부대끼는 곳을 찾기 어렵다는 점을 생각하면, 맨해튼은
지리적으로만 섬이 아니라 비유적으로도 섬이다.

몰려왔다. 1861년 남북전쟁이 시작되면서 징병제에 대한 불만이 커졌다. 해방된 노예들이 저임금 일자리를 차지하면서 실업까지 늘어나자 부글부글 끓던 뉴욕에서 1863년에 징병 반대 폭동Draft Riot이 일어났다. 119명이 사망한 미국 역사상 최악의 폭동이었다. 이 무렵 뉴욕 풍경을 그린 영화가 마틴 스콜세지Martin Scorsese 감독의 〈갱스 오브 뉴욕Gangs of New York〉이다. 아일랜드계 청년이 아버지 원수를 갚겠다고 토박이 깡패 두목과 싸우느라 유혈이 낭자한 영화다. 스콜세지가 묘사한 '마피아의 선사시대'라고나 할까.

이후 100년 동안 뉴욕은 온갖 풍파를 무릅쓰고 성장을 거듭한다. 1920년대에는 금주법에도 불구하고 뉴욕의 재즈 클럽은 번성했다. 맨해튼의 스카이라인을 빛내는 가장 개성 있는 고층 건물들이 들어선 시기가 1930년대 대공황 기간이었다는 사실도 아이러니다. 대규모 산업 구조 조정이 이루어진 1970년대 이후 맨해튼은 치솟는 실업율과 범죄율로 몸살을 앓게 된다. 끊임없는 경찰차의 사이렌 소리가 맨해튼 밤의 '세레나데'가 되었다.

그러나 1980년대부터 월 가Wall St를 중심으로 시작된 금융권의 활황은 1990년대에 들어서자 부동산 붐으로 이어져 재개발 사업이 유행처럼 번졌다. 1994년부터 2001년까지 8년간 시장직을 역임한 루돌프 줄리아니Rudolph Giuliani는 뛰어난 리더십으로 뉴욕의 범죄율을 현저히 낮추는 데 성공했다. 타임스퀘어를 가득 메웠던 외설적인 성인 오락 시설들은 일제히 자취를 감췄다. '가장 오래된 직업the oldest profession'이라는 별명을 가진 매춘부들이 배회하던 을씨년스럽던 시내 밤거리에는 '가장 새로운 패션the latest fashion'을 뽐내는 젊은이들이 넘쳐나게 되었다. 이를테면 〈Mean Streets〉나 〈택시 드라이버Taxi Driver〉의

〈갱스 오브 뉴욕Gangs of New York〉(2002)
★★★ 감독 마틴 스콜세지
출연 레오나르도 디카프리오 (암스테르담 발론),
다니엘 데이 루이스(빌 더 버처 커팅)

뉴욕으로부터 〈섹스 앤 더 시티Sex and the City〉의 뉴욕으로의 변화였다.

음침하고 꺼림칙한 것들만 사라진 건 아니었다. 〈8번가의 기적Batteries not included〉에서처럼 뉴욕의 빈민들이 보금자리를 철거당한 것도 이 무렵이었고, 〈유브 갓 메일You've Got Mail〉에서 멕 라이언Meg Ryan이 운영하던 작고 유서 깊은 책방이 톰 행크스Tom Hanks의 대형 서점 때문에 눈물을 머금고 폐업한 것도 이 무렵 맨해튼의 일상적인 풍경이었다. 낡고 익숙한 옛 영화 속의 모습을 뒤로 하고, 맨해튼은 그렇게 밝고 화사한 모습으로 변해갔다. 2001년 9월 11일, 테러가 맨해튼을 미국 역사상 가장 처절한 피격 현장으로 망가뜨리기 전까지.

뉴욕 주민은 누구나 무역센터가 무너지던 순간 자신이 뭘 하고 있었는지 또렷이 기억한다. 그 기억의 다른 이름은 트라우마일 것이다. 9·11 사건이 벌어진 이듬해인 2002년 아카데미 시상식 무대에 뉴욕을 대표하는 영화감독 우디 앨런이 섰다. 여러 번 아카데미상을 수상했지만 시상식에는 번번이 불참했던 그를 불러낸 것이 테러 사건이었다. 그는 "저는 오늘 아무 상도 주거나 받을 필요가 없습니다. 제가 여기 온 건 단지 뉴욕에 관한 이야기를 하기 위해서입니다."라고 말하고, 기립 박수를 받았다.

우디 앨런의 영화 중에는 아예 제목을 〈Manhattan〉으로 단 1979년 흑백영화도 있었다. 그가 주연, 각본, 감독의 1인 3역을 맡았다. 두 번 이혼을 경험한 40대의 작가 아이삭은 트레이시라는 열입곱 살짜리 소녀와 연애 중이다. 유부남인 그의 친구 예일은 메리라는 여자와 사귀고 있다. 이 영화에서 누가 누구랑 사귀다가 헤어진다는 줄거리만 소개하는 일은, 홍상수 감독 영화에서 어느 등장인물이 여관에 몇 번 가는가를 따지는 것만큼 무의미할 것이다.

〈Manhattan〉(1979)
★★★ 감독 우디 앨런
출연 우디 앨런(아이삭), 다이안 키튼(메리), 마리엘 헤밍웨이(트레이시)

〈Manhattan〉의 등장인물들이 서로 맺는 관계와 이들이 나누는 대화는 우디 앨런의 성격처럼 신경증적이다. 그에게 사랑은 치유되지 못하는 정신 질환처럼 보인다. 영화 속에서 주인공 아이삭은 '불가해하고 무시무시한 우주에 관한 온갖 문제들을 직면하지 않으려고 스스로 불필요한 신경증적 문제들을 끊임없이 만들어내는 맨해튼 주민들의 단편 스토리를 쓰고 싶다'고 말한다. 〈Manhattan〉은 뉴욕 도심 풍경의 변치 않는 분위기를 잘 담아내고 있다. '사랑스러운' 영화라고 말하긴 어렵지만, 적어도 앨런 감독이 뉴욕을 '사랑스럽게' 여기고 있다는 사실은 분명히 알 수 있다.

자, 그럼 먼저 맨해튼을 구역별로 돌아보자. 남쪽부터.

남쪽부터 돌아보자는 이유는 맨해튼의 주소 체계를 존중해서다. 이 체계는 1811년에 처음 도입되었다. 남북으로 뚫린 12개의 애비뉴Avenue를 동쪽부터 1가First Ave로 부르고, 동서 방향으로 뚫린 스트리트Street는 남쪽부터 세어 올라간다. (최초에 155개이던 스트리트는 지금 브롱크스까지 올라가 263개로 늘었다.) 맨해튼을 서북쪽에서 동남쪽으로 비스듬히 가로지르는 브로드웨이Broadway는 예외적인 도로다. 브로드웨이가 어디쯤서 몇 번가와 만나는지 기억하게 되면 뉴요커가 다 되었다고 보면 된다. 브로드웨이가 교차하는 지점에는 유니언 스퀘어Union Square, 매디슨 스퀘어Madison Square, 헤럴드 스퀘어Herald Square, 타임즈 스퀘어Times Square, 콜럼버스 서클Columbus Circle 같은 중요한 교차로들이 생겨났다.

대부분의 도로들이 일직선으로 뚫려 있기 때문에, 맨해튼에서는 건물 사이로 자그마한 지평선을 볼 수 있다. 1월과 12월에는 스트리트를 관통해서 동트는 태양을 볼 수 있고, 5월 말과 7월 초에는 스트리트 서쪽 저편으로 붉게 저무는 석양을 볼 수 있다. 맨해튼을 동서로 꿰뚫는 그 찬란한 낙조는, 예를 들면 〈굿모닝 에브리원Morning Glory〉의 두 앙숙이 마침내 화해하고 농담을 나누며 카메라를 등지고 석양을 향해 걸어가는 영화의 마지막 장면을 더 인상적으로 만들어준다.

맨해튼의 구역에 붙은 이름은 주민들의 자생적인 관습을 반영할 뿐, 일률적인 법칙은 없다. 로워 맨해튼·어퍼 이스트사이드처럼 지리적인 구분, 차이나타운이나 리틀 이탈리처럼 민족적인 구분, 소호South of Houston·트라이베카Triangle Below Canal Street 같은 약자, 할렘처럼 식민지 시절 네덜란드 도시에서 유래된 명칭도 있다. A·B·C·D 번호가 붙은 도로가 지나는 지역은 알파벳 시티Alphabet City라고 부르고, 헬스 키친처

〈굿모닝 에브리원Morning Glory〉(2010)
★★★ 감독 로저 미첼
출연 레이첼 맥아덤즈, 해리슨 포드, 다이안 키튼

럼 별명이 굳어진 경우도 있다.

'업타운uptown'은 맨해튼의 북부(대략 60가 이북)를 가리키지만, '다운타운downtown'이라고 하면 맥락에 따라 23가 이남 · 14가 이남 · 카날 가Canal St 이남 또는 경우에 따라서는 맨해튼 전체를 가리키기도 한다. 그래서 대부분의 미국 도시에서 통하는 '다운타운=중심가'라는 도식이 뉴욕에는 잘 적용되지 않는다. 업타운과 다운타운 사이는 '미드타운Midtown'이라고 부른다.

5가를 기점으로, 그 동쪽으로 갈수록 이스트 번지수가 하나씩 증가하고, 서쪽으로 갈수록 웨스트 번지수가 증가한다. 덕분에 맨해튼 주민들은 주소만 보고도 지도상의 위치를 대략 마음속으로 가늠할 수 있다.

로워 맨해튼 *Lower Manhattan*

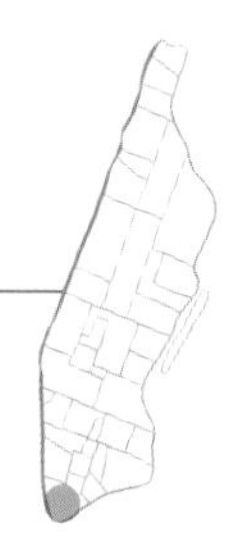

내가 감옥에 가 있는 동안 탐욕은 더 큰 탐욕이 된 것 같더군요. 약간의 시기심까지 곁들여졌고요. 요즘은 헤지펀드 매니저들이 1년에 5천만 달러, 1억 달러도 가져간다지요.

영화 〈월 스트리트: 머니 네버 슬립스Wall Street: Money Never Sleeps〉 중에서, 고든 게코의 대사

바람 부는 날, 맨해튼 남단의 배터리 공원Battery Park에 가면 바다 냄새를 맡을 수 있다. 저 멀리 리버티 섬Liberty Island 위로 계몽의 등불을 치켜든 '자유의 여신상the Statue of Liberty'이 조그맣게 보이고, 석양은 뉴저지 너머의 하늘을 붉게 물들인다. 이 공원에 배터리라는 이름이 붙은 건 건전지나 축전지와는 상관이 없고, 도시가 처음 생길 당시 수비를 위한 포대artillery batteries가 여기 설치되었기 때문이다.

이 공원에는 1811년에 지어진 클린턴 캐슬Clinton Castle이 있다. 당시 뉴욕 시장이던 데윗 클린턴DeWitt Clinton의 이름을 딴 이 건물은 당초 뉴욕 수비를 위한 성채였는데, 1855년부터 한동안은 이민자 접수 시설로도 활용되었다. 공원에는 제2차 세계대전 기념비, 뱃사람Merchant Mariners 동상, 9·11 기념비 등 다양한 기념물과 조형물들이 있고, 그중엔 한국전쟁 기념비도 있다.

배터리 공원이 보여주듯, 로워 맨해튼은 뉴욕의 오랜 역사를 오롯이 담고 있다. 아니, 한때는 여기만 뉴욕이었다. 1626년 네덜란드 서인도회사가 모피 수입과 노예무역을 위해 건설한 요새가 유럽인 정착의 시발점이 되었다. 네덜란드인들은 이곳을 뉴암스텔담이라고 명명하고, 영국군과 원주민들의 공격을 방어하기 위해 로워 맨해튼 외곽에 성벽을 쌓았다. 그 성벽의 위치가 지금의 월 가Wall St 주변이니, 그야말로 상전벽해다. 1664년 이곳을 점령한 영국은 이름을 뉴욕으로 바꿨는데, 1673년 네덜란드가 탈환해 뉴오렌지New Orange라는 이름을 붙였다가 이듬해 영국령 수리남과 이곳을 맞바꾸면서 도로 뉴욕이 된 경위가 있다.

1825년 이리 운하Erie Canal가 개통되어 허드슨 강이 중요 통상 경로로 부상하자 발전에 가속도가 붙은 뉴욕은 결국 북미 대륙 농산물

무역의 거점 도시가 되었다. 이 무렵에야 비로소 뉴욕은 맨해튼 전체를 아우르는 규모로 확대되었다. 그러니까 로워 맨해튼은 거의 200년 가까이 뉴욕 시의 알맹이 노릇을 한 셈이다. 흔히 다운타운이라고도 불리는 로워 맨해튼에는 월 가라는 별명으로 더 널리 알려진 금융 지구Financial Disctrict와, 시청과 경찰서가 포함된 행정 지구Civic Center가 있다. 로워 맨해튼의 도로는 격자 형태가 아니라서 관광객이 길을 잃지 않으려면 정신을 바짝 차려야 한다. 정장을 차려 입은 비즈니스맨들로 항상 붐비는 구역이다. 바쁜 건 그 사람들 사정이니까, 우리는 여유 있게 돌아보자.

가볼 만한 장소를 나더러 한 군데만 집어보라면 월 가와 나소 가Nassau St, 브로드 가Broad St가 만나는 교차로를 꼽고 싶다. 월 가를 사이에 두고 북쪽으로 페더럴 홀Federal Hall, 남쪽으로 뉴욕 증권거래소New York Stock Exchange가 대각선으로 마주보는 지점이다. 페더럴홀은 1700년에 지었다가 1812년에 허문 자리에 1842년 다시 세운 그레코-로만Greco-Roman 양식 건물이다. 뉴욕이 미국의 수도였던 1789~1790년에 의회 건물로 사용되면서, 여기서 '권리장전(수정 헌법 10개조)'이 선포되고 초대 대통령 조지 워싱턴이 취임했다. (그 뒤 미국의 수도는 필라델피아로 옮겼다.) 그러니까 미국의 민주주의를 상징하는 장소로서 모자람이 없다. 지금은 기념관으로 사용되고 있지만 9·11 테러가 벌어진 이듬해인 2002년 9월, 300여 명의 의원이 뉴욕 시에 연대감을 표하기 위해 이 건물에 모여 회의를 열었다. 페더럴홀에서 212년 만에 미국 의회가 개회한 셈이었다.

길 건너편의 증권거래소는 미국의 자본주의를 상징한다. 월 가의 심장부인 셈이다. 그 옆의 보울링 그린 공원Bowling Green Park에는 디모디

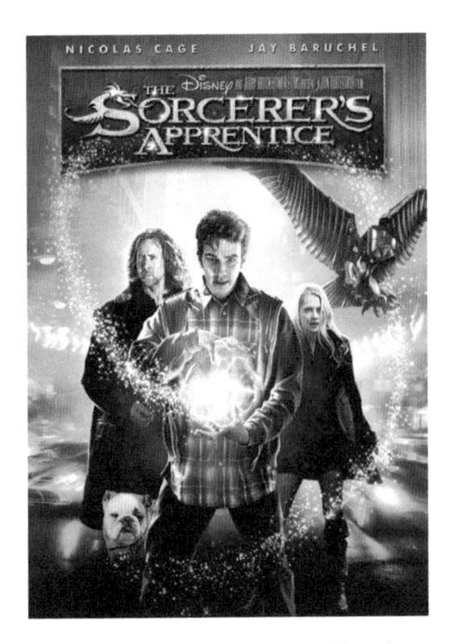

〈마법사의 제자The Sorcerer's Apprentice〉(2010)
★★★ 감독 존 터틀타웁
출연 니콜라스 케이지(발타자 블레이크)

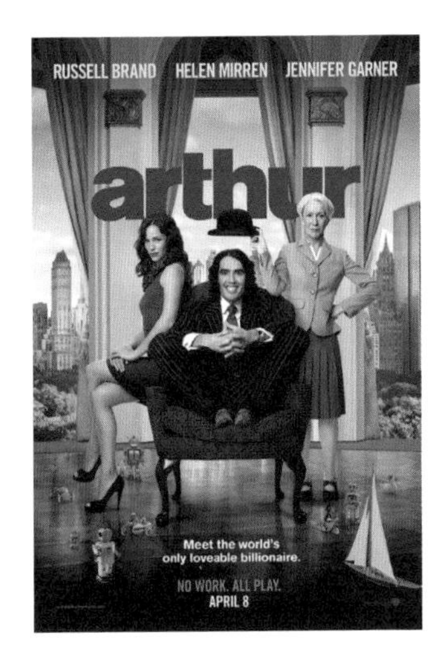

〈Arthur〉(2011)
★★★ 감독 제이슨 와이너
출연 러셀 브랜드(아더), 그레타 거윅(나오미)

카Arturo Di Modica의 작품이라는 황소상Charging Bull이 있다. 사진을 찍는 관광객들로 늘 붐비는 이 황소상은 공격적인 금융낙관론과 번영을 상징한다. 황소는 공세적 시장, 곰은 수세적 시장을 상징하기 때문이다. 〈Mr. 히치-당신을 위한 데이트 코치Hitch〉에서는 여주인공 사라에게 사타구니를 걷어차인 월 가의 바람둥이가 이 황소의 사타구니를 부여잡고 괴로워했다. 〈마법사의 제자The Sorcerer's Apprentice〉에서는 나쁜 마법사의 주문으로 살아난 황소상이 무시무시한 기세로 주인공을 공격했다. 1981년 영화를 리메이크한 2011년의 〈Arthur〉에서는 재벌 상속자 아더가 배트맨으로 분장하고 술에 취해 차를 몰다가 이 황소를 들이받고 경찰에 체포되었다.

민주주의와 자본주의는 미국적 정체성의 두 기둥이다. 이 기둥들

언뜻 보기에, 또는 어떤 순간에
자유는 무질서와 방종처럼 보일
때도 있다. 그런 점에서 월 가는
미국의 꿈이라는 가능태를 체현한
현실태이면서, 절제되지 않은
탐욕의 상징이기도 했다.

길 건너편의 증권거래소는 미국의 자본주의를
상징한다. 월가의 심장부인 셈이다.
그 옆의 보울링 그린 공원에는 디모디카의 작품이라는
황소상이 있다.

이 뿌리를 박고 있는 미국적 가치는 자유다. 공동체 구성원의 자유를 보장하는 체제야말로 도덕적인 체제라고 할 수 있다. 고상한 이름을 내걸고 구성원의 자유를 억압했던 모든 실험들은 처참한 실패로 귀결되었다. 하지만 언뜻 보기에, 또는 어떤 순간에 자유는 무질서와 방종처럼 보일 때도 있다. 그런 점에서 월 가는 미국의 꿈이라는 가능태를 체현한 현실태이면서, 절제되지 않은 탐욕의 상징이기도 했다. 불행히도 널리 알려진 몇몇 금융 전문가들의 배임 행위와 내부 거래는 월 가 전체의 도덕성에 먹칠을 했고, 2008년 이후 서브프라임subprime 금융 위기 때는 월 가의 금융 패턴이 위기의 주범으로 지목되기도 했다. 이런 월 가의 부도덕성을 상징하는 인물이 '탐욕은 선Greed is good'이라고 주장한 고든 게코Gordon Gekko다.

베니스의 상인처럼 부도덕한 탐욕의 대명사가 되어버린 고든 게코는, 샤일록이 그러하듯 실존 인물이 아니다. 게코는 올리버 스톤Oliver Stone 감독의 1987년 영화 〈월 스트리트Wall Street〉에서 마이클 더글러스Michael Douglas가 연기한 극중 인물이다. 부친이 증권 브로커였던 스톤 감독은 색다른 소재로 〈죄와 벌Crime and Punishment〉 또는 〈위대한 개츠비The Great Gatsby〉처럼 도덕적인 이야기를 만들고 싶었다고 한다. 하지만 스톤 감독은 탐욕의 부도덕성을 고발하려던 자기 의도와는 달리 이 영화 때문에 더 많은 젊은이들이 월 가에 취업을 열망하게 되었다며 쓴 입맛을 다셨다.

이 무렵만 해도 마이클 더글러스는 〈뻐꾸기 둥지 위로 날아간 새One Flew Over The Cuckoo's Nest〉를 만든 제작자이자 커크 더글러스Kirk Douglas의 아들로 더 잘 알려져 있었다. 그는 게코 역할로 아카데미 남우주연상을 거머쥐면서, 다가올 세대들이 불세출의 명배우 커크 더글러스를

'마이클의 아버지'로 부를 계기를 마련했다. 그가 불덩어리를 속에 감춘 것 같은 명연기를 펼칠 수 있도록 스톤 감독은 "당신 혹시 약물에 취한 거 아냐? 연기라고는 전혀 안 해본 사람 같다."며 성질을 돋우었다고 한다. 1987년이면 일본이 세계를 집어삼키기라도 할 것처럼 위세를 떨치던 시절이다. 주인공이 애인과 식사하는 장면에는 스시 제조기를 사용하는 모습이 나온다. 〈월 스트리트〉는 등장인물이 휴대전화를 사용하는 장면을 최초로 담은 영화이기도 하다. 정말이다. 세상이 얼마나 빨리 변하는지 가끔 믿어지지 않지만.

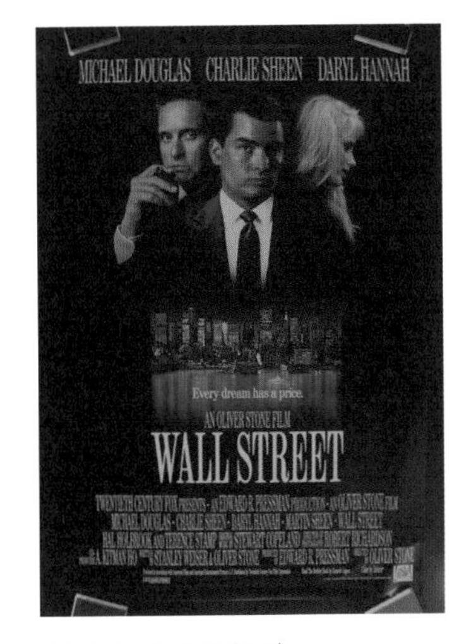

〈월 스트리트Wall Street〉(1987)
★★★ 감독 올리버 스톤
출연 마이클 더글라스(고든 게코), 찰리 쉰(버드 폭스)

2010년 스톤 감독은 처음으로 자기 영화의 속편을 만들었다. 게코가 다시 악역으로 등장하는 〈월 스트리트: 머니 네버 슬립스Wall Street: Money Never Sleeps〉였다. 하지만 게코의 탐욕은 그의 뒤를 잇는 월가의 악당에 비하면 차라리 고상해 보일 지경이었다. 뉴욕의 악당들을 묘사하는 데 탁월한 재능을 발휘해온 마틴 스콜세지는 2013년 〈더 울프 오브 월 스트리트The Wolf of Wall Street〉을 내놓았다. 레오나르도 디카프리오Leonardo Dicaprio가 연기한 조던 벨포트Jordan Belfort는 게코와는 달리 실존 인물이다. 그는 1989~1996년 동안 스트래튼 오크몬트Stratton Oakmont라는 거창한 이름의 엉터리 회사를 세워 10억 달러 이상

〈월 스트리트: 머니 네버 슬립스Wall Street: Money Never Sleeps〉(2010)
★★★ 감독 올리버 스톤
출연 샤이아 라보프, 마이클 더글라스

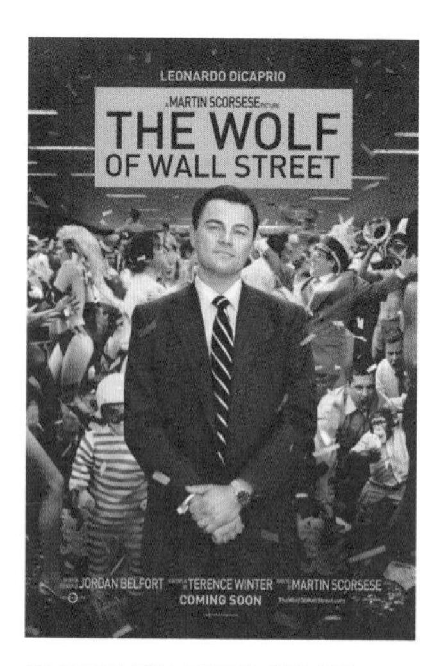

〈더 울프 오브 월 스트리트The Wolf of Wall Street〉(2013)
★★★ 감독 마틴 스콜세지
출연 레오나르도 디카프리오(조던 벨포트), 카일 챈들러(패트릭 던햄)

의 증권 거래를 하면서 금융 사기와 돈세탁으로 투자자들에게 2억 달러 이상의 손실을 끼쳤다.

4년형 중 22개월을 복역하고 출소해 벌금형을 치르고 있는 그는, 믿거나 말거나 지금도 '부자가 되는 법' 강사로 정력적인 활동을 펼치고 있다. 스콜세지의 영화는 그의 자서전을 바탕으로 한 것인데, 이런 작자가 떠벌인 자서전을, 그것도 영화로 각색된 내용을 얼마나 사실에 충실한 것으로 받아들일지는 관객들의 선구안에 달려 있다. 올리버 스톤 영화처럼 '나도 한번 저질러보자.'는 젊은이들을 많이 만들지나 않으면 좋겠다. 월 가를 손가락질할지 선망할지는 각자의 자유지만, 게코나 벨포트 같은 자들이 죗값을 치르도록 만드는 시스템이 작동하고 있다는 사실은 기억해둘 필요가 있다. 그래서 〈월 스트리트〉의 주인공은 손해를 무릅쓰고 게코를 고발하는 폭스이고, 〈더 울프 오브 월 스트리트〉의 영웅은 뇌물의 유혹에도 흔들리지 않는 수사관 던햄인 것이다.

〈빅 쇼트The Big Short〉(2015)
★★★ 감독 아담 맥케이
출연 크리스찬 베일, 스티브 카렐, 라이언 고슬링

그런 의미에서 2015년의 〈빅 쇼트The Big Short〉가 하고 싶었던 이야기가 뭔지는 아리송하다. 서브프라임 모기지 파생 상품으로 인해 벌어진 2008년의 금융 위기를 예견한 몇몇 똑똑한 인물들이 주인공으로 등장한다. 영화는 이들이 마치 부도덕한 금융 시스템에 대비되는 양심 세력인 것처럼 묘사한다. 그러나 이들은 위기를 내다봄으로써 누구보다 많은 돈을 번 사람들이다. 이들이 떳떳한 까닭은 '게임의 규칙' 안에서 능력을 발휘했다는 사실 때문이다. 그러나 선지자는 '광야에서 외치는 소리'로 돈을 벌지는 않는다. 이들이 유능했다는 사실에다가, 얼굴 없는 '금융 시스템'에 대한 도덕적 분개를 뒤섞으면 오히려 비겁한 변명이 될 뿐이다. 당초 위기를 야기했던 금융 파생 상품은 이 주인공들처럼 똑똑하고 야심 있는 금융 전문가들의 작품이었다. 더 빨라지고, 더 좁아지고, 더 평평해지는 세상은 새로운 문제들을 만들어내고, 우리는 끊임없이 새로운 해결책을 만들어야 한다. 자본주의는 언제나 그렇게 발전해왔다.

트라이베카 TriBeCa

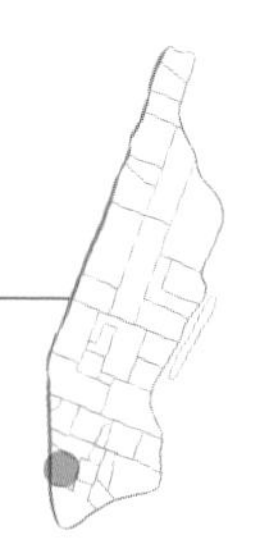

가끔 다른 데 관심을 돌리는 것도 좋습니다. 식당이라든지, 호텔이라든지, 트라이베카 영화제라든지. 하지만 제 주된 관심은 언제나 영화에요. 영화를 만들고, 감독하고, 영화에 관련된 일을 뭐든 하는 거죠. 거기 대한 열정을 잃은 적은 한 번도 없었습니다.

로버트 드니로Robert De Niro

9·11기념관에서 북쪽을 향해 길을 건너면 거기서부터 카날 가를 만날 때까지가 트라이베카 구역이다. 카날 가는 홀랜드 터널Holland Tunnel과 이어지는 길인데, 강 아래로 이 긴 터널을 지나 뉴저지로 건너가면 워터프론트The Waterfront라고 부르는 부두가 나온다. 벌써 뉴저지로 건너갈 필요는 없으니 이렇게 하자.

9·11기념관 근처 허드슨 강 쪽에 콘래드 호텔Conrad Hotel이 있다. 이 건물 북쪽 면의 쉐이크쉐크Shake Shack 지점은 맨해튼에서 그나마 제일 덜 붐비는 매장이니까 출출하면 여기서 햄버거와 밀크쉐이크로 요기를 해도 좋고, 별로 생각이 없으면 곧장 아일랜드 기근 기념공원Irish Hunger Memorial으로 간다. 자투리땅에 지은 조그만 공원이지만 자연과 인공, 예술과 실용이 멋진 조화를 이루고 있다. 1845년부터 7년간 100만 명 이상이 아사했던 아일랜드 대기근을 상기하자는 취지로 2002년에 완공한 공원이다. 경사로를 따라 공원의 야트막한 둔덕 위로 올라가 저 멀리 강 건너를 바라보면, 거기가 바로 워터프론트다.

엘리아 카잔Elia Kazan 감독의 걸작 〈워터프론트On the Waterfront〉의 배경이 되는 곳이다. 이 영화는 1955년 아카데미 작품상과 감독상을 포함한 8개 부문 상을 휩쓸어갔다. 입에 풀칠하기도 어려운 노동자들이 근근이 일거리를 얻는 뉴저지 부둣가. 허울뿐인 노조에서는 폭력배가 왕초처럼 군림하면서 노동자에게 돌아가야 할 이득을 갈취한다. 하지만 일거리를 얻으려면 모두가 그의 눈치를 봐야 하는 상황. 폭력배들이 살인을 저지르지만 모두가 입을 다문다. 주인공은 법정에서 사실을 증언하는데, 그것은 그의 고난의 끝이 아니라 시작에 불과했다.

이 영화는 말론 브란도Marlon Brando에게 첫 아카데미 주연상을 안겨주면서 대배우의 탄생을 알렸다. 비록 부두에서 폭력배 똘마니 노

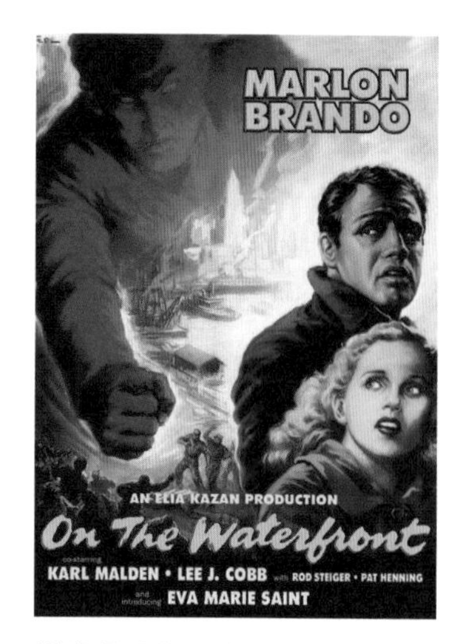

〈워터프론트On The Waterfront〉(1954)
★★★★ 감독 엘리아 카잔
출연 말론 브란도, 애바 마리 세인트

릇이나 하고 있지만, 한때 촉망받는 권투 선수였던 20대 청년. 불학무식한 부두 노동자지만 사랑하는 여자 앞에서 가식을 떨 줄 모르는 순정남. 거친 몸짓이 몸에 뱄지만 옥상에서 비둘기를 키우는 자상한 내면을 지닌 사내. 서른 살의 브란도는 껄렁한 말투와 몸짓을 배신하는 우수에 젖은 눈빛으로 이 사내의 포기한 옛 꿈에 대한 슬픔, 사랑하는 여인에 대한 죄책감, 형의 죽음에 대한 분노, 영웅적인 결단 모두를 멋지게 표현했다. 여주인공 역을 맡았던 에바 마리 세인트Eva Marie Saint는 이 영화로 생애 처음이자 (아마도) 마지막으로 아카데미상을 받았다.

강 건너를 뚫어져라 바라본들 1950년대의 군상이 보일 리는 없으니, 발길을 돌려 산책을 계속하자. 트라이베카라는 구역의 이름은 1970년대에 생겨났는데, '카날 가 남쪽 삼각지Triangle Below Canal Street'를 줄인 이름이다. 18세기 후반에 도심 외곽이던 이곳에 주거지가 형성되었다. 19세기에는 상공업이 번성했지만 20세기 들어 상가와 공장들이 더 먼 지역으로 빠져나가면서 점점 더 을씨년스러운 동네가 되어갔다. 1960년대에 이 동네로 몰려들어 빈 공장과 창고 건물을 채운 것은 젊은 예술가들이었다. 1980년대 이후로는 활발한 재개발이 이루어져 뉴욕에서 가장 비싼 부동산 가격을 자랑하는 고급 주택가로 변신했다. 예술가 지망생들은 값싸고 허름한 곳을 찾아 모여들고, 그들이 만들어놓은 독특한 분위기를 즐기려고 '문화 소비자'들이 시차를 두고 찾아오면 결국 부동산 가치가 상승하기 마련이다. 그러면 비싼 임대료를 감당할 수 없는 예술가들은 다른 거처를 찾아 다시 떠난다. 먹이사슬 아래쪽의 미생물들이 무기물을 유기물로 바꾸듯이, 젊고 가난한 예술가들은 도시에서 부동산 가치를 재생시키는 역할을 한다. 맨해튼에서건 홍대 앞에서건.

〈에프 엑스F/X〉(1986)
★★★★ 감독 로버트 맨델
출연 브라이언 브라운(롤리), 브라이언 데니히(맥카시 경위)

1986년 영화 〈에프 엑스F/X: Murder By Illusion〉에서는 특수 효과 전문가 롤리가 트라이베카에 살고 있었다. 그가 '1980년대의 첨단 장비'를 가지고 침입자들을 혼비백산하게 만들던 그의 거처는 바릭 가Varick St 6번지 벽돌 건물의 3호 아파트였다. 이때만 해도 허름한 동네였는데, 오늘날 트라이베카는 유명 인사도 많이 거주하고 맨해튼에서 치안도 가장 좋은 곳이다. 〈프란시스 하Frances Ha〉의 주인공 프란시스가 살고 싶지만 보조 무용수 수입으로는 집세를 감당할 수 없어 못 오는 동네가 된 것이다.

뉴욕 시 최고의 특목고라는 스타이브슨트 고교Stuyvesant High School

예술가 지망생들은 값싸고
허름한 곳을 찾아 모여들고,
그들이 만들어놓은 독특한
분위기를 즐기려고 '문화
소비자'들이 시차를 두고
찾아오면 결국 부동산 가치가
상승하기 마련이다. 그러면
비싼 임대료를 감당할 수 없는
예술가들은 다른 거처를 찾아
다시 떠난다.

9·11기념관에서 북쪽을 향해
길을 건너면 거기서부터 카날 가를
만날 때까지가 트라이베카 구역이다.

도 여기에 있다. 언뜻 봐선 운동장도 변변찮은 이런 데가 뭐 좋은가 싶지만, 뉴욕 학생들이 가장 선망하는 학교다. 스무 살 무렵의 안젤리나 졸리Angelina Jolie가 출연하는 〈Hackers〉를 이 교정에서 찍었다. 졸리의 데뷔작은 아니지만 그녀가 주목을 받은 첫 주류 영화였다. 엑스트라로 출연하는 실제 스타이브슨트 고교 학생들도 볼 수 있고, 이 영화를 찍으면서 정분이 나서 졸리의 첫 남편이 되었던 조니 리 밀러Jonny Lee Miller의 한창때 모습도 볼 수 있다.

〈Hackers〉(1995)
★★ 감독 이안 소프틀리
출연 조니 리 밀러, 안젤리나 졸리, 피셔 스티븐스

졸리는 대스타 존 보이트Jon Voight의 딸로 태어나 최고 액수의 출연료를 받는 여배우가 되었다. '금수저'라고 손가락질을 해주고 싶은가? 일찌감치 집을 나가버린 아버지를 원망하며 자란 졸리는 보이트라는 성을 말소해달라고 법원에 청원까지 했다. 부촌 베벌리힐스Beverly Hills에서 형편이 넉넉하지 못한 어머니와 살던 깡마른 소녀는 학교에서 놀림감이었고, 대안 학교로 전학을 간 뒤로는 시커먼 옷을 입고 남자아이들과 칼을 휘두르고 다니는 문제아가 되었다. 열여섯 살부터 배우가 되고 싶어 했지만 오디션을 볼 때마다 '분위기가 어둡다.'며 퇴짜를 받았다. 잦은 자해 행위로 신경쇠약 치료를 받았고, 약물에 손을 대면서 자살도 기도했다. 〈Hackers〉는 별점 두 개 이상을 주기는 어려운 영화지만, 삶의 갈림길에 서 있던 한 소녀가 파멸의 구렁텅이로 계속 달음박질하는 대신 세계적인 대스타, 영향력 있는 인권 옹호자가 되는 오르막길을 향해 디딘 첫걸음과도 같은 영화다. 이 영화 속 졸리는 아직 풋내기 티를 못 벗고 있지만 '네깟 놈 생각 정도는 다 꿰뚫어볼 수 있다.'는 식의 자신만만한 표정은 이때부터도 멋지다.

〈프로포즈The Proposal〉(2009)
★★★ 감독 앤 플레쳐
출연 산드라 블록(마가렛 테이트), 라이언 레이놀즈(앤드류 팩스턴)

이 부근에서 촬영한 영화로는 〈프로포즈The Proposal〉라는 로맨틱 코미디도 있다. 남자 주인공 라이언 레이놀즈Ryan Reynolds는 2011년 주연했던 DC코믹스의 〈그린 랜턴: 반지의 선택Green Lantern〉이 흥행에 실패하면서 '슈퍼히어로에 안 어울리는 배우'라는 악담을 듣다가 2016년 〈데드풀Deadpool〉이 히트하면서 '진작부터 슈퍼히어로로 대성할 줄 알아봤다.'는 식의 대접을 받으면서 인기를 끌고 있다. 그가 출판사 사원 앤드류 역으로 출연하고, 산드라 블록Sandra Bullock이 그의 사나운 직속 상사 마가렛 역할을 맡은 영화다. 캐나다 국적을 가진 마가렛은 취업 비자가 연장되지 않자 앤드류에게 서류상 결혼을 제안한다. 앤드류는 두 조건을 내건다. 승진을 시켜줄 것, 그리고 정식으로 청혼할 것. 마가렛은 마지못해 이민국 앞 길바닥에 무릎을 꿇고 결혼해달라고 한다. 페더럴 플라자Federal Plaza 26번지 뉴욕 이민국New

York City Field Office, USCIS 앞길이다.

이민국이 있는 구역은 시빅 센터Civic Center라고 부른다. 시청과 구청, 경찰청, 법원 등 관공서가 있는 곳이다. 그중에서도 센터 가Centre St 60번지의 뉴욕 주 상급지방법원New York State Supreme Court 청사는 〈월스트리트〉, 〈True Believer〉, 〈그린 카드Green Card〉, 〈칼리토Carlito's Way〉, 〈당신에게 일어날 수 있는 일It Could Happen to You〉, 〈라스베가스에서만 생길 수 있는 일What Happens in Vegas〉, 〈컨트롤러The Adjustment Bureau〉, 〈브로큰 시티Broken City〉 등 많은 영화에 등장했다.

그러나 이 법정의 의미를 제대로 설명해준 영화라면 단연 시드니 루멧Sidney Lumet 감독의 처녀작 〈12 Angry Men〉을 꼽아야 마땅하다. 빈민가의 18세 소년이 부친을 살해한 혐의로 기소된다. 12명의 배심원들은 원고와 피고의 주장을 듣고 죄의 유무를 결정해야 한다. 홀로 소수 의견을 주장하는 배심원으로 헨리 폰다Henry Fonda가 출연한다. 좁은 배심원 대기실에만 머물면서도 끝까지 눈을 뗄 수 없도록 만드는, 짜임새 좋은 심리극이다. 또한 배심제도와 형사재판, 법의 지배와 민주 시민의 책무에 관해서도 생각할 거리를 선사하는 법정 드라마의 백미다.

또 다른 유명한 영화 촬영지는 노스무어 가North Moore St 14번지다. 이 조그만 소방서(Hook & Ladder 8)는 〈고스트버스터즈Ghostbusters〉와 그 속편에서 유령 사냥꾼들의 본부였다. 부동산 중개인이 낡은 소방서 건물을 소개하자 피터와 이곤은 임대료를 깎아보려고 요모조모 시비를 걸고 있는데, 레이가 봉을 타고 내려오며 "여기 굉장해. 우리 언제 이사 올까? 너희도 이거 타고 내려와 봐. 오늘 여기서 자자!"며 흥분하는 바람에 흥정도 못해보고 임대한 건물이다. 2014년 해롤드

〈True Believer〉(1989)
★★★ 감독 조셉 루벤
출연 제임스 우즈, 로버트 다우니 주니어

〈그린 카드Green Card〉(1990)
★★★ 감독 피터 위어
출연 제라르 드빠르디유(조지), 앤디 맥도웰(브론테)

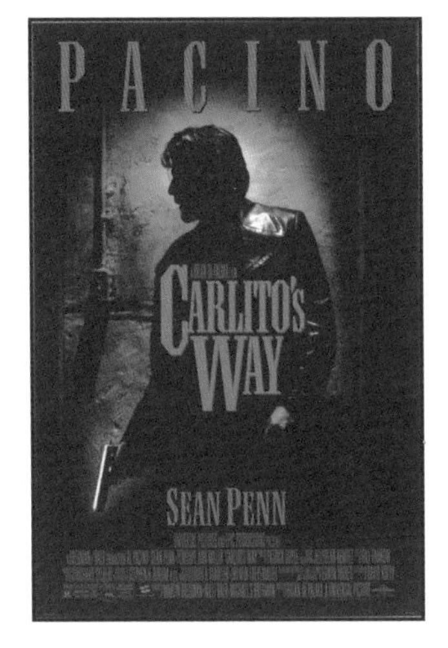

〈칼리토Calito's Way〉(1993)
★★★ 감독 브라이언 드 팔마
출연 알 파치노, 숀 팬, 페네로프 앤 밀러

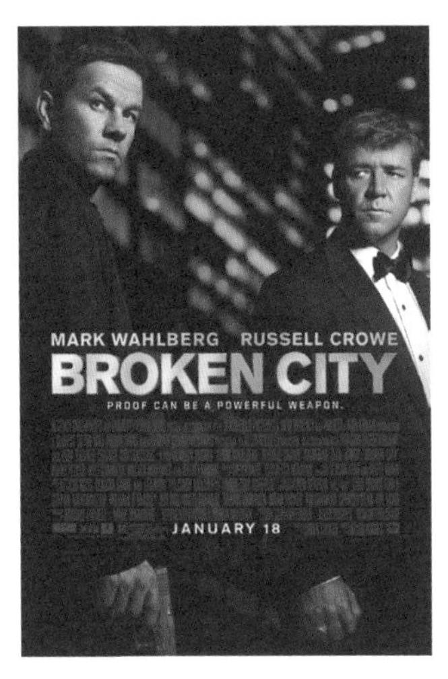

〈브로큰 시티Broken City〉(2013)
★★★ 감독 알렌 휴즈
출연 마크 월버그, 러셀 크로우, 캐더린 제타-존스

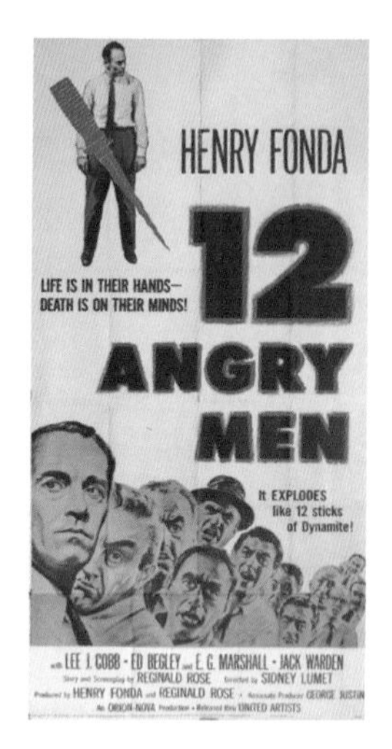

〈12 Angry Men〉(1957)
★★★★ 감독 시드니 루멧
출연 헨리 폰다(배심원 8)

〈고스트버스터즈Ghostbusters〉(1984)
★★★ 감독 이반 라이트만
출연 빌 머레이(피터), 댄 에이크로이드(레이),
해롤드 래미스(이곤)

래미스Harold Ramis가 사망하자 팬들은 이 소방서 앞에 꽃과 사진을 헌정했다.

세계무역센터와 이웃한 트라이베카는 9·11 이후 경제적·심리적 타격이 컸다. 이것을 극복하기 위해 2002년 트라이베카 영화제Tribeca Film Festival를 시작했다. 뉴욕의 대표 배우 로버트 드니로가 주도적인 역할을 했다. 매년 수천 편의 영화가 출품되어 300만 명 이상의 손님이 모이고 6억 달러 상당의 경제 효과를 누린다고 한다. 2003년 로버트 드니로는 바릭 가에 있는 독립 영화 상영관을 구입해 트라이베카 시네마라고 간판을 바꿔 달고 영화제 상영관으로 삼았다. 2006년부터는 영화제 상영관을 맨해튼 전체로 늘였고, 외국에서 국제 시사회도 개최하고 있다. 영화의 도시답게, 뒤늦게 일을 벌여도 스케일이 크다. 이미 뉴욕에는 1963년에 시작해 반세기 전통을 자랑하는 뉴욕 영화제New York Film Festival가 매년 개최되고 있다. 링컨 센터 영화이사회Film Society of Lincoln Center가 주관하는 이 영화제는 실험적 작가주의 영화를 높이 평가하는 걸로 유명하다. 뉴욕은 할리우드가 아니다. 여기는 '예술로서의 영화'의 최전선이다.

차이나타운 Chinatown

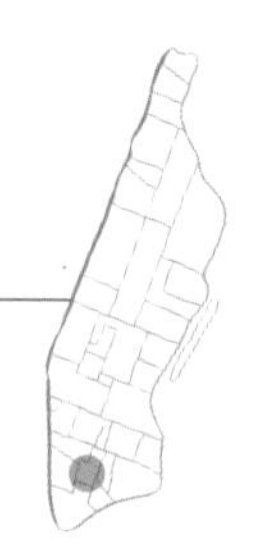

증조부가 미국으로 건너오셔서 철도 공사를 하다가 중국으로 돌아가셨죠. 할아버지는 오셔서 금광에서 일하다 귀국하셨고요. 다들 중국으로 되돌아가셨어요. 중국인 아내를 데려오는 게 법으로 금지되어 있었기 때문이죠. 아버지는 일본인 아내를 구해 1940년대에 미국에 겨우 정착할 수 있었어요.

영화 〈이어 오브 드래곤〉 중에서, 방송기자 트레이시 추의 대사

늦은 밤, 차이나타운 남단의 모트 가Mott St를 걷고 있었다. 길모퉁이에서 뭔가 움직이고 있었다. 쥐인 줄 알고 흠칫 놀랐다. 뉴욕의 시궁쥐들은 유명하다. 버려진 거북이들을 입양해서 닌자로 양성하기도 하지 않던가. 살펴보니 쥐가 아니라 꽃게였다. 이곳 사람들이 '블루 크랩Blue Crab'이라고 부르는 꽃게 한 마리가 인도의 모서리를 따라 게걸음으로 부지런히 걸어가고 있었다. 이상하다. 생선 가게는 여기서 제법 떨어진 카날 가 근처에나 있는데. 뭔진 몰라도 그저 어시장 가판대에서 어쭙잖게 뛰어내린 정도보다는 드라마틱한 무용담을 지닌 녀석일 터였다. 자세히 보려고 몸을 숙였더니 집게발을 쳐들면서 방어 자세를 취한다. '앗, 미안합니다.' 귀찮다는 듯이 잠시 주변을 둘러보던 꽃게 씨는 방향을 바꾸어 멀버리 가Mulberry St 쪽으로 표표히 사라졌다. 차이나타운은 그런 곳이다. 한밤중에 행인들 사이로 난데없는 꽃게 한 마리, 또는 그보다 좀 더 색다른 뭔가가 섞여든다 해도 그리 놀랍지 않은.

〈맨 인 블랙〉 시리즈의 제작진들도 그렇게 생각했던 것 같다. 3편에는 차이나타운의 '오원주가吳園酒家, Wu's Diamond Garden Seafood Restaurant'라는 식당이 등장한다. 외계인 주방장이 외계의 수상쩍은 식재료로 요리를 만든다. 윌 스미스Will Smith는 주방에서 뛰쳐나온 거대한 외계 생선과 몸싸움도 벌였다. 언론 보도에 따르면, 이 영화를 중국에서 상영할 때는 주인공이 중국인으로 변장한 외계인들을 처치하는 장면과 밖에서 구경하던 중국인 관광객들의 기억을 지우는 장면은 삭제되었다. 기억 삭제 장면은 중국 내 인터넷 검열을 비꼬는 것처럼 보였기 때문이라고 한다. 이 식당은 실제로는 없다. 식당 밖 장면은 엘드리지Eldridge, 포사이스Forsyth, 디비전Division 세 스트리트가 만나는 교차로에

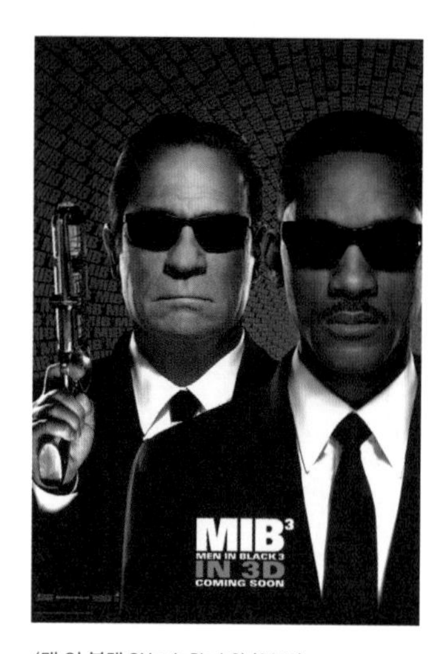

〈맨 인 블랙 3Men in Black 3〉(2012)
★★★ 감독 베리 소넨필드
출연 윌 스미스(요원 제이), 토미 리 존스(요원 케이), 조슈 브롤린(젊은 요원 케이)

서 찍었다.

〈어메이징 스파이더맨 2The Amazing Spider-Man 2〉에도 이 부근 골목길이 나온다. 그웬 스테이시의 아버지는 뉴욕 경찰서장이었다. 그는 1편에서 스파이더맨에게 자기 딸을 위험에 처하게 하지 않겠다고 약속해달라며 숨을 거뒀다. 피터는 그녀를 볼 때마다 죄책감에 시달리다가 결국 더는 사귈 수 없겠다고 말한다. 그웬은 자신의 마음을 몰라주는 피터에게 화를 내며 헤어지자고 말하고, 식구들이 식사를 하고 있던 식당 안으로 들어간다. 펠 가Pell St 가까운 쪽의 도여스 가Doyers St를 스쳐갈 기회가 있거든 이 장면을 떠올려보아도 좋겠다.

트라이베카를 구경하던 관광객이 소호나 그리니치빌리지로 가지 않고 먼저 차이나타운으로 왔다면, 십중팔구 배가 고파서일 가능성이 크다. 어느 나라 사람의 입맛도, 어떤 연령의 주머니 사정도 대략 만족시킬 수 있는 300개 넘는 식당들이 죽 늘어선 곳이 차이나타운이다. 안내서마다 평점이 높은 조스 상하이Joe's Shanghai, 우리나라 관광객들에게 인기가 많은 합 키Hop Kee에서부터 백남준 선생이 즐겨 찾았다는 456반점까지, 어느 한 곳을 콕 집어 추천하기 어려울 정도로 맛집이 많다. 그런데 정작 영화에 나온 집을 찾기는 어렵다. 앞에 소개한

차이나타운은 그런 곳이다. 한밤중에 행인들
사이로 난데없는 꽃게 한 마리, 또는 그보다
좀 더 색다른 뭔가가 섞여든다 해도 그리
놀랍지 않은.

오원주가처럼, 차이나타운의 중국 식당은 대부분 세트장에서 촬영하기 때문이다. 할리우드는 거의 언제나 실내장식이 울긋불긋하고 요란한 가상의 중국 식당을 만들어낸다. 미국인의 선입견에 바탕을 둔 정형화인 셈이다.

맨해튼의 차이나타운은 서반구에서 가장 큰 중국인 거주지이자 아시아 밖에서 가장 오래된 중국인 거주지다. 1990년대까지만 해도 차이나타운은 광동어를 쓰는 중국인들이 압도적으로 많았는데, 지금은 다수가 북경어를 사용한다. 광동어로 말하던 사람들이 죄다 밀려나 어딘가로 갔다기보다는 외국에 사는 대다수 중국인들이 북경어를 익히고 말하게 되었다는 것이 사실에 가까울 것이다. 그저 심심해서 북경어를 배운 건 아닐 테고, 중국이 내뿜는 존재감과 위압감이 지난 20여 년에 걸쳐 그만큼 커졌다는 방증일 것이다. 뉴욕에는 맨해튼 말고도 여덟 곳의 차이나타운이 더 있고, 여러 곳에서 중국인 거주 지역이 빠른 속도로 커지고 있다. 퀸스의 플러싱Flushing은 몇 해 전까지만 해도 한인타운으로 위세를 떨쳤는데, 지금은 한국계 중국인들의 거점 지역으로 변하고 있다.

중국인의 뉴욕 진출이 처음부터 이렇게 거창했던 건 아니었다. 1858년 맨해튼에 도착한 광저우 출신 이민자 아켄Ah Ken이 최초의 차이나타운 거주 중국인으로 알려져 있다. 그는 시청 근처에서 담배 장사를 하면서 모트 가에 집을 구해 하숙집을 운영했는데, 그 후에 뉴욕에 도착한 중국인들이 아켄의 집과 가게를 전진기지 삼아 정착했기 때문에 그 주변이 차이나타운으로 변신해갔다고 한다. 철도나 탄광 노동자로 왔다가 눌러앉은 사람, 미국 서부 지역에서 인종차별을 피해 뉴욕으로 온 사람도 있고, 더 나은 기회를 찾아 바다를 건너온 사람들도 있었는데, 초기 이민은 주로 홍콩 주변 지역 사람들이었다.

담배 가게, 세탁소, 식당 등을 주력 업종 삼아 빠른 속도로 늘어가던 중국인 거주자의 인구는 1882년 중국인 노동자의 이민을 금지한 '중국인배척법Chinese Exclusion Act'이 제정되면서 증가 속도가 현저히 더뎌졌다. 1900년 조사한 맨해튼 차이나타운의 남녀 비율은 무려 50 대 1 가까이 되었다니, 1943년에 중국인배척법이 폐지될 때까지 차이나타운은 중국 남자들만 득실대는 묘한 동네였을 것이다. 1965년 이민법이 제정되면서 많은 중국인이 가족 단위로 미국으로 건너왔고, 열악한 조건에서 적은 임금을 받으며 힘든 일을 감당했다. 맨해튼 차이나타운 주민들 중에는 주변의 의류 공장에서 일하는 근로자들이 많았다. 1990년대부터는 푸젠성 출신자들이 대거 유입되었는데, 이들과 오래전 정착한 광둥성 출신자들 사이에는 보이지 않는 위화감이 있다고 한다.

차이나타운 한가운데 있는 콜럼버스 공원Columbus Park은 옛날부터 파이브포인트Five Points라고 부르던 악명 높은 우범 지역 5거리였다. 〈갱스 오브 뉴욕〉은 19세기에 이곳에서 벌어진 유럽계 이주민들의 패싸움을 묘사했다. 20세기 초의 차이나타운에는 '통堂'이라고 부르는 갱단들이 구역별로 할거하면서 세력 다툼을 벌였다. 광동 지역 출신 온레옹安良과 그 하부 단체인 고스트쉐도우鬼影가, 같은 광동 출신 힙싱協勝 및 그 지부인 플라잉드래곤즈飛龍와 백주대로에서 전쟁을 벌였고, 푸젠 등 다른 지역 출신 조직은 물론 베트남 갱들까지 설쳐댔다.

이런 현상은 혈족·토지·정치적 입장 등에 따라 편을 갈랐던 중국인들 스스로의 관습에서 비롯된 부분도 있었겠지만, 특정 국가의 이민을 배척하는 제도가 중국인들의 온갖 일상적 활동들을 음성화

맨해튼의 차이나타운은 서반구에서
가장 큰 중국인 거주지이자 아시아 밖에서
가장 오래된 중국인 거주지다.

시킨 탓이기도 했을 터다. 어려운 처지에 처한 중국인들이 자기네 문화적 특질에 맞는 자구책을 만들어낸 셈이다. 차이나타운은 의도적인 도시계획의 산물이 아니다. 유럽 이민 중심의 미국 사회가 엄청난 규모로 몰려오는 이질적 인종 집단을 기꺼이 포용하기 꺼렸기 때문에 고인 물처럼 생겨난 동네이기도 하고, 신규 진입자인 중국인들이 다른 나라 이민들만큼 현지에 기꺼이 동화되지 않았거나 그러지 못했기 때문에 생겨난 문화의 섬이기도 하다. 오늘날 차이나타운은 뉴욕의 다양성을 증명하는 데 일익을 담당하고는 있지만, 그 존재 자체는 '인종과 문화의 용광로'라는 지향점에 위배된다.

> 차이나타운은 결코 바람직한 현상이 아니다. 그것은 '자유의 빛'을 받지 못한 이민들이 어려운 여건 속에서 생존하는 과정에서 나온 슬픈 현상이다. 그것은 주인인 미국 사회와 이민인 중국인들 모두의 실패를 상징한다. 자연히 그것은 건강하지도 아름답지도 않다. 영국에 사는 화교인 린 판의 말을 빌리면, 차이나타운은 '화석이 된 문화의 동굴'이다. 그런 동굴 속에 웅크리고 살면서 그들은 차별과 박해의 손길을 피한 것이다.
>
> 우리 사회에 널리 퍼진 차이나타운에 관한 또 하나의 '신화'는 '중국인들은 단결하여 차이나타운을 이루었는데, 왜 한국인들은 단결하지 못하나?'라는 탄식에서 드러나는 견해, 곧 차이나타운이 단결과 협동의 상징이라는 견해다. 알고 보면, 사정은 크게 다르다. (중략) 한국인 이민들이 똘똘 뭉친 집단을 이루기보다는 개별적으로 주인 사회에 침투하여 쉽게 동화되는 경향이 있다면, 그것은 그들 자신들과 주인 사회 모두에 이로운 특질이다. 허물이 아니다. 이민의 궁극적 목표는 낯선

사회에 살러 간 사람들이 그 사회의 완전한 구성원들이 되어서 아무런 차별 대우를 받지 않게 되는 상태다. 낯선 사회에 모국의 풍물을 퍼뜨리는 교두보 노릇이 아니다. 그들이 지니고 간 옛 조국의 문화에서 새로운 조국의 문화에 이바지할 것이 있다면, 그것들은 그들의 지참금이고 그런 뜻에서 소중한 것이다.

우리 동포들이 모인 일본 도시에 코리아타운을 만드는 것은 상업적으로 그럴 듯하게 보인다. 미국처럼 낯선 사회에서 차이나타운을 본보기로 삼아서 코리아타운을 이루는 것이 때로는 적절한 반응일 수도 있다. 그러나 차이나타운을 이민 집단의 이상적 모습으로 보는 것은 아주 잘못된 생각이다. 주인 사회에 받아들여지지 못해서 자신들끼리 모여 웅크리고 지내는 것에 선망의 눈길을 보내는 것은 어리석은 일을 지나 위험한 일이다.

복거일의 《국제어 시대의 민족어》 중에서

이런 사정을 알고 보면 영화의 줄거리도 더 잘 이해된다. 마이클 치미노Michael Cimino 감독, 올리버 스톤 극본의 〈이어 오브 드래곤Year of the Dragon〉은 맨해튼 차이나타운을 배경으로 한 느와르다. 미키 루크Mickey Rourke가 차이나타운에서 범죄를 일소하려는 폴란드계 형사 반장 스탠리 화이트 역을 맡았고, 존 론John Lone이 삼합회의 신흥 보스로, 일본계 모델 아리아네 고이즈미Ariane Koizumi가 방송기자 트레이시 역으로 출연한다.

차이나타운을 담당하게 된 베트남전쟁 참전 군인 출신 스탠리 반장은 경찰과 삼합회가 적당히 타협해오던 관행을 타파하려 한다. 스탠리가 트레이시에게 협조를 구하면서 차이나타운의 범죄와 부패

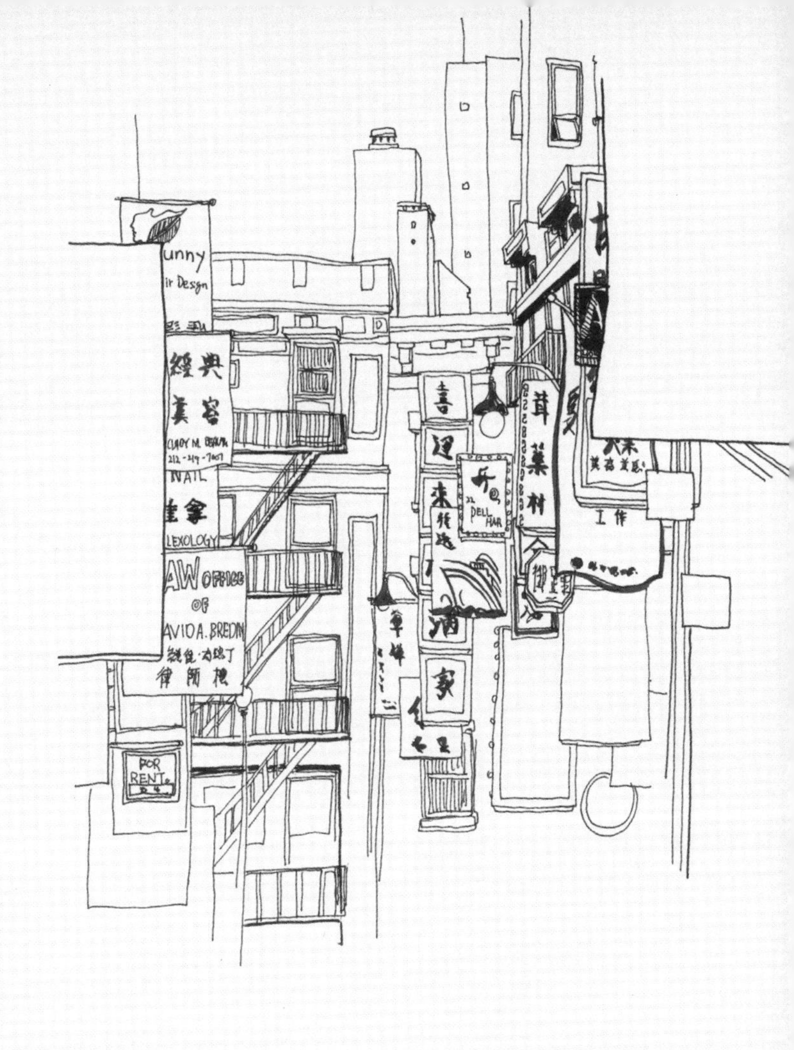

오늘날 차이나타운은
뉴욕의 다양성을 증명하는 데
일익을 담당하고는 있지만
그 존재 자체는 '인종과 문화의
용광로'라는 지향점에 위배된다.

를 척결해야 한다고 강조하자, 트레이시는 발끈한다.

트레이시: 왜죠? 차이나타운이 이대로 두면 안 될 정도로 뭐가 그리 나쁜가요?

스탠리: 역겨워. 해리 양이라는 놈이 여기를 감옥처럼 가둬두고 있어. 당신네 중국 사람들은 노예처럼 여자들을 착취하면서 한 벌에 12센트 주고 옷을 만들게 하지. 가게 주인들은 아무 건달이나 오면 뇌물을 쥐어줘. 방 한 칸에 30명씩 살게 하고, 뉴욕의 다른 어느 구역보다 높은 결핵과 정신병 발병률을 자랑해. 게다가 남성 인구는…….

영화 후반부에서 스탠리는 휘하의 젊은 중국인 경관 허버트를 삼합회를 감시할 가게 점원으로 침투시키고 싶어 한다. 허버트는 싫다며 펄쩍 뛴다.

허버트: 그거 아세요? 반장님네 조상들이 폴란드에서 석탄 캐고 있을 때, 중국 사람들은 태평양을 횡단했어요.

스탠리: 네가 우리 조상에 대해 뭘 안다고 그딴 소리야?

허버트: 반장님은 우리 조상에 대해 뭘 아시나요? 중국인들은 무역을 하고, 배를 만들고 탐험을 했어요. 우리가 당신네 서양인들에게 농업을 가르쳤고, 오렌지랑 포도도 전해줬고, 관개시설도 가르쳤어요. 우리가 당신네 금과 은을 캐갔다고요. 고기 잡는 법도 우리가 가르쳐줬어요. 그런데도 우리한테는 미국 시민권이 주어지지 않았어요. 당신네 철도를 놓느라 어찌나 고생이 심했던지, 아편이 제때 도착하지 않으면 너무 절박해서 서로 죽여주는 것이 서로를 돕는 일일 정도였어요. 저

는 반장님을 위해 죽지는 않을 겁니다.

〈이어 오브 드래곤〉은 마이클 치미노에게 과거 〈디어 헌터〉의 영광을 회복시켜줄 만한 성공을 거두지 못했다. 그러나 1980년대 이후 마구잡이로 쏟아져 나온 B급 폭력물들과는 비할 수 없을 만큼 정성껏 만들어진 영화다. 돌이켜보면 이 영화는 이듬해 지구 반대쪽에서 만들어진 〈영웅본색英雄本色, A Better Tomorrow〉과도 시대정신을 공유한 영화가 아니었나 싶다. 평론가 레너드 말틴Leonard Maltin은 〈이어 오브 드래곤〉을 가리켜 '자존감self-importance 과잉의 바다에 익사'했다고 평했는데, 물론 과도한 비장미로 치면 〈영웅본색〉보다는 한 수 아래다.

상영 당시 〈이어 오브 드래곤〉은 중국계로부터 심한 반발을 맞았다. 중국인을 부정적으로 묘사하고 스테레오타입을 조장하는 인종차별적 영화라는 비난이었다. 치미노 감독은 자신의 작품이 인종차별을 '다루는' 영화지 '인종차별적인' 영화가 아니라며 답답해했지만, 영화 모두에 '이 영화는 아시아계 미국인, 특히 중국계 미국인 공동체의 수많은 긍정적 측면을 무시하거나 폄하할 의도가 없으며, 영화 내용과 실제 어느 조직 및 개인 사이의 그 어떤 유사성도 우연에 불과하다.'는 자막을 넣어야 했다. 한 가지 분명한 사실은 중국 자본이 세계 영화 시장의 큰손으로 등장하면서 할리우드가 중국 관객에게 아양 떠는 장면들을 삽입하기에 바쁜 요즘에는 만들어볼 꿈조차 꿀 수 없는 영화처럼 보인다는 점이다.

조셉 고든레빗Joseph Gordon-Levitt이 주연한 2012년 영화 〈Premium Rush〉에서도 맨해튼 차이나타운은 범죄의 현장이지만, 악당은 부패한 뉴욕 경찰 바비 먼데이이다. 차이나타운에서 노름빚을 진 부패 경

〈이어 오브 드래곤Year of The Dragon〉(1985)
★★★ 감독 마이클 치미노
출연 미키 루크(스탠리 화이트), 존 론(조이 타이)

〈Premium Rush〉(2012)
★★★ 감독 데이빗 코엡
출연 조셉 고든 레빗(와일리), 마이클 셰넌(바비 먼데이), 제이미 정(니마)

찰 먼데이가 눈이 벌겋게 돈 나올 구석을 찾다가 벼룩의 간을 내먹겠다고 나쁜 짓을 하는 줄거리다. 이 영화에서 중국인 범죄 조직은 결코 전면에 나서지 않고, 위협적이되 조용하고, 은밀하되 효율적이다. 뉴욕 경찰을 악당으로 만든 배짱 치고는 역시 신중한 선택이 아닌가. 이 영화는 젊은 중국 여성이 차이나타운 범죄 조직에 5만 달러를 지불하고 본국으로부터 아들을 밀입국시키기 위해 불법적인 도움을 받는 내용을 다루고 있다. 적어도 영화 제작자들이 보기에는, 백주에 분탕질을 치는 갱단이 더 이상 보이지 않게 된 2000년대 이후 차이나타운에서 가장 눈에 잘 띄는 문제는 가파르게 증가하는 중국으로부터의 인구 유입이었던 모양이다.

〈코요테 어글리Coyote Ugly〉에서 모트 가 165번지가 주인공 바이올

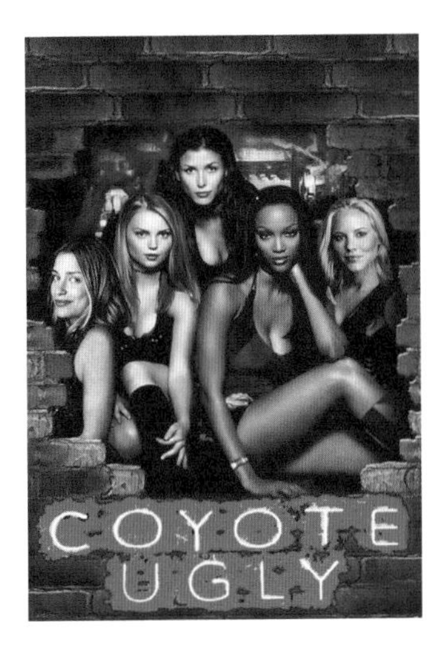

〈코요테 어글리Coyote Ugly〉(2000)
★★★ 감독 데이빗 맥낼리
출연 파이퍼 페라보(바이올렛 샌포드), 애덤 가르시아(케빈 오도넬), 마리아 벨로(릴)

〈리미트리스Limitless〉(2011)
★★★ 감독 닐 버거
출연 브래들리 쿠퍼(에디 모라), 로버트 드니로(칼 밸 룬), 애비 코니쉬(린디)

렛의 집이었다. 얇은 벽 너머 이웃의 불평 때문에 음악을 들을 수도, 연주할 수도 없는 아파트였다. 〈리미트리스Limitless〉에서 헨리 가Henry St 19-21번지는 주인공 에디가 수상한 알약을 먹고 똑똑해지기 전에 백수건달처럼 살던 집이다. 영화에서 백인 주인공의 집이 차이나타운에 있으면 '저는 이토록 경제적으로 곤궁해요.'라는 의미로 봐달라는 얘기다.

로워 이스트사이드 *Lower Eastside*

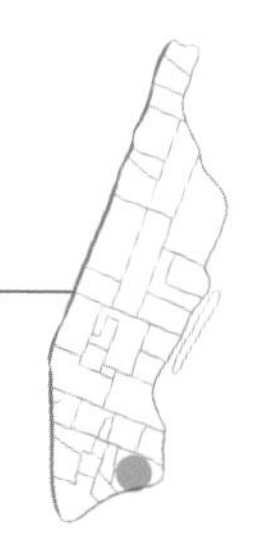

〈The Jazz Singer〉는 늘 무성영화의 쇠퇴를 알리는 최초의 발성영화로 거론된다. 하지만 사람들은 이 영화가 이민자의 유산을 다룬 예리하고 통렬한 우화라는 점은 자주 잊는다. 영화는 편견과 유태인의 정체성, 예술적 표현에 대한 헌신 같은 문제들을 다룬다. 이런 주제들은 상영 당시에도 중요한 의미를 지녔고, 지금도 마찬가지다. 영화 속의 많은 장면들이 이런 테마를 풍요롭게 만드는 역할을 한다. 첫 장면도 예외가 아니다. 영화는 맨해튼의 로워 이스트사이드에 있는 유태인 거주 구역을 내려다보는 장면으로 시작한다.

마이클 미라솔Michael Mirasol(필리핀 비평가)

타임머신을 타보자. 차이나타운에서 동쪽을 향해 걷다보면 로워 이스트사이드로 들어서게 된다. 재개발이 이루어져 제법 말쑥한 동네가 되었지만, 얼마 전까지만 해도 범죄가 판치던 슬럼가였다. 관광객tourist은 쇼핑을 하고 맛난 것을 즐긴 다음 떠나면 그만이지만, 여행자traveler라면 감춰진 이야기도 볼 수 있어야 하는 법. 로워 이스트사이드에서 자란 사람들의 증언을 통해 흘러간 시간이 감춰버린 이 동네의 민낯을 살펴보자. 이 안경을 쓰고 바라볼 때, 비로소 여행자들은 '누구나 저마다의 로워 이스트사이드를 가져야 한다.'는 작곡가 어빙 벌린Irving Berlin의 충고를 이해할 수 있다.

나는 로워 이스트에서 자라는 동안 최고의 길거리 싸움꾼이었어. 길거리 싸움에서 진 적이 없지. 한 번도. 잭 뎀시Jack Dempsey건 조 루이스Joe Louis건 누구든 때려눕힐 자신이 있었어. 난 정말 환상적이었다고.

권투 선수 로키 그라지아노Rocky Graziano

나는 로워 이스트사이드에서 이탈리아계 미국인으로 성장했다. 실은 시칠리아인으로서 자란 거였다. (중략) 어린 시절에는 깨닫지 못했지만, 당시 내 주변에서 보던 폭력의 와중에서 무엇을 믿을지와 무엇이 바르게 살아가는 법인지 사이에 균형을 잡기가 참 어려웠다. 내가 아는 사람들 사이에서 너무 많은 폭력을 목격했다.

영화감독 마틴 스콜세지

로워 이스트사이드가 내게 영감을 주었어요. 그 동네 전체, 내가 함께 일했던 모든 사람들, 살면서 내가 본 것들, 거기서 내가 누군지, 내 정체성과 내 문화와 내 근본을 이해할 수 있는 기회를 얻었죠.

푸에르토리코 출신 영화배우 루이스 구즈만Luis Guzman

나는 뉴욕 로워 이스트사이드 출신 흑인 여자에요. 나를 두려움에 떨게 만들 수 있는 건 많지 않지요.

제록스 회장 우슬라 번즈Ursula Burns

나는 나의 선택으로 미국인이 되었다. 내 선택에 따라 맨해튼의 로워 이스트사이드에 살았다. 푸에르토리코와 유태인 이웃을 가지는 길을 택했고, 중국인으로의 정체성을 유지한 것도 나의 선택이었다.

요리사, 작가, 사업가 겸 변호사 에디 황Eddie Huang

대략 바워리 가Bowery St 건너편부터는 로워 이스트사이드로 구분한다. 그 경계적인 특징 때문에 바워리 가 주변 일대를 아예 그냥 '바워리'라고 부르기도 한다. 이민 초창기인 17세기에는 주로 밭이 있던 지역인데, 네덜란드어로 보우워리bouwerij는 '농원'이라는 뜻이었다. 아니, 거기까지 거슬러 올라가자는 건 아니다.

뉴욕으로 외국의 이주민이 가장 많이 쏟아져 들어온 시기는 19세기 말에서 20세기 초 사이였다. 그중 다수가 로워 이스트사이드에 정착해 비좁은 셋집에 바글바글 모여 살았다. 제일 먼저 1840년대에 대규모로 터를 잡은 독일인들이 리틀저머니Little Germany라고 부르는 집단 거주지를 형성했고, 뒤이어 이탈리아인들과 동유럽 출신 유태인들이 들어왔다. 그 다음엔 그리스, 헝가리, 폴란드, 루마니아, 러시아, 슬로바키아, 우크라이나 사람들이 들어와 저마다 자기들만의 군락을 형성했다. 1920년대에 이르자 로워 이스트사이드의 대세는 40만 명에 가까운 유태인이 되었다. 길모퉁이 어디서나 이디시Yiddish 어가 흘러나왔다.

〈The Jazz Singer〉(1927)
★★★ 감독 앨런 크로슬랜드
출연 알 졸슨, 메이 맥애어보이, 워너 올랜드

미국 사회가 하나의 용광로라면, 여기서는 아직 그 거대한 용해 작용이 채 일어나지 않고 있었다. 1927년에 만들어진 최초의 발성영화 〈The Jazz Singer〉는 이 무렵 이 동네에 사는 유태인 가정의 이야기를 다룬다. 가수가 되고 싶은 아들과, 신께서 아들에게 선사한 재능을 회당에서 성가를 부르는 데만 쓰도록 강요하고 싶은 아버지의 갈등이 주축을 이룬다. 이 영화는 1980년에 아들 역에 닐 다이아몬드Neil Diamond, 아버지 역에 로렌스 올리비에Laurence Olivier를 기용한 동명의 영화로 리메이크 되었는데, 어쩔 수 없이 시대착오적인 느낌이 든다.

1904년 제너럴 슬로컴General Slocum이라는 증기 여객선이 이스트강에서 화재로 침몰하면서 이 배로 나들이를 떠났던 리틀저머니 주민들이 1000명 이상 사망했다. 9·11 이전까지 뉴욕에서 벌어진 최악의 사건·사고였다. 그 직후 많은 독일인들이 뉴욕을 떠났다. 20세기 초엽 로워 이스트사이드는 무정부주의, 사회주의, 공산주의 등 급진적 정치 이념이 싹트는 장소였다. 제2차 세계대전 이후에는 흑인과 푸에르토리코 사람들이 다수 유입되었고, 반대로 유태인과 동유럽 출신 자들의 인구는 빠른 속도로 줄었다. 1960년대 이후로는 을씨년스럽게 버려진 집들 사이로 가난과 범죄와 마약이 기승을 부리는 동네로 전락했다.

앞서 인용한 로키 그라지아노는 1956년 흑백영화 〈Somebody Up There Likes Me〉에서 폴 뉴먼Paul Newman이 연기한 권투 선수의 실제 인물이다. (헤비급 챔피언 로키 마르시아노Rocky Marciano는 딴 사람이다.) 가난하고 폭력적인 아버지 밑에서 자란 로키는 갱단에 가입해 범법자로 살아가고, 교도소에서 출소한 후 군에 입대하지만 며칠 못 버티고 탈영한다. 돈이 궁해서 시작한 권투경기에서 그는 비로소 천부적인 재능을 발휘한다. 이 영화는 로키를 싸움꾼으로 길러낸 1950년대 로워 이스트사이드의 풍경을 잘 담고 있다. 십대들이 장난처럼 강도와 도둑질을 일삼는 지저분한 거리, 챔피언이 되어 금의환향하는 로키의 자동차 퍼레이드를 뜨겁게 맞아주는 동네의 축제 모습은 그의 승리가 가난한 이들에게 희망을 주었다는 점을 납득시켜준다.

그러고 보면 이런 동네에서 어린 시절을 보낸 마틴 스콜세지가 폭력을 소재로 자신의 영화 미학을 완성했다는 건 전혀 이상한 일이 아니다. 로워 이스트사이드야 말로 〈Mean Streets〉와 〈택시 드라이버〉의 정신적 고향이었던 셈이다. 1960년대부터 버려져 있다시피 하던 동네에 재개발이 이루어지기 시작한 건 1980년대에 들어서였다. 우리말로 재개발이라고는 썼지만, 뉴욕 슬럼가의 부동산 가치가 상승하는 것 같은 현상을 영어로는 '젠트리피케이션gentrification'이라고 부른다. 주머니 사정은 어렵지만 모험심은 강한 학생과 예술가들이 우범 지역의 언저리에 세를 얻고, 그런 지역이 점차 커지면서 중산층

〈Somebody Up There Likes Me〉
(1956)
★★★ 감독 로버트 와이즈
출연 폴 뉴먼, 피어 안젤리

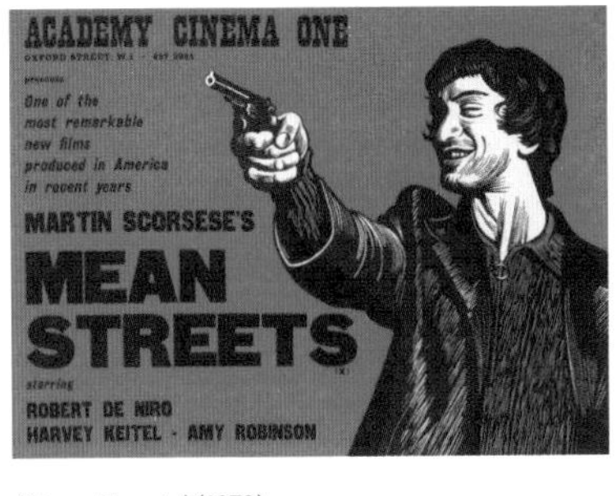

〈Mean Streets〉(1973)
★★★ 감독 마틴 스콜세지
출연 로버트 드니로(조니), 하비 카이텔(찰리)

이 뒤따라오는 과정이다. 이런 과정이 진행되는 동안 한국, 일본, 중국, 방글라데시, 인도, 필리핀 등 아시아 지역의 이민들도 이 구역으로 이주해왔다.

우리나라에서 '젠트리피케이션'이라는 용어가 주로 '악덕 건물주의 탐욕에 의한 건물 임대료 상승'에 초점을 맞춘 추악한 현상이라는 의미로 사용되는 것을 보고 놀란 적이 있다. 과도한 상업화로 전통적인 동네의 모습이 사라지고 대형 상점으로 소상공인이 평생 일군 삶의 터전을 잃는 현상은 분명 문제다. 앞으로 소개할 할리우드 영화에서 보듯이 미국에서도 재개발을 둘러싼 건물주들의 횡포는 곱게 바라보지 않는다. 거의 언제나 건물주는 악당으로 등장한다. 하지만 미국에서 젠트리피케이션이라는 용어 자체는 우리나라에서보다는 훨씬 더 가치중립적인 의미로 사용된다. 그 용어의 의미는 슬럼가가 고상하게 변한다는 뜻이다. 마약과 강도가 횡행하던 무서운 동네가 보통 사람들이 마음 놓고 활보할 수 있는 동네로 변화하는 현상, 변화의 혜택이 대다수 시민들에게 돌아가는 현상이 젠트리피케이션의 본뜻이다. 미국에서 젠트리피케이션을 둘러싼 논란은 그것을 하느냐, 마느냐가 아니라 '어떻게' 하느냐에 초점이 있다.

로워 이스트사이드의 재개발은 2000년대 중반까지 진행되어 싸구려 상점들이 늘어섰던 오차드 가Orchard St에는 세련된 부티크들이 입주했고, 클린턴 가Clinton St는 멋쟁이 식당가로 바뀌었다. 노포크 가Norfolk St의 16층짜리 블루 콘도미니엄Blue Condominium은 뉴욕의 새로운 랜드마크가 되었다. 재개발 과정에서는 자기가 소유한 부동산 가치를 높이려는 사람과 거기에 싼 집세를 내고 살던 사람들 사이에 불가피한 갈등이 생기는데, 우리의 평균적 감성은 집주인을 악역으로 여기게 만든다.

더스틴 호프만Dustin Hoffman과 아담 샌들러Adam Sandler가 출연하는 2014년 영화 〈코블러The Cobbler〉는 재개발로 인한 갈등이 아직도 로워 이스트사이드에서 현재 진행형이라는 사실을 알려준다. 아담 샌들러가 마법 구두 수선 기계를 아버지로부터 물려받는데, 그 기계로 수선한 신발을 신으면 신발의 주인으로 변신한다. 이 코미디 영화는 '다른 사람의 입장이 되어본다.'라는 영어 표현(put oneself in someone's shoes)을 억지사지 이상의 의미로 잡아 늘였다. 철거 예정인 건물에서 떠나기를 거부하는 솔로몬 씨와, 무슨 수를 쓰더라도 솔로몬 씨를 내쫓으려는 악독한 건물주 아줌마 그리너월트 사이의 갈등이 한 축을 이룬다.

관광객은 쇼핑을 하고 맛난
것을 즐긴 다음 떠나면
그만이지만, 여행자라면 감춰진
이야기도 볼 수 있어야 하는 법.
여행자들은 '누구나 저마다의
로워 이스트사이드를 가져야
한다.'

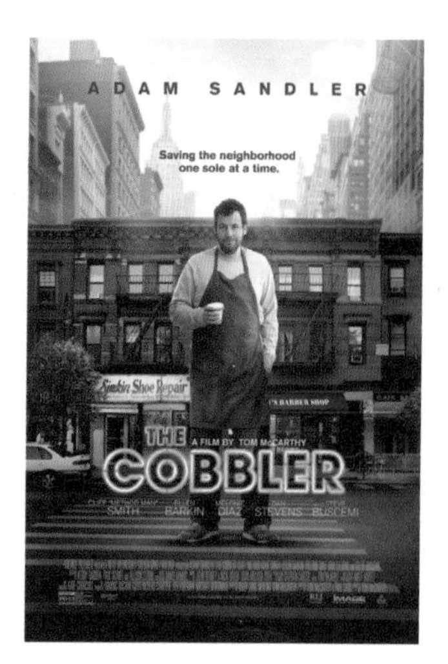

〈코블러The Cobbler〉(2014)
★★ 감독 토마스 맥카시
출연 아담 샌들러(맥스), 더스틴 호프만(아브라함), 엘렌 바킨(그리너월트)

〈해피 엑시던트Happy Accidents〉(2000)
★★★ 감독 브래드 앤더슨
출연 마리사 토메이(루시), 빈센트 도노프리오(샘)

영화에서 그리너월트가 철거하려고 혈안이 된 건물은 서포크 가Suffolk St와 클린턴 가 사이 그랜드 가Grand St에 있는 실제 건물이다. 이 글을 읽은 독자가 찾아가 보면 그땐 이미 허물어지고 없더라도 전혀 이상할 게 없을 낡은 건물이다. 주인공 맥스의 구두 가게는 브룸 가Broome St와 디랜시 가Delancey St 사이의 포사이스 가Forsyth St에서 촬영했다. (구두 가게는 진짜가 아니다.)

오늘날 로워 이스트사이드의 분위기를 잘 담아낸 영화로는 〈해피 엑시던트Happy Accidents〉가 있다. 마리사 토메이Marisa Tomei가 연기하는 주인공 루디가 사는 아파트는 이스트 브로드웨이East Broadway 225번지 건물이다. 자신이 미래에서 온 '시간 여행자'라고 주장하는 남자와 그녀가 함께 거니는 거리 풍경이 로워 이스트사이드의 최근 모습을 잘 보여준다. 노아 바움백Noah Baumbach 감독의 2012년 영화 〈프란시스 하〉에서 남자와 식당에서 저녁 식사를 마친 주인공 프란시스가 식당에서 뛰쳐나와 현금을 구하러 뛰어다니던 곳도 이 동네였다.

브루클린 브리지Brooklyn Bridge와 맨해튼 브리지Manhattan Bridge가 있는 로워 이스트사이드의 동남쪽 강변 지역은 '투 브릿지스Two Bridges'라고 부른다.

리틀 이탈리 Little Italy

그들은 노동자다. 여러 등급의 막노동에서 노역을 담당한다. 그들은 장인이고, 고물상이며, 개중에는 넝마주이도 있다. 라틴 공동체를 유지시켜주는 상점이라고도 부를 수 있는 이탈리아인들의 엄청난 식민지가 여기 있다. 여기에는 온갖 종류의 점포, 여관, 식료품점, 과일 가게, 양복점, 제화점, 와인 가게, 수입상, 악기상이 있다. 공증인, 변호사, 의사, 약제사, 장의사도 있다. 이 도시에서 독일인을 제외한 그 어떤 외국인들보다 이탈리아인이 많은 은행가를 배출했다.

〈뉴욕 타임즈the New York Times〉의 1896년 5월 31일자 기사 중에서

이 동네에 들어서면 괜스레 환청을 듣는다. '환청인가?' 하면 어느새 흥얼거리고 있다. 귀로 들은 게 먼저인지, 입으로 흥얼거린 게 먼저인지 분명치 않다. 밀라노 출신의 작곡가 니노 로타Nino Rota가 만든 〈대부The Godfather〉의 테마곡. 활자로 들려드릴 방법은 없지만, 들어보면 다들 아는 곡조다. 아니, 앤디 윌리엄즈Andy Williams가 번안해 부른 〈Speak Softly, Love〉 말고, 왜 있잖은가. 느리고 애잔한 트럼펫 선율로 시작하는.

리틀 이탈리, 뉴욕 영어 사투리에 진한 이탈리 억양을 선사한 로마제국의 후예들이 터전을 잡은 곳, 돈 콜레오네 같은 마피아들이 마음의 고향으로 여기던 곳, 그러나 그 많던 이탈리아인들 거반 다 빠져나가고 지금은 이탈리아식 음식점 몇 개만 남아 동네 이름의 명맥을 유지하는 곳이다. 내가 좋아하던 식당은 스프링 가Spring St에 있는 롬바르디스Lombardi's다. 리틀 이탈리의 북쪽 부분을 놀리타NoLIta라고도 부르는데, 거기 있는 식당이다. 1905년에 시작한, 뉴욕 최초의 피자 전문점이라고 한다.

프란시스 포드 코폴라Francis Ford Coppola 감독의 〈대부 2The Godfather 2〉는 이 지역의 초창기 모습을 묘사하고 있다. 시칠리아에서 가족을 잃고 목숨을 부지하기 위해 뉴욕으로 도망쳐온 비토 콜리오네의 젊은 시절을 로버트 드니로가 연기한다. 말론 브란도가 만년의 비토 콜레오네 역을 맡았던 2년 전의 전편이 워낙 큰 성공을 거뒀기 때문에 드니로의 기용에 의구심을 가진 사람이 많았다. 그런데 영화 속에서 드니로가 보여준 것은 연기라기보다는 묘기였다. 화면 속에서 시간이 흘러갈수록 늙어가면서 '말론 브란도보다 더 말론 브란도스럽게' 변해간 것이었다.

〈대부The Godfather〉(1972)
★★★★ 감독 프란시스 포드 코폴라
출연 말론 브란도 (돈 비토 콜레오네), 알 파치노(돈 마이클 콜레오네)

〈대부 2The Godfather Part II〉(1974)
★★★★ 감독 프란시스 포드 코폴라
출연 알 파치노(돈 마이클 콜레오네), 로버트 드니로(돈 비토 콜리오네)

비토는 리틀 이탈리에서 친구들과 좀도둑질을 하면서 연명하다가 이 동네의 건달 파누치의 눈 밖에 난다. 마을 축제가 벌어지던 날, 파누치는 거드름을 피우며 길거리 청과상에서 오렌지를 집어 들고 집으로 돌아온다. 지붕 위를 건너뛰며 건물 옥상에서 파누치를 미행하던 비토는 집에 들어가려던 파누치를 살해한다. 이 장면에서 로버트 드니로가 타넘고 뛰어다니던 건물들의 능선이 내 기억 속에 굳어진 리틀 이탈리의 풍경이다.

어쨌든 그래서 비토 콜레오네는 동네에서 존경과 두려움의 대상이 되고, 결국 마피아의 두목이 된다. 어떤 사람들은 끊임없이 권력을 탐하지만, 그럼에도 권력은 영원한 것이 아니다. 화무십일홍花無十日紅. 〈대부〉에서 말론 브란도가 연기하던 만년의 비토 콜리오네가 암살자

〈대부 3The Godfather Part III〉(1990)
★★★ 감독 프란시스 포드 코폴라
출연 알 파치노(돈 마이클 콜레오네), 앤디 가르시아(빈센트 만시니 콜리오네), 소피아 코폴라(메리 콜리오네)

<애널라이즈 디스Analyze This>(1999)
★★★ 감독 해롤드 래미스
출연 로버트 드니로(폴 비티), 빌리 크리스탈(닥터 벤 소벨)

들의 총탄에 쓰러지는 곳도 리틀 이탈리의 골목이었다. 자신이 젊은 시절에 이 동네에서 처단했던 돈 파누치처럼, 그도 골목의 청과상에서 오렌지를 집어 들고 있었다. 둘째 아들 프레도가 아버지를 경호하고 있었지만 화들짝 놀라 권총을 떨어뜨리고 아무 도움이 되지 못한다. 큰아들은 이미 암살을 당했기 때문에, 이제 그의 막내아들이 이 덧없는 힘의 게임 속으로 휘말려 들 차례다.

이 장면의 패러디가 〈애널라이즈 디스Analyze This〉에 등장한다. 마피아 두목 폴 비티가 찾아와 자신을 치료해달라고 으름장을 놓자 정신과 의사 벤은 악몽에 시달린다. 이 꿈에서 벤은 돈 콜레오네처럼 오렌지를 사다가 저격을 당하고, 차에서 기다리던 비티는 당황해 권총을 놓치고 벤의 시신 앞에서 징징 운다. 꿈 이야기를 들은 비티는 "내

이 동네에 들어서면 괜스레 환청을 듣는다.
'환청인가?' 하면 어느새 흥얼거리고 있다.
귀로 들은 게 먼저인지, 입으로 흥얼거린
게 먼저인지 분명치 않다. 〈대부〉의 테마곡.
왜 있잖은가 느리고 애잔한 트럼펫 선율로
시작하는.

리틀 이탈리, 뉴욕
영어 사투리에 진한
이탈리 억양을 선사한
로마제국의 후예들이
터전을 잡은 곳,
돈 콜레오네 같은
마피아들이 마음의
고향으로 여기던 곳.

가 프레도란 말이냐?"며 화를 내는데, 이 영화적 농담의 핵심은 비티 역을 맡은 배우가 로버트 드니로라는 데 있다.

〈대부 3The Godfather 3〉에서는 비토 콜레오네의 손자 빈센트와 손녀 메리가 함께 이 거리를 찾아와 '할아버지가 올리브기름 장사로 집안을 일으키신 곳'으로 추억한다. 물론 폭력배의 자손들 중 자신들의 할아버지가 남을 윽박지르고 사람을 죽여 집안을 키웠다고 회상할 사람은 없겠지만.

코폴라의 '대부' 시리즈는 각기 어쩔 수 없이 두려움의 대상이 되어야만 했던 불행한 사내들의 가족사다. 떳떳하게 살고 싶어 가족을 등지고 군에 자원 입대하고 부모에게 어깃장을 놓듯 이탈리아인이 아닌 여성과 결혼까지 했던 마이클은 양지를 향해 발버둥을 치면 칠수록 더 깊은 범죄의 수렁으로 빠져 들어간다. 물론 잘못된 방법으로 발버둥을 치기 때문이다.

이 영화는 '힘'의 속성에 관한 뛰어난 우화이기도 하다. "괜찮아. 거절 못할 제안을 하면 돼."라는 영화 속 대사는 생각할수록 모골이 송연하다. 〈대부 2〉는 '2편'이라는 제목을 붙인 영화가 아카데미 작품상을 받은 최초의 사례를 만들었다. 오히려 전편보다 낫다는 사람들도 많다. 시리즈가 이어지면서 '콜레오네 가의 미국 정착기'는 점점 더 깊은 도덕적 파멸과 행복의 상실로 이어졌다.

곁길로 좀 벗어나기는 하는데, 근년에는 유엔 대표부에서 시리아 문제를 다루면서 이 영화를 떠올렸다. 시리아의 대통령 바샤르 아사드Bashar al-Assad는 전대 독재자 하페즈 아사드의 차남이었다. 하페즈의 생전에는 큰아들 바셀이 권력을 이어받을 걸로 여겨졌다. 둘째 바샤르는 안과 의사가 되겠다며 영국으로 유학을 갔고, JP모건에서 일하던 시리아계 영국인 미녀와 결혼했다. 그런데 1994년 형이 자동차 사고로 죽자, 그는 아버지 밑으로 불려와 권력 승계 수업을 받았다. 2000년 그가 대통령 선거에서 당선되었을 때, 중동에는 '다마스커스의 봄'이 찾아오리라는 기대감이 충만했다. 그러나 결국 그는 수십만 명의 사망자를 낸 내전의 당사자가 되었다. 시리아 정권의 도덕적 몰락을 바라보면서 마이클 콜레오네가 떠올랐던 건 지나친 비약이었을까?

놀리타의 멀버리 가 263번지 성 패트릭 구 성당St. Patrick's Old Cathedral 내부는 〈대부〉 1편과 3편에서 극적으로 사용되었다. (영화에 등장하는 교회의 외관은 여기가 아니라 스태튼아일랜드Staten Island의 성 요아킴과 성 앤 교회The Church of St. Joachim and St. Anne였다.) 아버지 비토 콜리오네가 사망하자 가장의 지위를 물려받은 마이클은 비로소 아버지에게 위해를 가했던 경쟁 세력의 두목들을 일거에 제거한다. 마이클이 조카의 대부로서 이 성당에서 거행되는 세례식에 참석해 식이 거행되는 장면과 마이클의 부하들이 마피아 두목들을 하나씩 처단하는 모습이 교차 편집된 시퀀스는 〈대부〉에서 가장 극적인 대목이다. 3편에는 연로한 마이클이 바로 이 성당에서 대주교가 수여하는 교황의 감사패를 전달받는 장면이 나온다.

리틀 이탈리에는 19세기 말부터 1990년대에 이르기까지 줄곧 이름난 마피아들이 둥지를 틀고 있었는데, 이제는 그것도 옛말이 되었다. 20세기 초에는 적게 잡아도 1만 명 이상의 이탈리아 이민들이 리틀 이탈리에 살았다. 맨해튼 북부의 이스트 할렘에도 이탈리아인의 집단 거주 구역이 있긴 한데, 그곳에 비하면 리틀 이탈리의 분위기가 훨씬 더 서민적이었다. 오히려 그래서 리틀 이탈리는 오랫동안 이탈

〈문스트럭Moonstruck〉(1987)
★★★★ 감독 노만 주이슨
출연 셰어(로레타 카스토리니), 니콜라스 케이지(로니 카마레리)

리아계 미국인들의 마음속에 애틋한 장소로 남아 있다. 하지만 이탈리아 이민 2세대가 미국 사회에 동화해가는 속도와 그들이 리틀 이탈리를 떠나는 속도는 비례했다. 이탈리아인들이 떠난 많은 상점과 아파트를 중국인들이 채웠다.

바로 옆의 차이나타운과 비교가 되기 때문에, 리틀 이탈리가 붕어 없는 붕어빵처럼 된 이유가 '이탈리아계 이민들이 상업적으로 유능했기 때문에 빨리 더 나은 지역으로 빠져나갔기 때문'이라고 설명하는 사람들이 있다. 하나만 알고 둘은 모르는 얘기다. 미국 사회에 일찍 적응한 유럽계 이민들은 초창기 집단 거주 지역의 이름을 지도에 남길 틈도 없이 흩어져 미국이라는 용광로 속으로 녹아 들어갔다. 그러니까 리틀 이탈리의 존재는 이탈리아 출신 이주민이 남들보다 빨리 돈을 벌거나 미국에 빠르게 적응한 증거가 아니라, 거꾸로 오늘날까지 그 허울을 남길 정도로 미국 사회에 녹아 들어간 속도가 늦었다는 증거일 것이다. 이탈리아인들이 다른 서유럽 출신들에 비해 대가족으로 한 동네에 똘똘 뭉쳐 연대감을 누리는 일을 좀 더 중시했던 탓도 있겠다.

노만 주이슨Norman Jewison 감독의 1987년 영화 〈문스트럭Moonstruck〉은 서로 얽히고설키는 이탈리아계 미국인들의 떠들썩한 사랑을 그린 영화다. 그 어떤 로맨스 영화보다 웃기고, 그 어떤 코미디보다 로맨틱한 영화다. 누구든지 시나리오만 봤다면 어떤 배우도 이런 터무니없는 이야기를 설득력 있게 연기할 수는 없으리라고 생각할 법한 줄거리인데, 가수 출신 배우 셰어Cher는 그걸 멋들어지게 해냈고, 그래서 아카데미 주연상을 받았다. 어쨌든 여기서 중요한 점은 〈문스트럭〉이 브루클린 하이츠Brooklyn Heights를 무대로 하고 있다는 사실이다.

이 영화를 만들던 무렵엔 이미 리틀 이탈리는 3대가 함께 사는 이탈리아 가정 같은 건 찾아보기 어려운 동네가 되어 있었다. 그러니까 여러분이 리틀 이탈리를 산책할 때 길모퉁이에서 이탈리아어가 들려온다면 그건 로마나 피렌체에서 찾아온 관광객의 음성일 가능성이 크다.

소호 SoHo

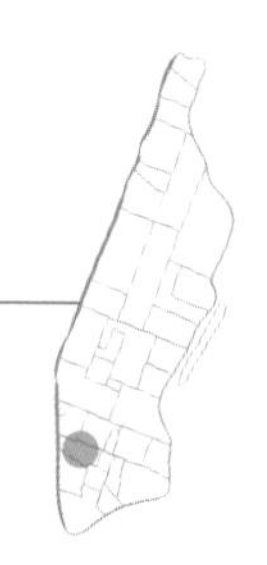

맨해튼의 구역들 중에 특히 소호는 마치 전문 캐스팅 회사가 고용한 엑스트라들처럼 환경에 완벽하게 녹아든 행인들로 채워진 영화 세트의 팽팽한 분위기를 지녔다. 이곳에는 모든 것이 진짜가 아니거나, 진실이기에는 너무 완벽하게 상투적이라는 느낌이 감돌았다. 검은 에나멜가죽 같은 하늘에서 비가 내리기 시작했다. 가늘고 안개 같은 가랑비였다.

캔디스 부쉬넬Candace Bushnell의 소설 《립스틱 정글Lipstick Jungle》 중에서

리틀 이탈리 서쪽은 소호다. 하우스턴 가Houston St 이남 지역을 'South of Houston Street'으로 구분하고 그 앞머리 글자를 따서 소호라고 부른다. 하우스턴 가 이북의 작은 구역을 노호라고 부르니까, 짝도 맞는 셈이다. 이렇게 설명하면 소호라는 명칭이 마치 맨해튼의 발명품인 것처럼 들린다. 하지만 원조 소호는 맨해튼이 아니다. 소호라는 동네 명칭은 부에노스아이레스에도, 홍콩에도, 베이징에도, 아일랜드에도 있고, 미국 플로리다에도 있다. 뉴욕이라는 명칭이 영국의 요크에서 유래했듯이 원조 소호는 런던에 있다.

런던 웨스트엔드West End의 웨스트민스터Westminster 일부 구역이 원조 소호다. 클럽과 바, 식당과 성인 전용 업소들이 들어선 밤 문화의 중심가다. 영화사와 음반 회사들도 많다. 늦게 잡아도 17세기부터는 사용된 걸로 보이는 소호라는 이름의 기원은 모호한데, 사냥 구호에서 기원했다는 설이 유력하다. 이 이름을 맨해튼에 가져와 '하우스턴의 남쪽'이라는 의미를 천연덕스레 붙여준 사람은 체스터 랩킨Chester Rapkin이라는 도시계획 전문가였다.

맨해튼 소호는 남북으로 하우스턴 가부터 카날 가까지, 동서로는 크로스비 가Crosby St에서 6가 사이를 말한다. 소호보다 서쪽 지역을 웨스트 소호West SoHo, 허드슨 스퀘어Hudson Square, 또는 사우스 빌리지South Village라고 부르기도 하는데, 확고한 이름이 없다는 건 별다른 특징이 없다는 뜻도 된다. 하지만 소호는 다르다. 어떻게 다른지 주절주절 쓰는 것보다 영화의 몇 장면을 소개하는 것이 낫겠다.

마틴 스콜세지 감독의 1985년 작품 〈After Hours〉는 스탠리 큐브릭Stanley Kubrick이 감독한 〈아이즈 와이드 셧Eyes Wide Shut〉의 우스꽝스러운 삼촌뻘쯤 되는 영화라고 할 수 있다. 평범한 나날을 보내던 남자가 어느 날 뉴욕 밤거리에서 겪는 초현실주의적인 '섹슈얼 오디세이'라는 점에서 그렇다. 어퍼 이스트사이드(이스트 91가)에 사는 사무원 폴은 퇴근 후 찻집에서 만난 묘한 분위기의 아가씨 마시의 초대를 받고, 충동적으로 한밤중에 그녀가 묵고 있는 소호 하워드 가Howard St 28번지를 찾아간다. 마시가 전위 조각가 키키와 함께 사는 집이다. 데이트가 뜻대로 이루어지지 않자 여기서 뛰쳐나온 폴은 돈을 잃어버려 전철도 못 타고, 비가 퍼붓는 소호 밤거리를 헤매며 기이한 고생을 겪는다. 스프링 가 308번지의 술집에 비를 피해 들어갔다가 웨이트리스의 유혹을 받기도 하고, 돈을 빌리러 바텐더 집 스프링 가 158번지로 심부름을 갔다가 도둑으로 오인받아 자경단에 쫓기기도 한다. 스콜세지는 이 악몽 같은 소호 밤거리를 전위 예술가와 펑크족과 괴짜들이 들끓는 곳, 진짜 세상과는 격리된 '키르케Circe의 섬' 같은 장소로 묘사했다.

〈After Hours〉(1985)
★★★ 감독 마틴 스콜세지
출연 그리핀 던(폴), 로잔나 아케트(마시), 린다 피오렌티노(키키)

지금은 젊음에 집착하는 억센 인상의 아줌마가 되어버렸지만 1990년 〈사랑과 영혼Ghost〉에 나올 때만 해도 데미 무어Demi Moore가 연기한 몰리 젠슨은 '가장 예쁘게 눈물을 떨구는' 여자라는 칭송을 받으며 사내들의 마음을 뒤흔들었다. 도예가인 몰리가 월 가에 근무하는 남자 친구 샘과 오손도손 살던 아파트가 프린스 가Prince St 102번지

〈사랑과 영혼Ghost〉(1990)
★★★★ 감독 제리 주커
출연 패트릭 스웨이지(샘), 데미 무어(몰리)

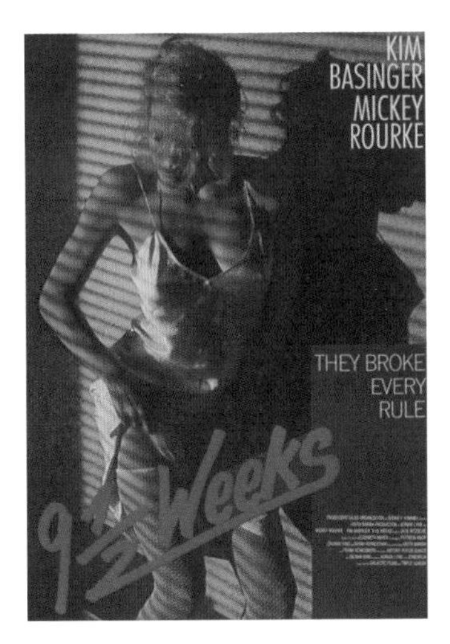

〈나인 하프 위크Nine 1/2 Week〉(1986)
★★★★ 감독 애드리안 라인
출연 미키 루크(존), 킴 베이싱어(엘리자베스)

였다. 은막 역사상 가장 관능적으로 도자기를 빚는 장면이 연출된 곳이다. 배경음악 〈Unchained Melody〉는 이 영화가 개봉하던 해에는 어딜 가도 들을 수 있었다.

여기서 세 블록만 동쪽으로 가면 스프링 가와 프린스 가 사이의 크로스비 가에 도착한다. 샘과 몰리가 귀가하다가 강도를 당하는데, 살해당한 샘의 육신을 부여잡고 펑펑 우는 몰리를 샘의 영혼이 내려다보며 망연자실하던 그 길거리다. 비에 젖어 번들거리던 그 야속한 돌길이 기억난다. 하늘에서 샘의 영혼을 부르는 환한 빛이 내려와 도로를 포장한 돌들은 더 도드라져 보였다. 이렇게 소호 일대에는 이른바 코블 스톤Cobble Stone 또는 벨지언 블록Belgian Block이라고 부르는 돌로 포장된 길이 많다. 소호에서 촬영하는 영화들은 이 돌길이 발산하

도예가인 몰리가 월 가에 근무하는 남자
친구 샘과 오손도손 살던 아파트가
프린스 가 102번지였다. 은막 역사상 가장
관능적으로 도자기를 빚는 장면이 연출된
곳이다.

그러니까 영화 속 소호는 돈 잘
버는 남편을 둔 도예가나 이혼한
미모의 화랑 직원이 거니는
곳이고, 젊고 매력적인 책방
주인이 장 보러 나온 아줌마와
'썸을 타기'도 하는 장소이고,
멀쩡해 보이는 선남선녀가
맨정신으로는 도저히 못할
고백으로 주위의 닭살을 돋우는
장소인 셈이다.

는 독특한 분위기를 담으려고 공을 들인다.

여기서 다시 브로드웨이를 건너면 스프링 가 모퉁이의 101번지 건물이 〈나인 하프 위크Nine 1/2 Weeks〉의 여주인공 엘리자베스가 일하던 아트 갤러리다. 지금처럼 망가지리라고는 상상조차 할 수 없던 꽃미남 상태의 미키 루크와 전성기의 킴 베이싱어Kim Basinger가 관능적인 사랑놀이에 빠진 존과 엘리자베스를 연기한다. 남장을 한 엘리자베스가 존과 비를 철철 맞으며 사랑을 나누던 톰슨 가Tompson St 인근의 스프링 가 골목길은 재개발로 사라졌다. 그들이 사랑을 나누던 (그렇다. 두 사람은 온갖 곳에서 사랑을 나눈다.) 시계탑은 트라이베카 구역의 브로드웨이 346번지 건물인데, 1898년에 만들어진 이 시계탑은 새로운 건물주가 옥상에 고급 펜트하우스를 짓겠다고 하는 바람에 계속 남아 있게 될지 알 수 없는 상태다.

영화 속 엘리자베스의 화랑 건물 외관이 독특했다고 기억하는 독자는 매의 눈을 가진 분이다. 주철cast iron로 만든 건물의 앞면facade은 목조와도, 벽돌집과도 다르다. 19세기 말에 접어들면서 강철 들보iron beam가 주철보다 안전하고 효율적이라는 점이 확인될 때까지, 대략 1840~1880년 기간 중에는 틀에 부어 굳힌 주철이 획기적인 건축 자재로 각광을 받았다. 이 무렵 뉴욕에 지어진 250여 채의 주철 건물 중 대부분이 소호 지역에 밀집해 있다. 뉴욕 시 당국은 1973년 소호를 '주철 사적 지역Cast Iron Historic District'으로 지정했다. 주철로 짓든, 강철로 짓든 무슨 상관이냐고 물을 수도 있겠지만 그것이 소호의 운명을 결정했다.

주철은 틀에 부어 다양한 모양을 만들기도 쉬울 뿐 아니라, 석재나 벽돌에 비해 값싸고 목재에 비해 훨씬 강하기 때문에 주철을 사용

영화 속 엘리자베스의 화랑 건물 외관이
독특했다고 기억하는 독자는 매의 눈을 가진
분이다. 주철로 만든 건물의 앞면은 목조와도,
벽돌집과도 다르다.

한 건물에는 마치 청동 건물에서 나 볼 수 있던 것 같은 고전적인 장식물을 만들 수 있었다. 창틀도 다양한 모양으로 커졌고, 층간 간격도 시원시원하게 높아졌다. 천정이 높은 실내 공간의 유용성과 큰 창문으로 쏟아져 들어오는 매력적인 햇빛이 예술가들을 이 동네로 유혹했던 것이다. 예전에 공장으로 사용했다가 텅 빈 창고처럼 변한 이런 집들을 로프트loft라고 부른다. 영화에 등장하는 소호의 아파트는

〈빅Big〉(1988)
★★★★ 감독 페니 마샬
출연 톰 행크스(조쉬)

대개 이런 로프트들이다. 〈빅Big〉의 주인공인 열두 살 소년 조쉬는 갑자기 어른이 된 후에 장난감 회사에 취직해 그랜드 가 83번지 널따란 아파트로 이사를 간다. 그가 친구와 길거리로 물풍선도 던지고, 집에서 스케이트보드도 타면서 놀던 이 건물이 전형적인 로프트다.

〈애딕티드 러브Addicted to Love〉의 주인공 샘은 변심한 애인 린다를 못 잊어 그녀가 함께 살고 있는 프랑스 요리사 안톤의 집을 길 건너편 폐가에서 훔쳐본다. 그가 망원경 장비를 이용해 폐가의 벽에 영사기처럼 비추던 안톤의 집도 우스터 가Wooster St 35번지의 로프트였다.

〈나인 하프 위크〉의 애드리안 라인Adrian Lyne 감독은 2002년 소호로 돌아왔다. 스프링 가에 있는 엘리자베스의 화랑에서 한 블록 내려오면 영화 〈언페이스풀Unfaithful〉의 오프닝 신에서 다이안 레인Diane Lane

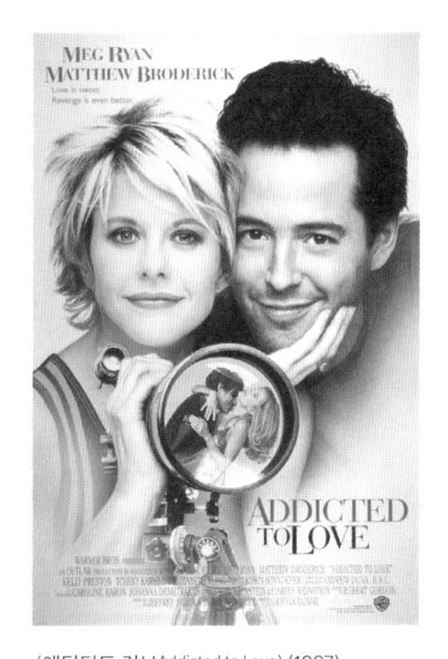

〈애딕티드 러브Addicted to Love〉(1997)
★★★ 감독 그리핀 던
출연 멕 라이언(매기), 매튜 브로데릭(샘), 켈리 프레스턴(린다), 체키 카리오(안톤)

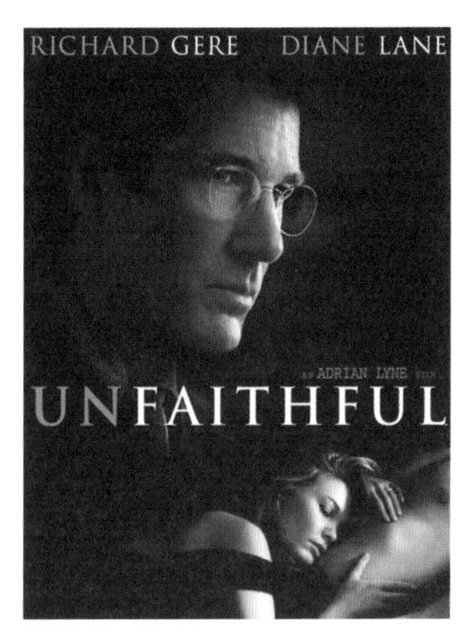

〈언페이스풀Unfaithful〉(2002)
★★★ 감독 애드리안 라인
출연 리처드 기어(에드 섬너), 다이안 레인(코니 섬너), 올리비에 마르티네즈(폴 마텔)

이 양손에 짐을 들고 강풍을 맞으며 택시를 잡다가 젊은 남자와 부딪혀 쓰러지던 길거리가 나온다. 거센 바람이 영화 초장부터 대낮의 길거리에서 다이안 레인의 각선미를 드러내면서, 이 영화의 내용이 관능적일 것임을 암시하는 장면이다. 브룸 가 근처의 머서 가Mercer St인데, 이 거리의 70번지 아파트가 그녀와 부딪힌 바람둥이 프랑스 청년의 집이다. 로맨틱 스릴러라는 특이한 장르에 속하는 이 영화는, 리처드 기어Richard Gere 같은 남편과 사는 여자도 젊은 남자와 바람이 날 수 있다는 걸 보여줌으로써 리처드 기어만도 못한 숱한 남자들에게 경종을 울렸다, 라기보다는 경종을 울리고 싶어 하는 것 같은 영화다. 여기 등장하는 프랑스 청년의 직업은 도서 수집가다.

여기서 한 블록 떨어진 그린 가Greene St 80번지는 〈Mr. 히치-당신

〈Mr. 히치-당신을 위한 데이트 코치Hitch〉(2005)
★★★ 감독 앤디 테넌트
출연 윌 스미스(히치), 에바 멘데스(사라)

〈S러버Spread〉(2009)
★★ 감독 데이빗 맥킨지
출연 애쉬튼 쿠쳐(니키), 앤 헤이시(사만다), 마가리타 레비에바(헤더)

을 위한 데이트 코치〉에서 잡지사 가십 칼럼 기자인 사라가 사는 아파트였다. 그린 가와 스프링 가가 만나는 모퉁이는 연애 전문 상담가 히치가 그녀에게 사랑에 빠졌음을 뒤늦게 깨닫고 달리는 자동차에 매달려 구애를 하다가 내동댕이쳐진 길바닥이다. 여기서 두 사람이 키스를 나누며, 영화는 뒤풀이 파티 장면만을 남겨둔다.

〈사랑과 영혼〉의 샘과 몰리의 아파트 옆 골목인 그린 가 104번지 및 110번지의 소호 빌딩The SoHo Building은 〈S러버Spread〉에서 LA에 살던 니키가 청혼을 하기 위해 찾아온 헤더의 아파트였다. 그녀는 이미 결혼을 한 상태였고, 때마침 남편이 귀가하자 "배달부한테 팁 5달러만 주자."며 그를 쫓아낸다. 이 아파트는 〈아더 우먼The Other Woman〉에는 변호사인 칼리가 살던 아파트로 등장했다.

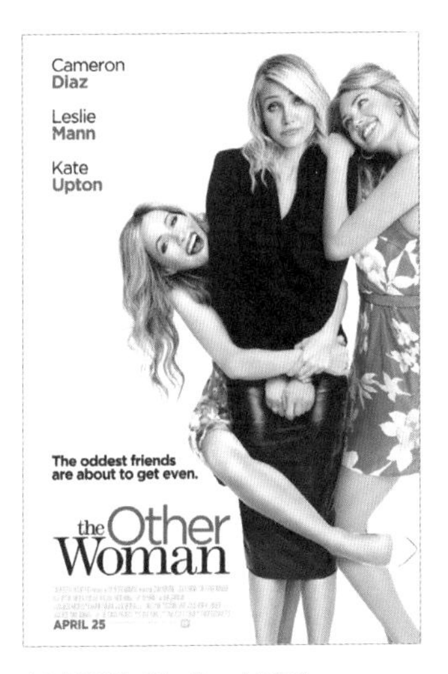

〈아더 우먼The Other Woman〉(2014)
★★★ 감독 닉 카사베츠
출연 카메론 디아즈(칼리), 레슬리 만(케이트), 케이트 업튼(앰버)

그러니까 영화 속 소호는 돈 잘 버는 남편을 둔 도예가나 이혼한 미모의 화랑 직원이 거니는 곳이고, 젊고 매력적인 책방 주인이 장 보러 나온 아줌마와 '썸을 타기'도 하는 장소이고, 멀쩡해 보이는 선남선녀가 맨정신으로는 도저히 못할 고백으로 주위의 닭살을 돋우는 장소인 셈이다. 조금 안타까운 점은, 도시의 그 어떤 진화의 법칙을 따라 예술가들의 보금자리였던 소호가 점차 고급 쇼핑가로 변모하고 있다는 사실이다. 고가의 트렌디한 제품들을 파는 작은 상점들과 유명 브랜드의 체인점들이 소호의 새 주인이다. 어떤 동네를 다른 동네와 다르게 만드는 '문화'의 자취는 옅어지고, 모든 곳을 비슷하게 만드는 물질 '문명'의 입김은 여기도 강하게 불어오고 있다. 휴지 조각들을 하늘로 날려버리고 다이안 레인을 넘어뜨리던 〈언페이스풀〉의 바람처럼.

웨스트 빌리지 *West Village*

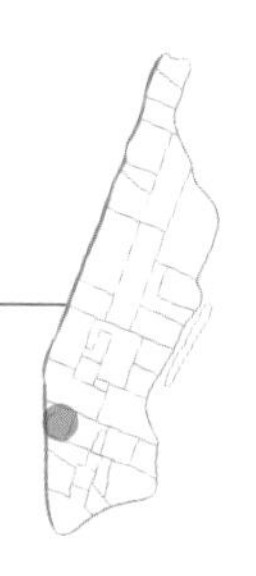

여러분은 재능을 발견했고, 야심을 키웠고, 스스로의 열정을 인정했습니다. 열정은 일단 느끼면 거부할 수가 없는 법입니다. 따라갈 수밖에 없죠. 예술에 관한 한 열정은 상식을 이깁니다. 여러분은 단지 꿈을 좇는 게 아니라 운명을 따르는 것입니다. 여러분은 예술가거든요. 그래요. 여러분은 이제 완전히 망했습니다. 좋은 소식이 있다면, 그게 그리 나쁜 출발점이 아니라는 점입니다. 여러분의 길은 분명합니다. 쉽지는 않지만 분명하기는 하죠. 여러분 앞에 새로운 문이 열릴 겁니다. 그 문은 평생토록 거절당하는 길로 열려 있습니다. 피할 수 없습니다. 어떻게 대처하냐고요? 안정제나 진통제가 효과가 있다더군요. 하지만 고통을 너무 피하지는 않기를 바랍니다. 고통이 없다면 대체 우리가 무슨 얘기를 할 수 있겠습니까?

2015년 뉴욕 대학 티쉬 예술학교에서 로버트 드니로의 졸업 축사 중에서

민주주의는 다수결의 원리로 작동한다. 얼른 생각하기처럼 간단한 이야기만은 아니다. 어떤 집단이 불변하는 다수가 되어 공동체의 모든 결정을 자기들에게만 유리하게 하는 건 민주적이지 않기 때문이다. 변치 않는 다수가 자신들의 의지를 공동체의 나머지 구성원에게 지속적으로 강요하는 사회는 소수가 다수를 힘으로 억압하는 사회보다 나을 게 하나도 없다. '변치 않는 다수'의 문제점은 '다수'라는 데 있는 게 아니라 '변치 않는'다는 데 있다. 그러니까 민주주의의 다수결은 다수의 구성원이 매번 달라지는 걸 전제로 한다. 진영 논리가 위험한 이유도 사안에 따라 내가 다수도, 소수도 될 수 있다는 유연한 태도를 해치기 때문이다.

민주주의는 다수의 결정이 철저히 존중되는 것이다. 다만 그 결정에 한해서. 그리고 소수를 보호하는 것을 의미한다. 어떤 결정에서 소수에 속한 사람이 그 결정과 무관한 다른 데서 불리한 대접을 받으면 안 된다는 뜻이다. 변치 않는 다수와 변치 않는 소수가 생기면 안 된다는 말이나 똑같다. 하지만 마음먹는 대로 바꿀 수 없는, 그 어떤 정체성 때문에 소수가 된 사람에 대한 보호는 좀 다른 이야기다. 이들을 '변치 않는 소수'로 방치하는 건 민주주의에 해롭다. 공동체의 나머지 구성원이 자동적으로 '변치 않는 다수'가 되어 변치 않는 권력을 행사하기 때문이다. 변치 않는 권력은 예외 없이 부패한다. 그러니까 정체성으로 인해 소수가 된 사람에 대해서는 그들이 '소수라는 이유로' 불리한 대접을 받지 않도록 특별한 배려를 해야 한다.

하지만 오해하면 곤란하다. 소수자를 보호하는 건 그들이 선하기 때문도, 정의롭기 때문도 아니다. 소수자 중에는 테레사 수녀보다 숭고한 분이 있을 수도 있고, 파렴치한도 강간범도 살인자도 있을 수 있다. 우리가 소수자를 알뜰하게 챙기고 보호해야 하는 이유는 우리 자신이 속한 공동체를 건강하게 만들기 위한 것이고, 도덕적으로 올바른 일이기 때문이다. 어떤 사람의 행동이 나쁜지 좋은지는 그 사람이 소수자인지, 사회적 약자인지, 어떤 사안의 피해자인지 여부 그 자체와는 아무런 관계가 없다.

민주주의는 공동체가 누리는 자유의 총량을 극대화하기 위한 제도다. 공동체의 자유를 가장 크게 만들자면, 부득이 구성원 전원으로부터 한 가지 자유만큼은 빼앗아야 한다. 남의 자유를 침해할 자유다. 그게 바로 '법의 지배'다. 그러니까 법의 지배는 민주주의의 선택사양이 아니라 필수 부품이다. 소수나 약자나 피해자가 '나 좀 힘드니까' 법을 어겨도 되는 사회는 소수의 특권층이 '나 좀 잘났으니까' 법을 어기는 사회나 결과적으로는 다를 게 별로 없어진다.

소수자의 권리를 보호한다는 건 생각보다 복잡하다는 사실을, 나는 동성애자로부터 배웠다. 어떤 동성애자는 아주 보수적인 반동성애주의자가 동성애자에 대해 쏟아붓는 것 못지않은 적대감을 양성애자 그룹 전체에 대해 가지고 있었다. 그렇다. 성 소수자 이야기를 꺼내려고 좀 멀리 돌아왔다. 독자들이 막 도착한 웨스트 빌리지는 제법 오랫동안 성 소수자들의 (메카라고 쓰려다 보니 무심한 수사에 마음 상할 특정 종교인들이 떠올라서) 중심지 역할을 했다. 지금은 성 소수자들의 중심지가 인근 구역인 첼시로 옮아갔다고 한다.

1980년 뉴욕 항소법원 판결로 동성애자에 대한 법적 차별이 폐지되었고, 2011년에는 동성 간의 결혼이 허용되기에 이르렀다. 현재 뉴욕 주에서는 성 소수자 커플이 자녀 입양도 신청할 수 있다. 동성애 권리 옹호의 (성지라고 쓰려다 보니 역시 종교적 은유는 삼가는 편이 낫겠다.)

중심 도시라고 할 수 있는 뉴욕에서, 그리고 유엔에서 통용되는 용어는 LGBT다. 레즈비언lesbian과 게이gay, 양성애자bisexual, 트랜스젠더transgender를 함께 부르는 신조어다. 유행 따라 변하긴 하는데, 지금은 이것이 가장 '정치적으로 올바른' 용어처럼 보인다. 여기서는 LGBT를 성 소수자로 표현하겠다.

하우스턴 가와 14가 사이를 뭉뚱그려 빌리지Village라고 부른다. 이 구역은 오랜 기간 보헤미안적인 하위문화의 양성소 역할을 했다. 게이 코드를 강력하게 탑재한 1980년대의 그룹 '빌리지 피플Village People'의 이름이 가리키는 장소가 바로 이 맨해튼의 빌리지다. 그중에서 허드슨 강변에서 6가까지가 웨스트 빌리지에 해당한다. (웨스트 빌리지까지 포함해 그리니치빌리지Greenwich Village라고 부르는 경우도 많다.) 북쪽 강변 일대에는 미트패킹 디스트릭트Meatpacking District라는, 밤 문화가 융성하고 클럽들이 많은 동네가 있다. 지도상으로는 웨스트 빌리지의 일부처럼 보이지만, 특성상 첼시 구역과 더 비슷하니 거기 가서 안내하겠다.

웨스트 빌리지는 미로 같다. 18세기에 틀이 짜인 이곳의 도로는 1811년에 확정된 맨해튼의 도로계획에서 벗어나 있기 때문에 방향감각을 잃기 십상이다. 이 동네의 50채 이상의 건물이 역사 지구로 지정되어 있어서 개발하기가 여간 까다로운게 아니라고 한다. 물론 성적으로 가장 활발한 이성애자들도 웨스트 빌리지를 무대로 생활하고 있다. 〈섹스 앤 더 시티〉의 주인공 캐리 브래드쇼의 아파트가 페리 가Perry St 64번지와 66번지다. 이 드라마가 끝난 지 10년이 넘었는데도 관광객들이 이 건물 앞에서 사진을 찍는다. 얼마나 귀찮았으면 주민들이 계단에 출입금지 줄을 쳐놓았다.

〈섹스 앤 더 시티Sex and the City〉(2008)
★★ 감독 마이클 패트릭 킹
출연 사라 제시카 파커(캐리 브래드쇼), 킴 캐트럴(사만다 존스)

〈그 남자의 방 그 여자의 집The Night We Never Met〉(1993)
★★★ 감독 워렌 라이트
출연 매튜 브로데릭(샘), 아나벨라 시오라(앨렌)

1852년에 지은 모튼 가Morton St 66번지의 타운하우스는 〈워킹 걸Working Girl〉에서 잭 트레이너의 집이자, 〈그 남자의 방 그 여자의 집The Night We Never Met〉에서 샘과 엘렌이 각기 일주일에 이틀씩만 세를 들어 살다가 서로를 오해하게 된 집이기도 하고, 〈뉴욕의 가을Autumn in New York〉에서 병약한 소녀 샬롯이 할머니와 함께 살던 집이기도 했다.

사이먼 페그Simon Pegg가 드물게 주연한 로맨틱 코미디물 〈하우 투 루즈 프렌즈How to Lose Friends & Alienate People〉에서는 여배우 소피가 파티에서 이브닝드레스를 입은 채 유유히 수영장으로 들어가 건너편으로 가로질러 가는 장면이 있다. 이런 장면에 오그라드는 느낌이 없으려면 마릴린 먼로Marilyn Monroe처럼 딴 세상에서 온 것 같은 배우를 기용해야 하는데, 소피 역을 맡은 메간 폭스Megan Fox는 〈트랜스포머

〈하우 투 루즈 프렌즈How to Lose Friends & Alienate People〉(2008)
★ 감독 로버트 B. 웨이드
출연 사이먼 페그, 커스틴 던스트, 메간 폭스

Transformers〉에서처럼 옆 동네에 있을 법한 미인을 연기할 때 더 아름다워 보였다. 옥상에 수영장이 있는 이 건물은 웨스트 빌리지 언저리 9가 29~35번지의 소호 하우스SoHo House였다.

이스트 12가E 12th St 22번지의 영화관 시네마 빌리지Cinema Village는 옛날 영화, 외국 영화, 다큐멘터리 등을 상영해서 영화 팬과 영화학도들에게 인기가 있는 곳이다. 〈10일 안에 남자 친구에게 차이는 법How To Lose A Guy In 10 Days〉에서는 앤디가 벤자민을 골탕 먹이려고 이리로 데려왔다. '칙 플릭Chick Flicks, 여성을 겨냥한 영화' 특선 주간으로 〈시애틀의 잠 못 이루는 밤Sleepless in Seattle〉, 〈프라이드 그린 토마토Fried Green Tomatoes At The Whistle Stop Cafe〉, 〈미스틱 피자Mystic Pizza〉, 〈해리가 샐리를 만났을 때When Harry Met Sally〉를 연속 상영 중이었다. 〈프라임 러브Prime〉에서는 조숙한 스물세 살 청년 데이빗이 미켈란젤로 안토니오니Michelangelo Antonioni 감독의 1966년 영화 〈욕망Blow-Up〉을 보러 이 극장에 왔다가 연상의 여성을 만나 첫눈에 반한다. 〈내 남자는 바람둥이Suburban Girl〉의 주인공 브렛은 아버지 또래의 출판업자 아치와 사귀면서 이 극장으로 데이트를 온다.

〈프라임 러브Prime〉(2005)
★★★ 감독 벤 영거
출연 우마 서먼(라피), 브라이언 그린버그(데이빗)

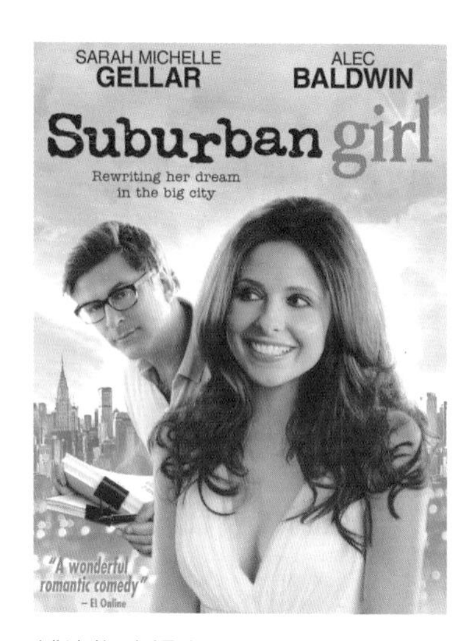

〈내 남자는 바람둥이Suburban Girl〉(2007)
★★★ 감독 마크 클라인
출연 사라 미셸 겔러(브렛), 알렉 볼드윈(아치)

브렛: 이제 그만 보고 집에 가서 밤새도록 사랑을 나눠요, 우리.

아치: 〈Citizen Kane〉을 보다 말고 나갈 순 없어. 그건 영화적인 신성모독이라고.

브렛: 오, 그래요? 집에 가서 저를 발가벗겨 놓으면 진짜 신성모독이 어떤 건지 보여드리죠.

이곳을 배경으로 삼은 TV 드라마도 많다. 베드퍼드 가Bedford St 90번지는 〈프렌즈Friends〉에서 레이첼과 모니카와 조이와 챈들러가 살던 아파트다. 세인트 룩스 플레이스St. Luke's Place 10번지는 〈The Cosby Show〉에서 헉스터블 씨 일가가 살던 집이다. 물론 이 집들의 외관만 여기서 찍은 것이긴 하지만, 언제나 영화 세트 같은 분위기를 풍기는 곳이 웨스트 빌리지다.

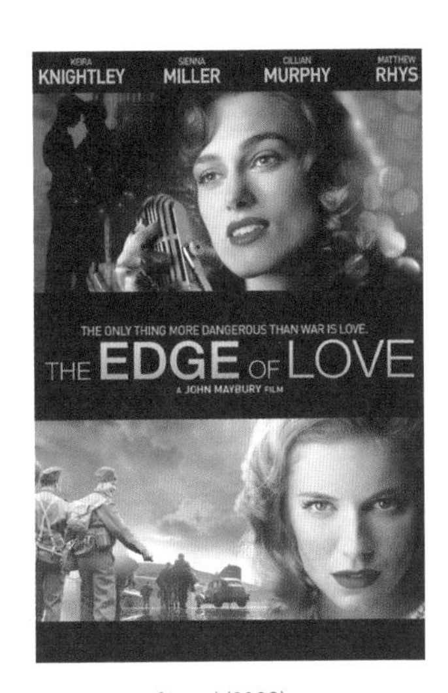

〈The Edge of Love〉(2008)
★★ 감독 존 메이버리
출연 키이라 나이틀리, 시에나 밀러, 매튜 리즈

웨스트 빌리지는 독특한 매력으로 거기서 태어나지 않은 수많은 예술가들을 불러 모았다. 7가 178번지에 자리 잡은 모던재즈의 요람 빌리지 뱅가드Village Vanguard만 하더라도 영화 수십 편의 소재가 될 만한 사연을 감추고 있다. 1935년에 개업한 이 클럽은 빌 에반스Bill Evans가 세상을 떠나기 석 달 전에 자신의 유작이 될 앨범을 녹음한 곳이고, 소니 롤린스Sonny Rollins가 1957년 하룻밤 사이의 연주를 석 장의 LP로 녹음해서 하드밥Hard Bop 최고의 경지를 보여준 곳이고, 청년 키스 자렛Keith Jarrett이 전업 연주자의 길을 걷기 시작한 곳이다. 영화 〈Round Midnight〉에 파리에서 쓸쓸하게 활동하는 연주자 역할로 출연해 아카데미 남우주연상 후보에까지 올랐던 색소폰 연주자 덱스터 고든Dexter Gordon이 1976년에 미국에 돌아와 실황 앨범 〈Homecoming〉을 녹음하면서 건재함을 알린 장소도 빌리지뱅가드였다.

키이라 나이틀리Keira Knightley와 시에나 밀러Sienna Miller가 연적으로 함께 출연하는 2008년 영화 〈The Edge of Love〉가 있다. 이 영화에서 웨일스 출신 배우 매튜 리즈Matthew Rhys는 자기 고향이 낳은 위대한 시인 딜런 토마스Dylan Thomas를 연기한다. 매튜 리즈는 TV 드라마 〈The

이 구역은 오랜 기간 보헤미안적인 하위문화의 양성소 역할을 했다. 게이 코드를 강력하게 탑재한 1980년대의 그룹 '빌리지 피플'의 이름이 가리키는 장소가 바로 이 맨해튼의 빌리지다.

Vanguard
VILLAGE VANGUARD

Americans〉에서 워싱턴에서 암약하는 KGB 고정간첩 역할로 인기를 얻은 배우다. 키이라 나이틀리의 어머니가 썼다는 이 영화의 극본은 딜런 토마스를 용렬한 인물로 그려내고 있어서 그의 행동에 설득력을 덧입히려면 좀 더 뭐랄까, 관객의 '모성애를 자극하는' 배우를 기용해야 좋지 않았나 하는 생각이 든다. 딜런 토마스의 명시 〈Do not go gentle into that good night〉는 영화 〈인터스텔라Interstellar〉에서 반복적으로 소개되어 더 널리 알려졌다. 39세의 딜런 토마스가 1953년에 알콜성 뇌병변으로 죽기 직전 마지막으로 폭음을 하면서 "위스키 18잔을 마신 건 기록일 거야."라며 좋아했다는 곳이 이곳 웨스트 빌리지의 술집이었다. 1880년에 개업했다는 주점 화이트 호스 태번White Horse Tavern은 허드슨 가Hudson St 567번지에서 지금도 성업 중이다.

노벨상을 수상한 가수 밥 딜런Bob Dylan도 이 주점의 단골이었다. 그의 본명은 로버트 앨런 짐머맨Robert Allen Zimmerman이었는데, 젊은 시절에는 딜런 토마스의 영향을 받은 게 아니라고 우기다가 나중에야 인정을 했다. 밥 딜런에 관한 기이한 영화가 있다. 〈아임 낫 데어I'm Not There〉라는 2007년 영화에서는 크리스찬 베일Christian Bale, 케이트 블란쳇Cate Blanchett, 마커스 프랭클린Marcus Franklin, 리처드 기어, 히스 레저Heath Ledger, 벤 위쇼Ben Whishaw 등 여섯 배우가 밥 딜런의 여섯 가지 인생을 연기한다. 이 영화의 제작자들은 밥 딜런처럼 복잡한 인물을 형상화하려면 목사가 된 가수, 록 음악으로 전향해 비난받는 포크 가수, 남의 노래를 흉내 내는 도망자 소년, 신분을 숨기고 도망 다니는 범법자, 가수의 연기로 스타덤에 오른 배우, 난해한 답을 늘어놓는 시인 등 적어도 6인분의 이야기가 필요하다고 생각했던 것 같다.

이 영화에서 히스 레저가 연기하는 밥 딜런은 그의 첫 앨범인

밥 딜런처럼 복잡한 인물을
형상화하려면 목사가 된 가수,
록 음악으로 전향해 비난받는
포크 가수, 남의 노래를 흉내
내는 도망자 소년, 신분을
숨기고 도망 다니는 범법자,
가수의 연기로 스타덤에 오른
배우, 난해한 답을 늘어놓는
시인 등 적어도 6인분의
이야기가 필요하다.

〈아임 낫 데어I'm Not There〉(2007)
★★★ 감독 토드 헤인즈
출연 케이트 블란쳇, 벤 위쇼, 크리스찬 베일,
리처드 기어, 마커스 프랭클린, 히스 레저

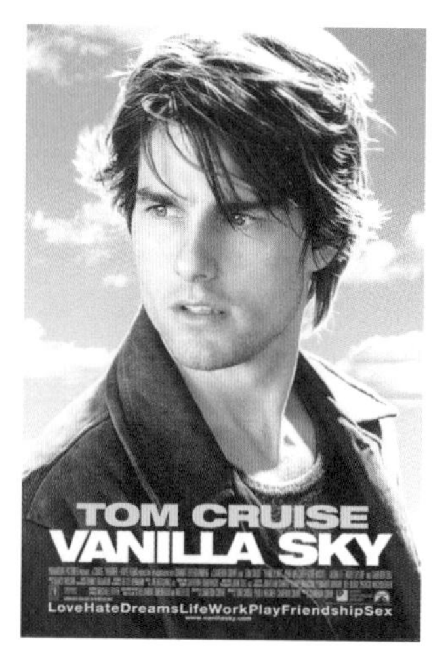

〈바닐라 스카이Vanilla Sky〉(2001)
★★★ 감독 카메론 크로우
출연 톰 크루즈, 페넬로페 크루즈, 카메론
디아즈

〈The Freewheelin' Bob Dylan〉의 커버 사진 장면을 재현한다. 1963년 2월 어느 날 여자 친구 수지 로톨로Suze Rotolo와 팔짱을 끼고 행복한 표정으로 도로 한복판을 걸어가는 장면을 찍은 앨범 커버였다. 2001년 영화 〈바닐라 스카이Vanilla Sky〉에서는 톰 크루즈Tom Cruise와 페넬로페 크루즈Penelope Cruz가 이 장면을 재현했다. 실제 사진 속의 장소는 웨스트 빌리지의 존스 가Jones St와 웨스트 4가West 4th St가 만나는 모퉁이였다.

'민주주의가 보호해야 할 소수'에 해당하지 않는 소수자는 예술가가 아닐까. 예술가의 정신은 고단한 소수일 때 비로소 빛을 발한다. '사유 앞에서 모든 것을 드러내는 것을 예술이라고 할 수 없다.'는 아도르노Theodor W. Adorno의 언명이 옳다면, 예술가는 영원히 소수자일

수박에 없다. 로버트 드니로가 2015년 뉴욕 대학 티쉬 예술학교Tisch School of the Arts 졸업식에서 연설한 내용으로 미루어 보자면, 배우들도 예술가의 자발적인 고난에 대해 충분히 인식하고 있는 것처럼 보인다. 앞의 인용문을 다시 한 번 읽어보시기 바란다. 드니로가 이 축사를 한 뉴욕 대학은 바로 옆 동네 그리니치빌리지에 있다. 자, 이제 그리로 가보자.

그리니치빌리지 Greenwich Village

워싱톤 스퀘어 서쪽의 작은 구역은 길들이 멋대로 뻗어서 조그만 골목길로 갈리며 동네를 이루고 있다. 이 동네는 괴상한 곡선과 각도를 이루고 있어서 같은 길들이 몇 번이고 교차하고 길 찾기가 만만치 않다. 옛날에 어떤 예술가가 이 동네의 아주 훌륭한 가치를 발견해냈다. 그림물감과 종이와 화폭의 외상값을 받으러 오는 장사꾼이 만약 이 동네에 발을 들이면 한참 돌아다니다 돈 한 푼 받아내지 못한 채 도로 제자리에 돌아오고 말리라는 것이다. 그래서 괴상하고 낡은 그리니치빌리지로 미술가들이 몰려와 북향으로 난 창문과 18세기 박공과 홀랜드식 다락방의 값싼 방을 찾게 되는 것이다. 그런 다음 그들은 6가에서 몇 개의 커피 잔과 난로를 사다 날랐고, 이렇게 해서 '화가촌'이 생기게 되었다.

오 헨리O. Henry의 단편소설 〈마지막 잎새The Last Leaf〉 중에서

그윽하고 아름다운 눈동자를 가진 배우가 있다. 딱히 메소드method 연기에 전념하는 연기파 배우처럼 보이진 않는데, 배역에 녹아들면 배우는 잘 보이지 않고 배역만 보이는 좋은 배우다. 과테말라인 어머니와 쿠바인 아버지 사이에서 태어나 마이애미에서 성장했다는데, 프랑스인과 유태인의 피도 섞여 있다니 어쩌면 여러 가지 정체성을 표현할 수 있는 유전적 형질을 지니고 있는지도 모르겠다. 그래서일까. 나는 눈썰미가 그리 나쁘지 않은 편이라고 생각하는데도 〈네티비티 스토리-위대한 탄생The Nativity Story〉의 예수의 아버지 요셉, 러셀 크로우Russell Crowe가 나오는 〈로빈 후드Robin Hood〉의 존 왕, 〈본 레거시The Bourne Legacy〉에서 주인공이 눈 속의 오두막집에서 만난 요원 3호, 〈엑스 마키나Ex Machina〉의 괴짜 천재 갑부, 〈스타워즈: 깨어난 포스Star Wars: The Force Awakens〉에서 기밀을 지닌 채 악당에게 잡혀가는 연합군 전사 대머런, 〈엑스맨: 아포칼립스X-Men: Apocalypse〉의 악당 아포칼립스가 한 배우였다는 사실을 뒤늦게 알고 적잖이 놀랐다. 그의 이름은 오스카 아이삭Oscar Isaac이다.

그런 그가 재능은 있는데도 지긋지긋하게도 일이 안 풀리는 포크 가수로 출연한 2013년 영화 〈인사이드 르윈Inside LLewyn Davis〉이 있다. 코엔 형제Joel & Ethan Coen는 이 영화로 칸영화제 그랑프리를 받았다. 아이삭은 웨일스 출신 가수 르윈 데이비스로 나온다. 배우가 기타도 어쩌면 저렇게 잘 치는지 질투가 났는데, 나중에 찾아보니 배우로 유명세를 타기 전에는 밴드에서 활동을 하던 가수였다고 한다. 줄리어드 대학을 졸업했지만, 어렸을 때는 하도 말썽을 부려 학교에서 퇴학도 당했었다니 그 맑고 그윽해 보이는 눈동자 뒤편에는 못 말리는 끼를 감추고 있는 모양이다.

1961년. 뉴욕에 사는 가수 르윈은 함께 듀엣으로 활동하던 친구를 잃자 실의에 빠지고, 그의 경력도 바닥을 친다. 그는 주로 가스등 카페Gaslight Cafe라는 곳에서 노래를 하는데, 시인 김광균이 노래한 것처럼 '홀로 어디 가라는 슬픈 신호처럼 차단-한 등불이 하나 비인 하늘에 걸려' 있을 것만 같은 이 카페는 실제로 1971년에 문을 닫을 때까지 뉴욕에서 포크송의 산실이었다. 영화의 마지막 장면, 르윈이 카페 문을 나설 때 노래를 시작하는 젊은 가수가 밥 딜런이다. 이 카페는 '빌리지 가스등'이라는 별명으로도 불렸는데, 카페가 있던 장소가 그리니치 빌리지였기 때문이다. 자, 이곳에 오신 것을 환영한다.

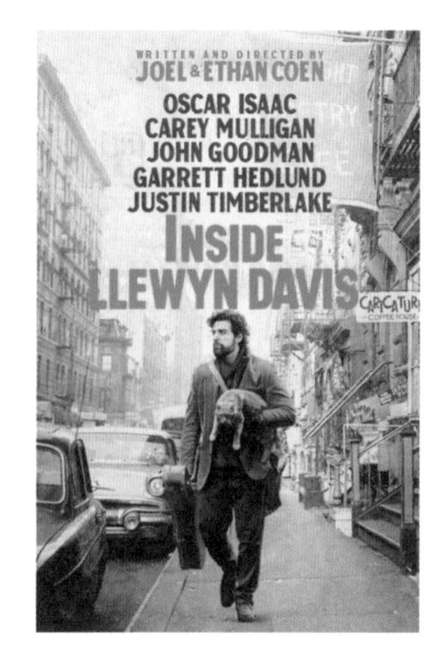

〈인사이드 르윈Inside LLewyn Davis〉(2013)
★★★ 감독 조엘 코엔, 에단 코엔
출연 오스카 아이삭(르윈 데이비스), 캐리 멀리건(진 버키), 존 굿맨(롤랜드 터너)

나의 첫 그리니치는 뉴욕이 아니었다. 태어나서 외국이라고 처음 가본 데가 영국이었으니까. 만삭의 아내와 런던에 도착해 하루만 묵고 목적지인 옥스퍼드로 떠날 참이었는데, 그 하루를 보람 있게 쓰기 위해 찾아간 곳이 그리니치 공원이었다. 1675년에 세워진 그리니치 천문대는 세계지도의 기초가 되는 자오선을 결정하고 세계표준시인 그리니치 평균시GMT의 기준을 정했다. 공원 옆 템스 강변에는 위스키 병에 붙은 노란 딱지에서 그림으로만 보던 범선 커티삭Cutty Sark이 정박되어 있었다. 아직 영국의 어두침침한 가을로 접어들기 전, 여름 끝물의 맑고 화창한 날이었다. 그로부터 5년 뒤, 뉴욕에 근무하러 와서 맨해튼에 그리니치가 있다는 사실을 발견하고 코웃음을 친 건 내가 어느새 영국 제국주의에 물들어서가 아니라 뭐든 첫 경험이라는 것이 강렬하기 때문일 뿐이었다. 뉴욕에 그리니치라는 이름을 선사한 것은 영국인들이 아니라 녹색 구역이라는 의미로 'Groenwijck'라는 이름을 붙여준 네덜란드인들이었다.

뉴욕 대학NYU에서 공부한 사람들에게 뉴욕이란 곧 그리니치빌리지다. NYU만이 아니다. 벤자민 카르도조 법대Benjamin N. Cardozo School of Law, 히브루 유니언 칼리지Hebrew Union College, 파슨즈 미술대학Parsons The New School for Design을 포함한 뉴 스쿨The New School, 쿠퍼 유니언The Cooper Union 같은 유수의 대학들이 이 동네에 몰려 있다. 맨해튼 전체를 캠퍼스처럼 즐길 수 있어서 학생들에게 인기가 높다.

1907년 출간된 오 헨리의 단편소설 〈마지막 잎새〉의 무대도 이곳이었다. 유서 깊은 알버트 호텔에는 로버트 루이스 스티븐슨Robert Louis Stevenson, 마크 트웨인Mark Twain, 월트 휘트먼Walt Whitman, 아나이스 닌Anaïs Nin, 살바도르 달리Salvador Dalí, 잭슨 폴록Jackson Pollock, 앤디 워홀Andy Warhol 같은 거장들이 장기간 투숙했다. 1960년대의 그리니치빌리지는 비트족beatniks이 이끄는 반문화의 진앙지가 되었다. 음악 분야에서는 밥 딜런 말고도 지미 헨드릭스Jimi Hendrix, 바브라 스트라이젠드Barbra Streisand, 피터 폴 앤 메리Peter, Paul and Mary, 베트 미들러Bette Midler, 사이먼 앤 가펑클Simon & Garfunkel, 라이자 미넬리Liza Minnelli, 잭슨 브라운Jackson Browne, 제임스 테일러James Taylor, 조안 바에즈Joan Baez, 재니스 이언Janis Ian, 조니 미첼Joni Mitchell, 니나 시몬Nina Simone 같은 가수들이 이 동네에서 활발히 활동했다. 이들 중 한때 르윈 데이비스 같은 좌절을 겪지

뉴욕 대학에서 공부한
사람들에게 뉴욕이란
곧 그리니치빌리지다.
NYU만이 아니다.
유수의 대학들이
이 동네에 몰려
있다. 맨해튼 전체를
캠퍼스처럼 즐길 수
있어서 학생들에게
인기가 높다.

않은 사람이 있으랴.

알프레드 히치콕Alfred Hitchcock 감독의 〈이창Rear Window〉에서 사진작가 제프의 집이 그리니치빌리지의 아파트였다. 그는 교통사고로 다리에 깁스를 하고 건너편 아파트를 엿보며 무료함을 달래다가 살인사건을 목격하고, 사건에 휘말린다. 이 영화는 남들과 다닥다닥 붙어서 살아가야 하는 대도시 주민들이 프라이버시라는 이름으로 유지하는 의도적인 무관심이 얼마나 쉽게 무너질 수 있는 주관적이고 허약한 장벽에 불과한지 잘 보여준다. 다른 한편, 이 영화는 영화 관람이 관음증의 성격을 띤다는 사실을 직설적으로 일깨워준다. 남의 집을 엿보는 주인공의 삶을, 당신들도 엿보고 계신다!

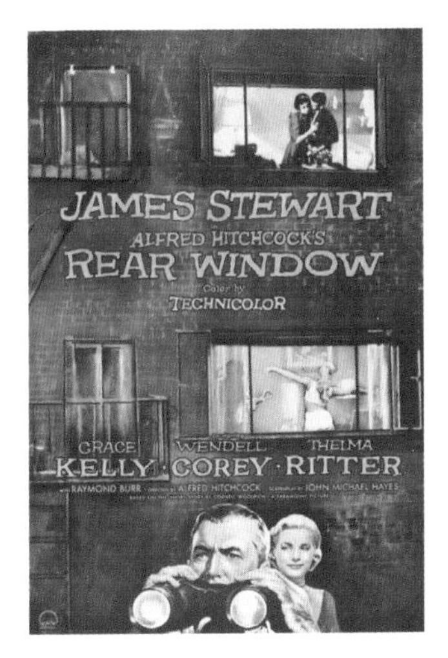

〈이창Rear Window〉(1954)
★★★ 감독 알프레드 히치콕
출연 제임스 스튜어트(제프), 그레이스 켈리(리자)

1957년 뮤지컬 영화 〈파리의 연인Funny Face〉에서는 오드리 헵번Audrey Hepburn이 그리니치빌리지 서점의 종업원으로 등장한다. 그녀는 철학을 사랑하는 수줍은 아가씨인데 '아름다우면서도 이지적인' 모델을 찾는 사진작가의 표적이 된다. 그녀가 일하던 서점의 잘난 체하는 이름은 '엠브리오 콘셉츠Embryo Concepts', 즉 '배아胚芽 상태의 개념들'이었다.

〈이보다 더 좋을 순 없다As Good As It Gets〉의 주인공 멜빈은 강박증

〈파리의 연인Funny Face〉(1957)
★★★ 감독 스탠리 도넌
출연 오드리 헵번(서점 종업원), 프레드 아스테어(사진작가)

〈이보다 더 좋을 순 없다As Good As It Gets〉(1997)
★★★ 감독 제임스 L. 브룩스
출연 잭 니콜슨(멜빈), 헬렌 헌트(캐럴), 그렉 키니어(사이먼)

에 시달리는 베스트셀러 작가로, 12가의 31-33번지 아파트에 살았다. 그는 모두를 미워하고, 모두에게 미움을 받는 괴벽덩어리인데 단골로 가는 카페의 웨이트리스 캐럴을 내심 사모한다. 그는 이웃에 사는 말쑥한 동성애자 사이먼을 이유 없이 미워한다. 자기 아파트 앞 길거리에서 셋이 마주치자 멜빈은 둘을 이렇게 소개한다. "이쪽은 웨이트레스 캐럴, 이쪽은 호모fag 사이먼." 이런 작자가 대체 베스트셀러 소설가는 어떻게 된 거였을까?

뉴저지 호보켄Hoboken에 사는 고등학생들의 사랑 이야기를 2000년대식으로 그려낸 〈Nick & Norah's Infinite Playlist〉라는 영화가 있다. 주인공 닉과 노라는 우연한 사건들을 겪으며 맨해튼 시내를 밤새도록 헤매는데, 노라는 닉을 자기 아버지의 사무실로 데려간다. 두 사

〈Nick & Norah's Infinite Playlist〉(2008)
★★★ 감독 피터 솔레트
출연 마이클 세라(닉), 캣 데닝스(노라)

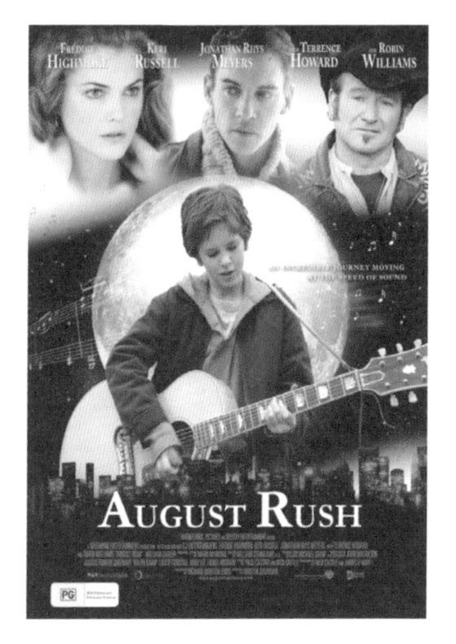

〈어거스트 러쉬August Rush〉(2007)
★★★ 감독 커스틴 쉐리단
출연 프레디 하이모어(에반/어거스트), 조나단 리스 마이어스(루이스), 케리 러셀(라일라)

람이 서로에 대한 호감을 확인하는 이 장소는 그리니치빌리지의 웨스트 8가West 8th St 52번지다. 싱어송라이터인 닉을 황홀경에 빠뜨린 이곳은 1970년에 전설적인 기타리스트 지미 헨드릭스가 설립한 일렉트릭 레이디 스튜디오Electric Lady Studios였다.

다른 영화다. 라일라는 유망한 첼로 연주자고 루이스는 아이리시 록 밴드의 리더 싱어다. 파티에서 만난 두 사람은 로맨틱한 하룻밤 사랑을 나누는데, 라일라는 그와 헤어진 뒤 자신이 임신한 걸 알게 된다. 그러나 딸이 미혼모가 되는 걸 원치 않는 라일라의 아버지는 그녀가 교통사고를 당하자 신생아를 입양 기관에 맡겨버리고 라일라에게는 사고로 사산했다고 속인다. 11년 후, 이 아기는 고아원에서 음악에 천재적 재능을 가진 소년으로 성장한다. 〈어거스트 러쉬August Rush〉

의 주인공 에반이다. 15살이던 배우 프레디 하이모어Freddie Highmore는 모성을 자극하는 외모와 총명한 연기로 이 소년의 외로운 싸움에 설득력을 입혔다. 루이스와 라일라가 우연히 만나 인연을 맺은 곳도, 고아원을 탈출한 에반이 처음으로 기타 연주를 접하는 곳도, 어거스트 러시라는 가명을 가진 앵벌이 꼬마 연주자가 되어 행인들에게 인상적인 연주를 들려준 곳도, 서로 부자 관계인지 모르는 채 루이스와 에반이 마주보며 듀엣으로 연주를 한 곳도 워싱턴 스퀘어 파크Washington Square Park였다. 공원 앞에 멋들어진 개선문이 있어서 쉽게 알아볼 수 있다.

〈나는 전설이다I Am Legend〉(2007)
★★★ 감독 프란시스 로렌스
출연 윌 스미스(로버트 네빌)

워싱턴 스퀘어 파크 주변은 예전부터 고급 주택가로 빌리지의 나머지 부분과는 좀 달리 여겨지던 지역이었다. 〈나는 전설이다I Am Legend〉에서는 바이러스 감염으로 폐허가 되어버린 맨해튼에 홀로 살아남은 네빌 중령의 집이 워싱턴 스퀘어 11번지였다. 그 집은 그의 추억이 담긴 보금자리이자, 항체를 연구하는 실험실이자, 좀비들에 맞서 싸우는 마지막 요새였다.

〈해리가 샐리를 만났을 때〉에서 시카고를 출발해 차를 타고 가는 내내 티격태격 다투던 해리와 샐리가 뉴욕에 도착해서 헤어지던 장소도 워싱턴 스퀘어 앞에서였다. 이들이 만나는 것도 헤어지는 것도 이

〈해리가 샐리를 만났을 때When Harry Met Sally〉(1989)
★★★★ 감독 로브 라이너
출연 빌리 크리스탈(해리), 멕 라이언(샐리)

〈아이즈 와이드 셧Eyes Wide Shut〉(1999)
★★★ 감독 스탠리 큐브릭
출연 톰 크루즈(빌 하포드), 니콜 키드먼(앨리스 하포드)

것이 마지막은 아니지만.

만나고 헤어지는 거야 누구든 할 수 있지만, 그리니치빌리지 주민이라면 뭔가 예술적인 분야에 종사하는 편이 어울린다. 〈New Year's Eve〉에서는 그리니치빌리지의 아파트에 사는 도서삽화가 랜디와 가수 지망생 엘리즈가 섣달 그믐날 고장 난 엘리베이터에 갇혀 티격태격하다가 사랑을 싹틔운다. 라파예트 가Lafayette St를 바라보고 있는 본드 가Bond St 20번지의 낡은 건물이다.

여러 영화를 예로 든 이유는, 거기 등장하는 여러 인물들의 만남과 헤어짐을 통해 그리니치빌리지의 속살이 보이기 때문이다. 영화는 픽션인데 무슨 헛소리냐고 묻는다면, 픽션에 등장하는 동네의 모습이야말로 사람들의 마음에 새겨진 동네의 모습이라고 말하겠다. 거

사람들 마음속의 뉴욕, 그걸 보지
못한다면 맨해튼의 어떤 장소도
그냥 차들 다니는 도로고, 사람 사는
건물이고, 물건 파는 가게일 뿐이다.

장 스탠리 큐브릭 감독의 유작인 〈아이즈 와이드 셧〉은 어퍼 웨스트사이드 주민인 의사 빌 하포드가 아내 앨리스의 '정신적 외도' 사실을 알게 된 후 뉴욕의 밤거리에서 성적인 오디세이를 경험하는 이야기를 그리고 있다. 하지만 큐브릭 감독이 미국에 오기 싫어했기 때문에 이 영화는 모두 영국에 만든 세트에서 촬영했다. 그러니까 이 영화에 등장하는 그리니치빌리지는 큐브릭 감독의 판타지 속의 거리다. 행인에게 시비를 거는 청년들이 몰려다니고, 노골적으로 접근해오는 매춘부들이 배회하고, 미성년자와 놀아나는 일본인과, 빗나간 딸에게 야단을 치는 듯하다가 딸의 비행을 고무하는 것처럼 굴기도 하는 기이한 슬라브인이 옷 가게를 운영하는 동네다. 현실에 없는 이 그리니치빌리지는 우리가 큐브릭 감독의 정신세계를 엿보는 열쇠이기도 하다.

사람들 마음속의 뉴욕, 그걸 보지 못한다면 맨해튼의 어떤 장소도 그냥 차들 다니는 도로고, 사람 사는 건물이고, 물건 파는 가게일 뿐이다. 그런 걸 보지 않을 셈이라면, 셀카나 찍다가 블로그에서 찾은 맛집에서 밥이나 두어 끼 먹고 오면 된다. 하긴 영화를 아예 안 봤다면 모를까, 본 다음엔 거기서 그 장면들을 떠올리지 않을 도리가 없다. 봉황당 삼거리를 떠올리지 않고 쌍문동을 지나칠 수야.

이스트 빌리지 *East Village*

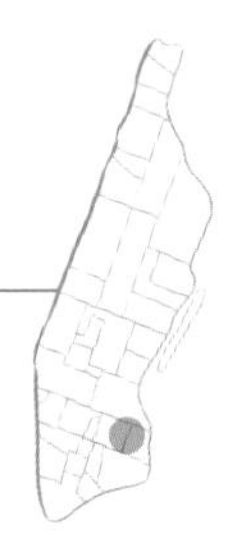

릴리: 이스트 빌리지에 공용 정원을 만들 거예요.

아버지: 괜찮겠지. 어디쯤?

릴리: 이스트 8가와 B가Ave B예요. 아빠의 옛 동네인데, 좋은 생각이죠?

아버지: 이 녀석아, 거기에는 연방 교도소를 지을 거야.

릴리: 교도소요? 이스트 빌리지 한복판에요?

아버지: 안 될 게 뭐냐? 범죄와 마약 때문에 거긴 이미 감옥이나 마찬가지야.

1996년 코미디 영화 〈Joe's Apartment〉 중에서

그리니치빌리지에서 동쪽을 향해 쿠퍼 유니언 대학이 있는 4가를 건너가면 이스트 빌리지다. 이 구역은 1960년대까지만 해도 로워 이스트사이드의 일부였을 뿐, 그리니치빌리지와는 닮은 구석이 전혀 없는 곳이었다. 문화나 예술과는 무관하고 범죄율이 높은 슬럼가였다는 뜻이다. 특히 '알파벳 시티'라고 불리는 구역은 마약 상인들이 들끓는 위험한 지역으로 악명이 높았다. 맨해튼에서 유일하게 애비뉴 A, B, C, D로 알파벳 이름이 붙은 도로가 지나는 곳을 그렇게 부르는데, 푸에르토리코계를 포함한 히스패닉Hispanic 인구가 많아서 '로이사이다Loisaida'라는 별명도 지니고 있다. 로워 이스트사이드를 스페인어 발음으로 잘못 부르는 것을 희화한 별명이다.

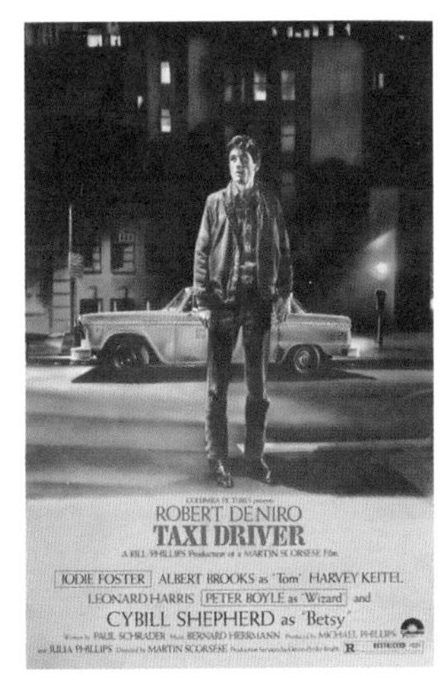

〈택시 드라이버Taxi Driver〉(1976)
★★★★ 감독 마틴 스콜세지
출연 로버트 드니로(트래비스 버클), 조디 포스터(아이리스), 하비 카이텔(스포트)

근년에 젠트리피케이션이 이루어졌지만 많은 영화 속의 이스트 빌리지는 어둡고, 거칠고, 위험하고, 더럽다. 지금도 그렇다는 뜻은 아니니까, 너무 불안해하실 필요는 없다. 이스트 빌리지의 시끌벅적한 개성에 애착을 느꼈던 사람들이 이제는 독특한 매력이 사라졌다고 한탄할 정도로 멀끔한 동네로 탈바꿈하고 있으니까. 그 변천사를 영화로 살펴보자.

마틴 스콜세지의 1976년 영화 〈택시 드라이버〉의 주역은 그 한

해 전 코폴라 감독의 〈대부 2〉로 아카데미 남우조연상을 거머쥔 서른 세 살의 로버트 드니로가 맡았다. 영화가 시작되면 택시 기사 트래비스의 두 눈이 클로즈업 되어 화면을 가득 채운다. 자, 이제부터 화면 속에 등장하는 뉴욕은 그의 마음의 눈에 비친 대도시의 초상화라는 뜻이렸다. 그것은 더럽고, 타락하고, 추잡한 도시다. 결국 그는 권총을 차고 성매매 현장으로 쳐들어가 포주 일당을 처단하고 열두 살짜리 매춘부 아이리스를 구해준다. 영화의 절정을 이루는 이 장면의 배경이 이스트 빌리지다. 주인공 트래비스가 포주 스포트를 처음 만나 시비를 거는 곳이 이스트 13가 204번지 건물 앞이고, 그가 피바다로 만드는 사창가 건물은 같은 거리의 226가다.

1986년의 〈크로커다일 던디Crocodile Dundee〉도 점잖지 못한 뉴욕의 밤거리를 묘사하고 있다. 호주의 촌구석을 벗어나본 적이 없는 믹 던디는 신문사의 초청으로 뉴욕을 방문한다. 맨해튼에서의 첫날 밤, 그는 택시 기사를 따라 '바작스 호스슈 바Vazac's Horseshoe Bar'라는 술집에 가서 너스레를 떨며 다른 손님들과 친구가 된다. 던디는 그에게 추파를 던지던 미인이 여장 남자라는 귀띔을 듣고는 어디 한번 보자며 그의 사타구니를 더듬는 무례를 범한다. 술집 밖에서는 매춘부들과 노닥거리다가 그를 방해하는 포주를 두들겨 패기도 한다. 〈크로커다일 던디〉만큼 재미있는 코미디 영화를 요즘에는 보기가 좀처럼 어려운데, 어쩌면 영화를 만들면서 조심해야 할 일들이 예전보다 많아진 탓도 있을지 모르겠다는 생각이 든다.

1999년 영화 〈플로리스Flawless〉에는 로버트 드니로가 퇴직한 경찰 월트로 출연한다. 월트는 23년 전 드니로가 택시 기사 역할을 맡아 쑥대밭을 만들어놨던 사창가 인근 아파트에 산다. 13가 쪽을 바라

〈크로커다일 던디Crocodile Dundee〉(1986)
★★★★ 감독 피터 퍼먼
출연 폴 호건(마이클 J. 크로커다일 던디), 린다 코즐로스키(수 찰턴)

〈플로리스Flawless〉(1999)
★★★ 감독 조엘 슈마허
출연 로버트 드니로(월트 쿤츠), 필립 세이모어 호프만(러스티 짐머만)

보는 A가Ave A 211번지다. 이 아파트에는 이른바 '드랙 퀸Drag Queen'이라고 낮추어 부르는 여장 남자들이 산다. 러스티도 그들 중 하나다. 필립 세이모어 호프만Philip Seymour Hoffman은 진부하고 전형적인 역할이 되기 쉬운 여장 남자 러스티에 독특한 개성과 체온을 부여했다. 이 영화에는 동성애자 모임 장면이 나오는데, 여장 남자들은 말쑥한 남성 정장을 입은 동성애자들로부터 무시와 비아냥의 대상이 되는 것으로 묘사된다. 러스티와 친구들은 드랙 퀸 페스티벌에 출전하는데, 여기서 일등으로 선발되는 차차 역의 윌슨 저메인 헤르디아Wilson Jermaine Heredia도 단역이지만 기억에 남는 연기를 보여주었다.

헤르디아는 1996년 브로드웨이 뮤지컬 〈렌트Rent〉에서도 남장 여자 엔젤 역을 맡았고, 2005년에 제작된 동명의 영화에서도 엔젤 역을

〈렌트Rent〉(2005)
★★ 감독 크리스 콜럼버스
출연 로사리오 도슨(미미 마퀘즈), 저메인 헤르디아(엔젤)

〈8번가의 기적Batteries Not Included〉(1987)
★★★★ 감독 매튜 로빈스
출연 흄 크로닌(프랭크 라일리), 제시카 탠디(페이 라일리)

맡았다. 이 뮤지컬은 1990년대 이스트 빌리지의 특징을 또렷이 보여준다. 건물 소유주들이 재개발을 위해 낡은 건물에 사는 예술가 지망생들을 퇴거시키려 한다. 이들은 집세를 제때 낼 형편도 안 되는데다 동성애 또는 마약, 또는 그 두 가지에 다 탐닉하고, 에이즈 환자도 여럿이다. 반항적이고, 도전적이고, 전복적이던 몇 명의 주인공들이 경험하는 사랑과 아픔과 이별과 좌절이 이 뮤지컬의 뼈대를 이룬다.

그보다 18년 전인 1987년 SF 영화 〈8번가의 기적〉도 철거 대상 건물에 세 들어 사는 가난한 사람들의 애환을 소재로 삼았다. 치매에 걸린 할머니, 은퇴한 권투 선수, 가난한 예술가, 만삭의 히스패닉 미혼모 등이 등장하지만 어린이들과 함께 봐도 되는 따뜻한 판타지 영화다. 스타급 배우를 쓰는 대신 제시카 탠디Jessica Tandy와 흄 크로닌Hume

〈Joe's Apartment〉(1996)
★★ 감독 존 페이슨
출연 제리 오코넬(조), 메간 워드(릴리 도허티),
로버트 본(도허티 상원의원)

Cronyn이라는 베테랑 노인 배우들을 기용한 덕분에 이 영화는 악당마저도 끌어안는 포용력을 얻었다. 영화에 등장한 아파트의 주소가 이스트 8가East 8th St 817번지였기 때문에 이 영화는 미국 이외의 지역에서는 〈Batteries Not Included〉라는 원제 대신에 〈8번가의 기적〉이라는 제목으로 소개되었다. 알파벳 시티의 공터에 세트를 만들어 촬영했는데, 물론 지금은 흔적조차 없다.

이스트 8가 세입자의 애환을 소재로 삼은 영화로는 MTV의 1996년 코미디 〈Joe's Apartment〉도 있다. 아이오와에서 뉴욕으로 막 올라온 순진한 청년 조가 우여곡절 끝에 정착한 곳이 8가와 B가가 교차하는 지점의 낡은 아파트였다. 아이들이 공터에서 마약 주삿바늘로 소꿉놀이를 하는 동네다. 이곳에 연방 교도소를 짓겠다는 이상한 야심을 가진 상원의원이 테러와 협박으로 아파트 세입자들을 몰아내려 한다. 정작 이 서글픈 아파트에서 주인 노릇을 하는 것은 노래하는 바퀴벌레들이다.

이렇게 로워 이스트사이드와 다를 게 없던 구역에 '빌리지'라는 이름이 붙게 되기까지는 젊은 예술가들의 공로가 컸다. 예술가와 음악가들이 서서히 그러나 꾸준히 이 구역으로 진입해 들어왔다. 색소폰 연주자 찰리 파커Charlie "Bird" Parker는 1950년부터 1954년까지 B가

로워 이스트사이드와
다를 게 없던 구역에
'빌리지'라는 이름이
붙게 되기까지는 젊은
예술가들의 공로가 컸다.
예술가와 음악가들이
서서히 그러나 꾸준히
이 구역으로 진입해
들어왔다.

151번지의 타운하우스TownHouse 1층에 살았다.

그가 그것을 그렇게 하기 전까지는 아무도 그렇게 할 엄두를 내지 못했다. 그의 이후에 그것을 하는 사람들은 누구나 그가 했던 방식을 따르려고 한다. 그러나 누구도 그만큼 그것을 능란하게 해내지는 못한다. 인류 역사에 그런 '그'는 드물게 등장한다. 홀연히. 외계인처럼. 그리고 그런 '그'는 여러 분야에 존재한다. 논리학의 대양에서 철학을 건져낸 소크라테스, 미술에 원근법과 해부학을 도입한 레오나르도 다빈치, 귀족의 전유물이던 양질의 음악을 대중에게 선사한 볼프강 아마데우스 모차르트, 혼자 책상머리에 앉아 우주의 설계도를 갈아치운 알베르트 아인슈타인 같은 사람들이 거기 해당하는 셈이다. 재즈에서 그런 '그'를 한 사람만 꼽으라면 합주 음악이었던 재즈를 솔로 음악으로 만든 루이 암스트롱Louis Armstrong이요, 한 사람을 더 꼽아 보라면 색소폰 연주자 찰리 파커다. (생략) '서양의 철학은 전부 플라톤의 각주에 불과하다.'고 말한 철학자 화이트헤드를 흉내 내서 조금 냉소적으로 말한다면, 1950년대 이후의 재즈는 저마다 조금씩 다르게 찰리 파커를 흉내 내는 연주자들의 음악이다. 오늘날의 재즈는 파커에게 저작권 인세를 지불해야 하는 음악인 것이다. 지금도 수많은 재즈 연주자들이 찰리 파커의 악보집을 소중하게 간직하면서 그의 즉흥연주를 교본으로 삼고 있다. 모든 사람이 천재일 수는 없으니까.

박용민의 《재즈, 그 넓고 깊은 바다》 중에서

열혈 재즈 팬이기도 한 클린트 이스트우드Clint Eastwood는 1988년에 찰리 파커의 생애를 소재로 〈Bird〉라는 영화를 만들었다. 포레스

〈Bird〉(1988)
★★★★ 감독 클린트 이스트우드
출연 포레스트 휘태커(찰리 파커), 다이안 베노라(챈 파커), 새뮤엘 E. 라이트(디지 길레스피)

〈어크로스 더 유니버스Across the Universe〉(2007)
★★★ 감독 줄리 테이머
출연 짐 스터지스(쥬드), 에반 레이첼 우드(루시), 다나 퓩스(새디)

트 휘태커Forest Whitaker가 파커 역을 맡아 칸영화제에서 남우주연상을 받았다. 영화의 제목인 '버드'는 찰리 파커에게 동료들이 붙여준 별명이다. 날렵해서 '새'라는 별명을 얻은 건 아니었다. 젊은 시절 그는 늘 허기가 졌고, 음식을 걸신들린 것처럼 먹었다고 한다. 그 모습을 본 친구들이 그에게 '막일꾼' 또는 '죄수'라는 의미를 가진 속어인 'Yardbird'라는 별명을 붙여주었는데, 그것이 줄어서 '버드'가 된 것이었다. 이 굶주린 소년은 비밥의 제왕이 되었다가, 약물중독으로 35세에 세상을 떠났다. 그가 생애의 마지막 5년을 보낸 곳이 이스트 빌리지였다.

2007년 영화 〈어크로스 더 유니버스Across the Universe〉의 배경도 이스트 빌리지였다. 비틀즈의 노래로 줄거리를 만든 뮤지컬에서 배우

〈미스트리스 아메리카Mistress America〉(2015)
★★★ 감독 노아 바움백
출연 롤라 커크(트레이시), 그레타 거윅(브룩)

겸 싱어송라이터인 짐 스터지스Jim Sturgess는 아마추어 화가 역을 맡았다. 이 영화 속 1960년대의 이스트 빌리지는 젊은이들의 저항과 사회참여를 고무하고 육성하던 역동적인 광장이었다. 주인공의 친구인 새디가 공연하던 극장은 이스트 빌리지의 명소 웹스터 홀Webster Hall이다. 이스트 11가East 11th St 125번지의 이 극장은 지금은 나이트클럽이지만 1886년에 지어졌을 당시에는 주민들의 공회당으로 사용되었다.

오늘날 이스트 빌리지는 폭력과 마약의 소굴은 아니다. 하지만 아직도 이 동네에는 상업적으로는 낙후되고 문화적으로는 전위적인, 뭔가 퇴폐적이면서도 독특하고 자극적인 분위기가 감돈다. 그래서일까, 〈언페이스풀〉의 불륜 커플 코니와 폴이 보라는 영화는 안 보고 대담한 사랑을 나누려고 찾아가는 극장이 2가 181번지의 이스트 빌리지 시네마East Village Cinema였다. 〈미스트리스 아메리카Mistress America〉에서 브룩은 트레이시에게 자신이 재능이 많고 멋을 아는 사람임을 암시하면서 '이스트 빌리지에 있는 레이저 제모 센터 대기실의 실내장식을 담당했었다.'고 자랑한다.

오늘날 이스트 8가, 특히 A가와 3가 사이는 세인트 막스 플레이스St. Mark's Place라는 쇼핑의 거리가 되어 있다. 이 일대에는 라멘 식당에서부터 꼬치구이에 이르기까지 많은 일본 식당들도 영업을 하고 있고, 밤마다 젊은이들로 붐빈다. 2012년의 로맨틱 코미디 〈Lola Versus〉에서는 그레타 거윅Greta Gerwig이 연기하는 주인공 롤라의 아파트와, 그녀가 웨이트리스로 일하는 식당이 모두 알파벳 시티의 한복판이었다. 예전의 알파벳 시티를 기억하는 이들에게는 이런 변화야말로 '8번가의 기적'일지도 모른다.

〈맨 인 블랙 2Men In Black 2〉(2002)
★★★ 감독 베리 소넨필드
출연 토미 리 존스, 윌 스미스

〈맨 인 블랙 2〉를 보다 보면, 이스트 빌리지가 얼마나 유별나고 요란스러운 동네인지를 이해하는 뉴요커들만 웃을 수 있는 깨알 같은 유머 하나가 숨어 있다. 로워 맨해튼 배터리 공원 입구의 통풍 타워 지하에 있는 MIB 본부 건물에서는 괴상하게 생긴 온갖 외계인들에 대한 입국 심사가 이루어지고 있다. 검은 제복을 입은 심사관이 외계인들에게 기계적인 목소리로 안내한다.

"지구에 오신 걸 환영합니다. 여기서 지켜야 할 법과 규칙들이 있습니다. 외출은 밤에 하십시오. 꼭 낮에 외출을 해야 할 사정이 생기면 이스트 빌리지에서만 하기 바랍니다."

그래머시 *Gramercy*

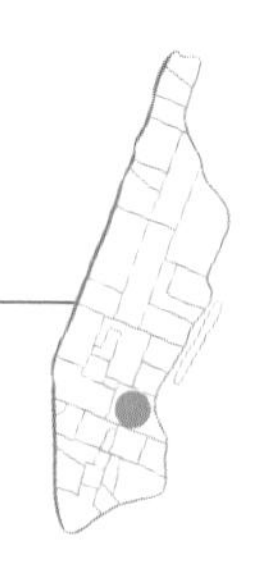

(그래머시 파크 옆길을 함께 걸으며)

엘리: 여기가 뉴욕에서 내가 제일 좋아하는 장소야. 너무 낭만적인 생각인 줄은 아는데……. 내 꿈은 그래머시 파크 열쇠를 갖게 되는 거야.

제이슨: 온통 가질 수 없는 것들로 둘러싸이게 되는 게 뉴욕의 매력이지.

엘리: 뉴욕의 매력은 가지고 싶은 걸 가질 수 있을 거라고 생각하게끔 해주는 거야.

영화 〈That Awkward Moment〉 중에서

맨해튼에서 '다운타운'이라면 14가 이남을 가리키는 경우가 많고, '미드타운'은 34가 이북을 가리키는 경우가 많다. 그러다 보니, 14가와 34가 사이는 누구는 다운타운이라고 부르고 누구는 미드타운이라고 부르는, 일종의 회색 지역이 되었다. '빌리지'보다는 사무적이면서 34가 이북 고층 건물 숲에 비하면 여유가 느껴지는 곳이다. 이 구간의 동쪽 부분을 뭉텅 잘라서 '그래머시'라는 이름을 붙인 건 내 자의적인 선택이다. 행정구역과는 무관하게 편의상 이렇게 구분했을 뿐이지만, 실제 이 구역은 하나의 유기적인 동네로 기능하고 있다. 나는 이 동네에 2년 반 동안 살면서 그렇게 느꼈다.

이스트 빌리지에서 북쪽을 향해 14가를 건너면, 붉은 벽돌로 지은 널찍한 아파트 단지를 만나게 된다. 가스 저장소가 있던 자리에 제2차 세계대전이 끝나고 조성된 주택가로 스타이브슨트 타운Stuyvesant Town 및 피터 쿠퍼 빌리지Peter Cooper Village라고 부른다. 맨해튼에 최근 지은 아파트와는 달리 단지 내 공간이 여유롭고 녹지가 풍성하다. 여기서 23가를 건너 북쪽으로 가면 참전용사Veterans Affairs NY 병원, 헌터 칼리지Hunter college 보건소, 벨뷰Bellevue 병원, 뉴욕 대학 부설 티쉬Tisch 병원 등 병원 건물들이 즐비하다.

나는 날마다 자전거를 타고 이 동네를 지나 출퇴근했다. 멋진 모습을 상상할 필요는 없다. 양복에 구두를 신고 백팩을 매고 헬멧을 쓴 기묘한 모습으로, 일본 근무할 때 쓰던 바구니 달린 자전거로 맨해튼을 질주했으니까. 뉴욕에 최초로 에볼라 환자가 발생했을 때, 환자를 격리 수용한 곳이 이곳의 벨뷰 병원이었다. 며칠 동안 언론사의 취재 차량들이 병원 앞에 진을 치고 대기하던 기억이 난다. 이 일대를 '메디컬 시티Medical City'라고 부르는 사람들도 있다. 벨뷰 병원은 〈34

〈34번가의 기적Miracle on 34th Street〉(1947)
★★★ 감독 조지 시튼
출연 모린 오하라, 존 페인, 에드먼드 그웬, 나탈리 우드

〈Extreme Measures〉(1996)
★★★ 감독 마이클 앱티드
출연 휴 그랜트, 진 핵크먼, 사라 제시카 파커

〈어웨이크Awake〉(2007)
★★★ 감독 조비 해롤드
출연 헤이든 크리스텐슨, 제시카 알바, 레나 올린

〈New Year's Eve〉(2011)
★★★ 감독 게리 마샬
출연 할리 베리(간호사 에이미), 로버트 드니로(스탠), 힐러리 스웽크(스탠의 딸)

번가의 기적Miracle on 34th Street〉, 〈Extreme Measures〉, 〈어웨이크Awake〉, 〈사이드 이펙트Side Effects〉, 〈Time Out of Mind〉 등등 여러 영화에 배경으로 등장하고, 범죄 · 액션 영화에서 피해자가 '벨뷰로 후송되었다.'는 등 대사에만도 자주 등장하는 병원이다.

게리 마샬Garry Marshall 감독의 2011년 영화 〈New Year's Eve〉에는 3가와 34가 교차점에 있는 랭건 병원Langone Medical Cente이 등장한다. 간호사 에이미가 성심껏 간호하는 스탠은 말기 암 환자다. 그는 세밑 자정에 시내에서 거행되는 볼드 롭Ball Drop 행사를 구경하고 싶어 하지만 의료진은 외출을 허용하지 않는다. 그의 소원을 들어주고 싶은 그의 딸은 그를 휠체어에 태워 몰래 병원 옥상으로 데려간다.

병원 앞쪽 주택가는 킵스 베이Kips Bay라고 부른다. 그 서쪽으로는 로즈 힐Rose Hill이라고 부르는 구역이 있는데, 그중에서도 25가와 30가 사이의 렉싱턴 가Lexington Ave는 근년에 인도 향신료와 음식을 파는 상점들이 늘어 '커리 힐Curry Hill'이라는 별명을 얻었다. 거기서 북쪽으로 이어지는 머레이 힐Murray Hill과 운을 맞춘 작명이다. 거기서 다시 23가 아래로 내려오면 1가와 파크 가Park Ave 사이를 그래머시 파크Gramercy Park라고 부른다. 20가와 21가 사이에 조그만 공원이 있기 때문이다.

〈That Awkward Moment〉에서 이 공원은 중요한 배경이다. 잭 에프런Zac Efron이 연기하는 북디자이너 제이슨이 이모겐 푸츠Imogen Poots가 연기하는 영국 처녀 엘리와 연애를 하는데, 두 배우의 화학작용이 제법 괜찮다. 이 영화는 제이슨이 그래머시 공원에서 누군가를 기다리는 장면에서 시작해 같은 장소에서 끝난다. 그래머시 공원은 주변 아파트 주민들만 이용할 수 있는 사설 공원이다. 철창으로 둘러

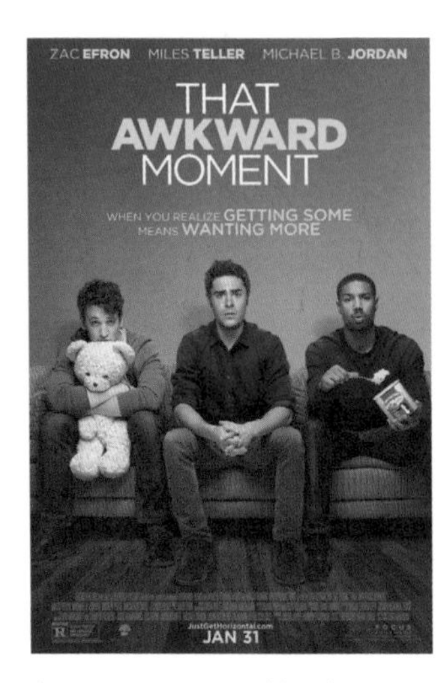

〈That Awkward Moment〉(2014)
★★★ 감독 톰 고미칸
출연 잭 에프런(제이슨), 이모겐 푸츠(엘리),

싸여 있고 열쇠가 있어야 문을 열 수 있다. 엘리가 이런 데서 살아보는 게 꿈이라니까, 제이슨은 부동산 고객인 척하면서 맞은편 아파트에 들어가 공원 열쇠를 훔쳐 나온다. 엘리는 절교를 선언하면서 제이슨에게 공원 열쇠를 돌려준다. 두 사람의 사랑이 이 공원에서 다시 결실을 맺을 것인지 아닌지가 이 영화의 내러티브를 끌고 가는 동력이다. 록 그룹 데즐리Deadsly의 노래 〈The Key to Gramercy Park〉 가사가 연상된다. 혹시 이 노래가 영화의 모티브가 된 건 아닐까.

> 나는 열쇠를, 그래머시 파크로 들어가는 열쇠를 가졌네.
> 어두움을 두려워하기에 안전한 곳이지.
> 아마 거기서 우리는 하늘의 별들 곁에 몸을 섞겠지.
> 어쩌면 나는 쇠창살 틈으로 몰래 들어가던 때를 그리워할지도 모르네.

서쪽으로 조금 더 가면 유니언 광장Union Square Park이 나온다. 여러 지하철 노선의 환승역인데다 주변에 큰 상점들과 은행, 우체국 등이 있어서 언제나 붐비는 곳이다. 토요일이면 노천 시장이 들어서 유기농 식품과 장신구 등을 팔기도 한다. 〈프랭키와 자니Frankie and Johnny〉의 주인공은 교도소에서 막 출소한 주방장 쟈니와 웨이트레스 프랭키다. 두 사람이 부대끼며 내면의 상처를 극복하는 로맨틱 코미디다. 쟈니를 거부하던 프랭키가 데이트 신청에 응해 두 사람이 모처럼 식당 밖에서 즐거운 시간을 보내던 곳이 유니언 광장이다.

〈프랭키와 쟈니Frankie and Johnny〉(1991)
★★★ 감독 게리 마샬
출연 알 파치노(쟈니), 미쉘 파이퍼(프랭키)

〈어거스트 러쉬〉에서 고아원을 도망쳐 나온 주인공 에반이 난생 처음 맨해튼에 도착해 주변의 온갖 소음을 음악으로 받아들이면서 두 팔을 벌려 눈을 감고 그 소리에 심취하던 곳도 다름 아닌 유니언 광장이다. 광장에서 동쪽으로 한 블록 건너편에는 어빙 플라자Irving Plaza라는 실내 공연장이 있다. 이곳은 록 밴드 가수 루이스가 에반의 아빠가 되기 전에, 그리고 10년 후 아들과 재회하기 직전에 콘서트를 열었던 곳이다.

유니언 광장 서쪽 33번지에는 데커 빌딩Decker Building이라는 삐죽하게 높은 건물이 있다. 1968년에서 1973년 사이에 이 건물 6층에 앤디 워홀의 작업실이 있었다. 워홀은 그림도 그리고 영화도 촬영하던 자신의 작업실을 '공장The Factory'이라고 불렀다. 미드타운에 있던 그의 첫 작업실은 재개발로 사라졌고, 1973년 이후에 사용한 브로드웨이 860번지(유니언 광장 북쪽) 건물에서는 별로 생산적인 작업을 하지 않았다. 〈맨 인 블랙 3〉은 앤디 워홀의 '공장'을 외계인들이 득실대는 파

서쪽으로 조금 더 가면 유니언 광장이 나온다.
여러 지하철 노선의 환승역인데다 주변에 큰
상점들과 은행, 우체국 등이 있어서 언제나
붐비는 곳이다. 토요일이면 노천 시장이 들어서
유기농 식품과 장신구 등을 팔기도 한다.

티 장소로 묘사했다. 이 영화 속 공장은 소호의 로프트에서 촬영했다.

〈팩토리 걸The Factory Girl〉은 앤디 워홀의 총애를 받으면서 그의 뮤즈Muse 역할을 했던 모델 에디 세즈윅Edie Sedgwick의 일대기를 그린 영화다. 시에나 밀러가 약물 중독으로 28세에 죽음을 맞이한 비운의 모델 에디 역을 맡았다. 이 영화에 나오는 가수 빌리의 모델은 실제로 세즈윅과 염문을 뿌렸던 밥 딜런이다. 워홀의 공장에 득실대던 단골손님은 포르노 영화 종사자, 여장 남자, 약물중독자, 음악가, 자칭 자유사상가 등속으로 외계인이 섞여 있었다고 해도 이상하지 않을 모임이었다. 이른바 '사교계 유명인socialite'이라고 불리는 수상쩍은 신분의 사람들은 유명 인사들과 친하다는 것만 제외하면 흔히 나이트클럽에 '죽치고 앉아 있는' 단골손님들과 별로 다를 것이 없었다. 〈티파니에서 아침을Breakfast at Tiffany's〉의 주인공 홀리 골라이틀리Holly Golightly도 이런 부류에 속하는 캐릭터다.

빌리: 너처럼 괜찮은 여자애가 어쩌다가 배우가 되는 길로 엮여든 거야?

에디: 〈티파니에서 아침을〉. 왜 있잖아? 오드리 헵번이 머리를 올리고, 긴 담뱃대로 담배를 피우던…….

빌리: 영화 속에서 살고 싶은 거야?

에디: 영화는 보지도 못했어. 포스터만 봤지.

빌리: 그럼 원작 소설도 안 봤겠네?

에디: 책엔 오드리 헵번이 없잖아.

빌리: 책은 좀 달라. 여자애와 작가 얘긴데, 작가라는 작자가 예술을 한답시고 여자애의 이야기를 훔쳐서 돈을 억수로 벌지. 여자애는 한 푼도 얻질 못해.

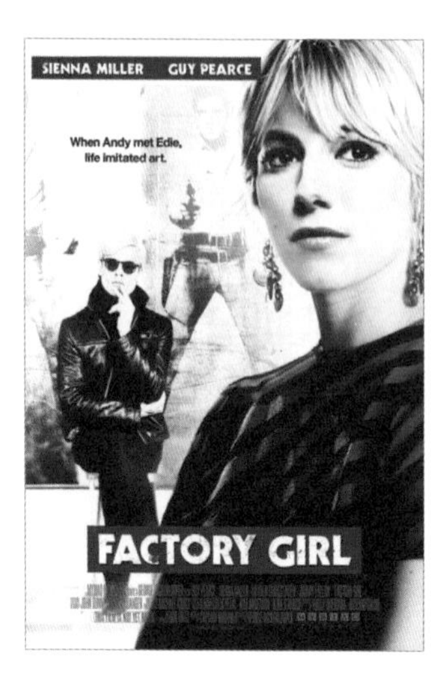

〈팩토리 걸Factory Girl〉(2006)
★★★ 감독 조지 하이켄루퍼
출연 시에나 밀러(에디 세드윅), 가이 피어스(앤디 워홀), 헤이든 크리스텐슨(빌리 퀸)

유니언 광장에서 북쪽으로 여섯 블록만 올라가면 매디슨 스퀘어 공원Madison Square Park이 나온다. 〈컨트롤러〉는 필립 K. 딕Philip K. Dick의 소설을 바탕으로 만든 영화다. 정치가 데이빗이 무용가 엘리즈를 만나느냐, 못 만나느냐에 따라 세상이 달라진다. 미첼이라는 요원은 데이빗의 옷에 커피를 쏟아 버스를 놓치게 만들고, 그 버스에 타고 있던 엘리즈를 만나지 못하도록 방해하는 몹시 중요한 임무를 맡았다. 전날 밤 과음이나 과로에 시달렸음이 분명한 이 요원이 벤치에 앉아 졸다가 데이빗을 놓쳐버린 공원이 바로 매디슨 스퀘어 공원이다.

코미디언 윌 페럴Will Ferrell이 극본을 쓰고 주연한 〈Anchorman 2: The Legend Continues〉라는 코미디가 있다. 그는 선정주의적인 방송으로 전례 없는 시청률을 확보하는 뉴스 채널의 앵커 역을 맡았다. 영화의 말미에는 온갖 뉴스 채널의 과도한 시청률 경쟁을 풍자하는 (또는 풍자할 의도로 삽입한 걸로 추정되는) 격투 장면이 나온다. 풍자보다 흥미로운 것은 이 격투에 해리슨 포드Harrison Ford, 리암 니슨Liam Neeson, 윌 스미스, 짐 캐리Jim Carrey, 마리옹 코티야르Marion Cotillard, 티나 페이Tina Fey와 에이미 폴러Amy Poehler, 빈스 본Vince Vaughn, 사샤 바론 코헨Sacha Baron Cohen, 존 라일리John C. Reilly, 힙합 가수 케인 웨스트Kanye West 등이

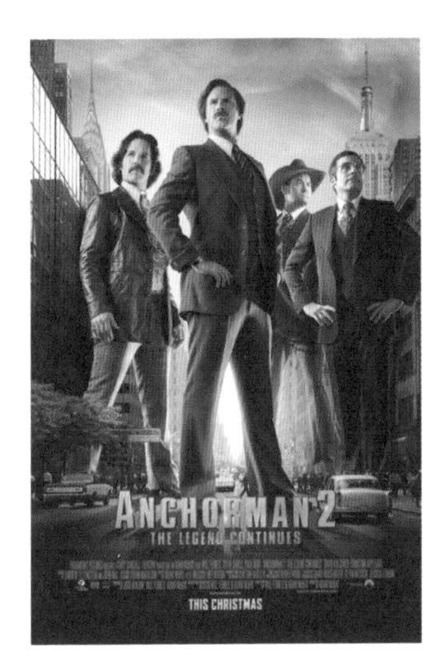

〈Anchorman 2: The Legend Continues〉 (2013)
★ 감독 아담 맥케이
출연 윌 페럴, 스티브 카렐

〈컨트롤러The Adjustment Bureau〉(2011)
★★★ 감독 조지 놀피
출연 맷 데이먼(데이빗), 에밀리 블런트(엘리스) 앤소니 매키(미첼)

카메오cameo로 출연한다는 점이다. 이들의 난장판 격투가 벌어지는 곳도 매디슨 스퀘어 공원이었다.

이 공원을 7가에 있는 매디슨 스퀘어 가든Madison Square Garden과 혼동하면 안 된다. 매디슨 스퀘어 '가든'은 광장도 공원도 아닌 실내 체육관이다. 매디슨 스퀘어 '공원'이 자리 잡고 있는 블록에서는 공원 자체보다 공원 앞의 건물이 더 지명도가 높은 랜드마크다. 구식 철제 다리미처럼 생겼다고 붙여진 건물의 별명을 따서, 이 구역은 '플랫아이언 지구Flatiron District'라고 부른다.

원래는 풀러 빌딩Fuller Building이던 이 건물의 본명을 언제부턴가 플랫아이언이라는 별명이 대신하게 되었다. 쐐기처럼 생긴 이 특이한 22층짜리 철골 건물은 뉴욕에서 가장 유명한 건물들 중 하나고,

14가와 34가 사이는
누구는 다운타운이라고
부르고 누구는
미드타운이라고 부르는,
일종의 회색 지역이
되었다. '빌리지'보다는
사무적이면서 34가 이북
고층 건물 숲에 비하면
여유가 느껴지는 곳이다.

THAT
TERNET
IS SO
YOU

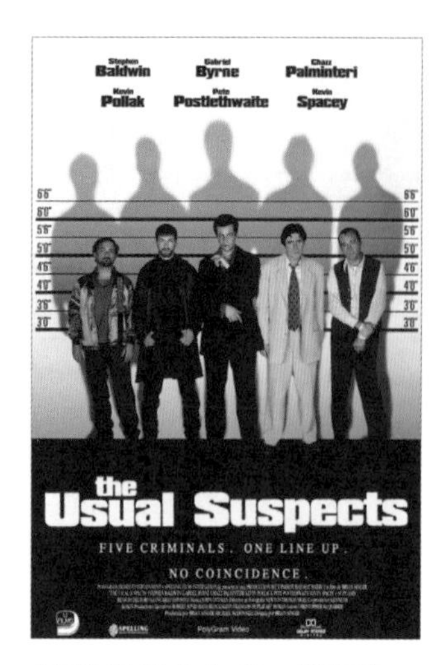

〈유주얼 서스펙트The Usual Suspects〉(1995)
★★★ 감독 브라이언 싱어
출연 케빈 스테이지(버벌), 수지 에이미스(이디), 가브리엘 번(키튼)

〈고질라Godzilla〉(1998)
★★★ 감독 롤랜드 에메리히
출연 매튜 브로데릭(닥터 니코 타토플로스), 장 르노(필립 로쉐), 마리아 피틸로(오드리 티몬즈)

〈스파이더맨Spider-Man〉(2002)
★★★ 감독 샘 레이미
출연 토비 맥과이어(피터 파커/스파이더맨), 윌렘 대포(노먼 오스본/그린 고블린)

〈스파이더맨 3Spider-Man 3〉(2007)
★★★ 감독 샘 레이미
출연 토비 맥과이어, 커스틴 던스트, 제임스 프랭코

1902년 완성된 후 수년 동안은 뉴욕에서 가장 높은 건물이기도 했다. 이 건물은 맨해튼을 비스듬히 흐르는 브로드웨이가 5가와 만나 가로세로 여섯 갈래 도로가 생기는 지점에 자리 잡고 있다. 5가를 중심으로 주소의 동서를 구분하기 때문에 이 건물은 진짜 쐐기처럼 맨해튼의 동과 서를 '쩍!' 하고 가르는 느낌을 준다. 이런 개성 있는 랜드마크를 영화가 내버려둘 턱이 없다.

'카이저 소제Keyser Söze'를 기억하는가? 아카데미 각본상과 남우조연상을 수상한 1995년 영화 〈유주얼 서스펙트The Usual Suspects〉는 관객을 상대로 한 심리극이라고 부를 만하다. 모두를 멋지게 속여 넘기는 버벌의 이야기 속에서, 변호사 이디는 범죄 집단의 수괴 역할을 하는 키튼의 연인이다. 그녀의 변호사 사무실이 플랫아이언 빌딩에 있었다.

이 빌딩 앞에서 가장 인상적인 포즈를 취한 주인공은 1998년의 〈고질라Godzilla〉였다. 월 스트리트를 박살내고 맨해튼을 북상하던 고질라는 군대의 공격을 받았다. 동서양 B급 문화의 만남을 상징하는 이 괴물이 권투 선수처럼 허리를 숙여 피한 두 발의 미사일이 애꿎은 플랫아이언 빌딩을 폭파했다. 염려 마시라. 몇 년 뒤 플랫아이언은 불사신처럼 〈스파이더맨Spider-Man〉과 〈스파이더맨 3Spider-Man 3〉의 주인공 피터 파커가 정체를 숨기고 사진기자로 근무하는 신문사 '데일리 뷰글The Daily Bugle'의 사옥으로 변신해 위풍당당하게 은막으로 복귀했다.

코리아타운 Koreatown

저기 길 건너 한국 놈들 좀 봐. 필경 이민선에서 내린 지 1년도 안 됐을 텐데 번듯한 자기 가게를 차렸잖아. 빌어먹을 보트에서 내린 지 빌어먹을 1년 만에 우리 터에서 장사를 하고 있는 거야. 언제인지 기억도 안 날 만큼 오래전부터 버려져 있던 건물을 차지하고 잘 나가는 장사를 하는 거지. 내가 여기 하루 이틀 산 것도 아닌데 말이야. 모르겠어. 저 한국 놈들이 천재거나 우리 흑인 놈들이 멍청하거나 둘 중 하나겠지.

스파이크 리Spike Lee 감독의 영화 〈Do the Right Thing〉 중에서

여독도 달랠 겸 식사는 한식당에서 하자. 맨해튼 5가와 6가 사이 32가 구간에 코리아타운이 있다. 거리 입구에 '더 코리아 웨이The Korea Way'라는 표지판이 서 있다. 식당과 제과점을 포함한 100여 개의 한인 상점이 밀집해 있어서, 짜장면을 먹으며 소주 한잔 걸치고 노래방에 갔다가 24시간 영업을 하는 식당에서 해장을 할 수 있는 곳이다. 뉴욕 한인들의 상업 활동은 이곳과 퀸스의 플러싱, 뉴저지의 팰리세이즈 파크Palisades Park와 포트리Fort Lee를 중심으로 이루어지고 있다.

〈웨스트 32번가West 32nd〉(2007)
★★ 감독 마이클 강
출연 존 조(한국계 변호사 존 김), 김준성(갱스터 마이크), 그레이스 박(라일라 리)

맨해튼 코리아타운은 엠파이어스테이트빌딩Empire State Building, 메이시즈Macy's 백화점, 펜 스테이션Penn Station, 매디슨 스퀘어 가든 등으로 둘러싸인 쇼핑, 관광, 교통의 요충지라서 유동 인구가 많은 길목이다. 〈웨스트 32번가West 32nd〉라는 영화에 조역으로 출연한 배우 정준호는 인터뷰에서 이 거리를 '신사동 간장게장 골목 같은 곳'이라고 했다.

〈웨스트 32번가〉는 로스앤젤레스에서 활동 중인 한국계 감독 마이클 강Michael Kang의 영화로, 2007년 트라이베카 영화제와 부산영화제에서 상영되었다. 한국 배우 김준성, 한국계 미국 배우 존 조John Cho, 그레이스 박Grace Park 등이 나란히 출연한 영화다. 그레이스 박은 TV

시리즈 〈배틀스타 갤럭티카Battlestar Galactica〉와 〈Hawaii Five-0〉에서 비중 있는 역할을 소화해 인기를 얻은 스타급 배우다. 존 조는 〈아메리칸 파이American Pie〉, 〈해롤드와 쿠마Harold & Kumar〉 3부작, 최근의 〈스타트렉Star Trek〉 시리즈 등에 출연했고, 〈Selfie〉라는 시트콤에서 주연을 맡았다. 비록 이 드라마는 한 시즌 만에 막을 내리긴 했지만, 미국 TV 사상 최초로 아시아 남성이 로맨틱 드라마의 주인공 역할을 맡은 기록으로 남았다.

한국계 감독이 미국에서 가장 성공적인 활동을 하고 있는 한국계 스타들과 한국 유명 배우를 한데 모아 작품을 만들었다는 가슴 훈훈한 사실과는 별개의 문제로, 영화 〈웨스트 32번가〉는 미국 주류 영화들과 정면으로 승부할 품질을 갖추진 못했다. 뒷골목의 폭력을 통해 이민 1세대와 2세대의 갈등을 표현한다는, 손쉬운 공식을 선택한 결과이기도 하다. 훗날 이 영화에 관여했던 사람들이 각자 치열하게 노력해서 더 큰 성취를 이루었을 때 돌이켜보면서, 한자리에 모이기 어려운 사람들이 이렇게 모여서 영화를 만들었었구나 하고 회상할 수 있으면 좋겠다.

물론 맨해튼 코리아타운이 처음부터 신사동 간장게장 골목 같았던 건 아니다. 원래 이곳은 가먼트 디스트릭트Garment District라고 부르는 의류 생산 업체 밀집 지역의 일부였다. 뉴욕에 오랫동안 살고 있는 동포로부터 들은 바에 따르면, 1979년 최초의 한식당인 '뉴욕곰탕'이 개업할 무렵 주변의 의류 공장에서 많은 수의 한인들이 노동자로 일했고, 이들이 32가에 하나둘씩 문을 연 한식당의 주요 고객이었다고 한다.

39가와 7가 교차로에는 가먼트 디스트릭트의 성격을 규정하는 조형물이 있다. 거대한 단추를 깁고 있는 바늘Needle Threading A Button과, 그 곁에 있는 재봉틀을 돌리는 노동자The Garment Worker 동상이다. 19세기에 뉴욕은 남부 지역 노예들의 작업복, 군인과 선원들의 제복을 만들던 의류 생산의 거점 도시였다. 그 후 기성복이 보편화되면서 가먼트 디스트릭트는 폭발적으로 성장해 디자인과 생산과 도소매 기능을 일괄적으로 갖춘 뉴욕의 동대문, 뉴욕 의생활의 중심가로 변모했다. 하지만 20세기 거의 내내 유지되었던 이곳의 활기도 1980년대 이후로는 개도국의 저렴한 노동력과의 경쟁에서 이기지 못하고 내리막길을 걸었다.

〈The President's Analyst〉(1967)
★★ 감독 데오도르 J. 피커
출연 제임스 코번(시드니 셰이퍼 박사), 갓프리 캠브릿지(돈 매스터즈)

영화 속에서 가먼트 디스트릭트가 의류 사업으로 활기를 띠던 모습을 찾아보려면 1970년대 또는 그 이전까지 거슬러 올라가야 한다. 제임스 코번James Coburn이 대통령의 주치의가 되었다가 온갖 나라 첩보 기관의 사냥감이 되어 고생하는 〈The President's Analyst〉라는 영화가 있다. 이 영화는 가먼트 디스트릭트에서 노동자로 가장한 첩보요원이 붐비는 자동차들 사이로 옷이 가득 실린 옷걸이를 밀고 다니며 비밀 임무를 수행하는 장면으로 시작한다.

뉴욕 의류 업계와 더불어 쇠락의 길을 걷는 것처럼 보이던 코리아타운은 2000년대 한류의 파도를 타고 뜨거운 인기를 누리기 시작했다. 단지 노래나 드라마 몇 개가 알려진 덕분이 아니다. 1990년대 말까지도 뉴욕의 코미디클럽에서 자주 조롱의 소재가 되던 한국산 자동차의 성능이 몰라보게 좋아진 덕이고, 세계적 품질의 한국산 전자제품들 덕이고, 한국의 민주화가 미국인들의 감각 속에 대한민국을 좀 더 가까운 나라로 데려다준 덕분이기도 했다. 내가 처음 뉴욕에 출장 갔던 1990년대 중반만 해도 이곳은 밤이면 한국인 아저씨들이 주로 다니는 비교적 한산한 길목이었다. 오늘날 맨해튼 32가의 한식당 앞에는 늦은 밤까지 손님들이 줄을 서서 기다린다. 인기 있는 몇몇 식당은 예약을 잡기도 어렵고, 한인보다 서양인 손님들의 비율이 거의 언제나 더 높다.

우리나라가 영화의 시장으로서도 제법 커지자 할리우드도 한국 관객들의 환심을 사려는 노력을 시작했다. 〈어메이징 스파이더맨 2〉에서 스파이더맨의 연인 그웬은 맨해튼 한식당에 대한 칭송을 늘어놓는다. (영화 속의 한식당을 실제로 찾을 수는 없었다. 아마 다른 곳에서 촬영한 것으로 짐작된다.)

> 그웬 스테이시: 난 한국식 미트볼을 하는 그 식당에 완전히 중독됐어. 너도 가봤니?
>
> 피터 파커: 아니, 난 몰라.
>
> 그웬 스테이시: 정말 끝내줘.
>
> 피터 파커: 6가에 있는 거 말이지? 응, 나도 좋아해.
>
> 그웬 스테이시: 그걸 어떻게 알아?
>
> 피터 파커: (시선을 피하며) 응?

물론 맨해튼 코리아타운이
처음부터 신사동 간장게장
골목 같았던 건 아니다.
'뉴욕곰탕'이 개업할 무렵
주변의 의류 공장에서
많은 수의 한인들이
노동자로 일했고,
이들이 32가에 하나둘씩
문을 연 한식당의 주요
고객이었다고 한다.

〈어메이징 스파이더맨 2The Amazing Spider-Man 2〉(2014)
★★★ 감독 마크 웹
출연 앤드류 가필드(피터 파커), 엠마 스톤(그웬 스테이시)

그웬 스테이시: 내가 거길 좋아하는지 어떻게 아냐고?
피터 파커: 네가 말해줬잖아.
그웬 스테이시: 거기 지난달에 개점했거든. 너 나를 미행했니? 내 그럴 줄 알았다.

물론 이런 장면을 보고 한식이 드디어 세계화되었다며 흥분할 필요는 조금도 없다. 반대로 이런 장면을 가리켜 우리나라 관객의 주머니를 털기 위한 얄팍한 상술이라고 비아냥댈 필요도 없다. 자신에 대한 칭찬이 언제나 순도 높은 진심이어야 한다고 믿는 사람은 자존감을 잃은 사람이다.

그웬 스테파니 역을 맡았던 엠마 스톤Emma Stone은 2015년 출연한 토크쇼에서도 한류의 홍보사절 역할을 자임하는 의리를 보여주었다. 요즘 뭘 즐기냐는 사회자의 질문에 그녀는 '케이팝'이라고 답하고, '전 세계적인 현상global phenomenon'인 케이팝은 자신이 '여태껏 본 중 최고best thing you've ever seen'이고 '중독성도 강하다very addictive'고 하면서 2NE1의 〈내가 제일 잘나가〉를 소개했다. 방청객들도 큰 소리로 환호하며 호응했다. 이듬해에는 이 토크쇼의 사회자 코넌 오브라이언Conan O'Brien 자신이 한국을 방문해 코믹한 방문기를 방송에 소개했다.

이런 식으로 미국 방송에 소개되는 한국의 모습이 우아하고 아름답기만을 기대한다면 어리석은 일일 터다. 나는 그래도 미국 대중에 소개되는 한국 문화가 케이팝과 먹거리에 그치지 않았으면 좋겠다. 작가들, 번역가들, 화가들, 제작자들, 감독들, 배우들…… 창작 활동의 최전선에 있는 문화 전사들의 지속적인 건투를 빈다.

첼시 *Chelsea*

금일 첼시 항구 골프 연습장으로 오세요.

공 한 바구니 가격으로 두 바구니 제공

영화 〈세렌디피티Serendipity〉의 주인공이 길에서 집어든 전단지 내용

〈겁나는 여친의 완벽한 비밀My Super Ex-Girlfriend〉(2006)
★★★ 감독 이반 라이트만
출연 우마 서먼(제니/G-걸), 루크 윌슨(맷)

오늘날 맨해튼의 밤은 첼시에서 가장 길다. 구식 클럽들은 아직도 다운타운 전역에 산재해 있지만 젊은이들에게 인기 있는 식당과 나이트클럽은 첼시와 미트패킹 디스트릭트에 몰려 있다. 소호에서 옮겨온 갤러리들 덕분에 첼시는 이제 갤러리가 가장 많은 동네이기도 하다. 갤러리들은 10가와 11가 사이의 웨스트 20가 주변에 집중되어 있다. 웨스트 27가 520번지에 있는 낸시 호프만 갤러리Nancy Hoffman Gallery도 2008년에 첼시로 이전해 왔는데, 소호에 있던 2006년에는 〈겁나는 여친의 완벽한 비밀My Super Ex-Girlfriend〉의 주인공 제니가 초능력을 숨기고 일하던 직장이었다.

대서양 항해의 전성기 시절, 첼시 항구Chelsea Piers는 뉴욕과 유럽을 잇는 주요 항만이었다. 그 결과 19세기 말 첼시 지역은 항구, 도축장 및 육가공 도매상, 청과 도매상, 담배 공장, 운송 업체 등이 자리를 잡은 상공업지구로 발전했다. 250개 이상의 도축 업체가 입주해 있던 지역에는 지금도 미트패킹 디스트릭트라는 이름이 남아 있다. 하지만 1960년대부터 컨테이너선과 냉장 유통이 보편화되면서 육류 및 청과물의 수송 패턴이 변화하자 첼시의 노천 시장들은 사양길을 걷기 시작했다. 1980년대에 이 지역은 폭력과 마약과 매춘이 성행하는 어둠

〈블랙 레인Black Rain〉(1989)
★★★ 감독 리들리 스콧
출연 마이클 더글라스(닉 컨클린), 앤디 가르시아
(찰리 빈센트), 마쓰다 유사쿠(사토)

의 거리로 전락했고, 그러한 치안의 부재를 무릅쓰고 자기들만의 공간을 갈구하던, 또는 폭력과 마약과 매춘에 편승하던 성 소수자(주로 성전환자와 여장 남자들)들이 모여들었다.

도축장이 즐비하던 미트패킹 디스트릭트의 모습은 영화 속에만 남아 있다. 〈에프 엑스〉에서 살인 누명을 쓴 특수 효과 전문가 롤리가 조수의 도움으로 특수 효과 차량을 되찾아 경찰차에 쫓기면서 도주하는 추격 장면에는 이 동네 도축장에 주렁주렁 매달린 고깃덩이들을 자동차로 마구 들이받으며 질주하는 장면이 나온다.

뉴욕과 오사카를 배경으로 한 리들리 스콧Ridley Scott 감독의 〈블랙 레인Black Rain〉에는 1980년대 말 유행하던 일본 문화에 대한 호기심과 경계심과 거부감이 버무려져 있다. 물불을 가리지 않는 뉴욕 강력계 형사 닉이 파트너 찰리와 점심 식사를 하다가 일본인 폭력배가 백주에 살인을 저지르는 현장을 목격한다. 닉이 범인 사토를 추격해 격투를 벌이다가 간신히 체포하던 장소가 도축장 창고다. 꼬챙이에 걸려 있는 고기 더미들 사이에서 두 사내가 박력 넘치게 치고받는다. 이제 뉴욕에서 이런 장면을 촬영할 수 있는 장소는 별로 없다.

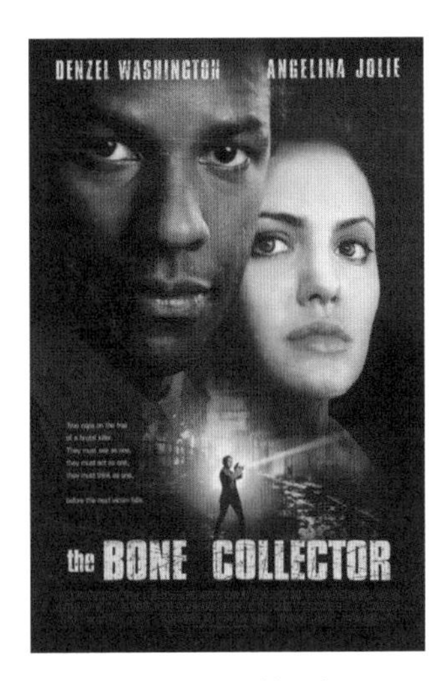

〈본 콜렉터The Bone Collector〉(1999)
★★★ 감독 필립 노이스
출연 덴젤 워싱턴, 안젤리나 졸리

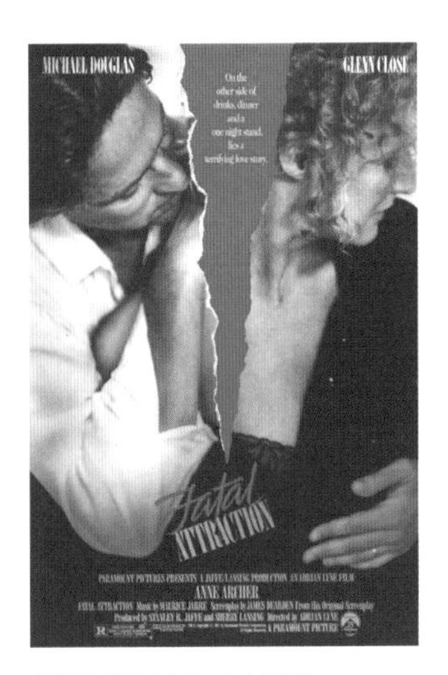

〈위험한 정사Fatal Attraction〉(1987)
★★★ 감독 애드리안 라인
출연 마이클 더글라스(댄 갤러거), 글렌 클로즈(알렉스 포레스트)

〈본 콜렉터The Bone Collector〉에서는 여기서 그리 멀지 않은 하우스턴 가와 그리니치 가Greenwich St 교차로 부근에 있는 19세기 말의 도축장 시설에서 연쇄살인범이 살해한 젊은이의 시신이 발견되었다.

애드리안 라인 감독의 1987년 사이코 스릴러 〈위험한 정사Fatal Attraction〉에서 유부남 댄에게 광기 어린 집착을 보이던 알렉스의 아파트도 미트패킹 디스트릭트에 있다. 9가, 허드슨 가, 웨스트 14가가 교차하는 세모난 부지인 허드슨 가 675번지의 쐐기처럼 생긴 특이한 건물이다.

이 건물은 니콜 키드먼Nicole Kidman이 동네 뒷산만 한 코를 붙이고 소설가 버지니아 울프Virginia Woolf를 연기해 아카데미 여우주연상을 받은 〈디 아워스The Hours〉에도 등장한다. 양성애자 리처드는 에이즈

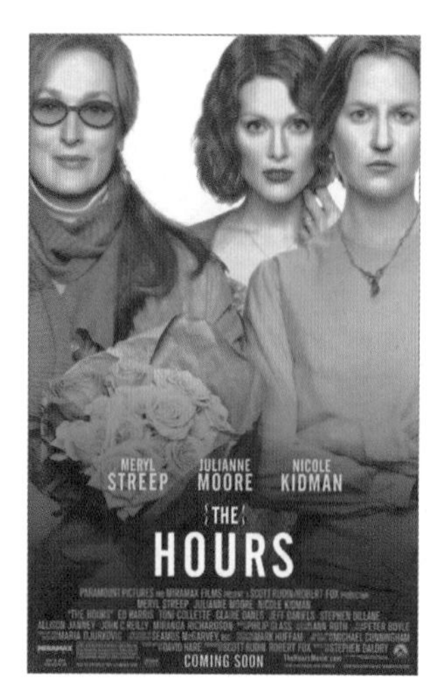

〈디 아워스The Hours〉(2002)
★★★ 감독 스티븐 달드리
출연 니콜 키드먼(버지니아 울프), 에드 헤리스(리처드), 메릴 스트립(클라리사)

로 투병 중인 시인이고, 클라리사는 그가 평생 의지해온 정신적 연인이다. 클라리사가 보는 앞에서 리처드가 몸을 던져 자살한 곳이 바로 이 건물의 북쪽 창문이었다. 이 영화는 퓰리처상을 받은 마이클 커닝햄Michael Cunningham의 소설이 원작인데, 영화로 옮기기는 무리였다는 느낌이 든다.

9가와 10가 사이, 15가와 16가 사이의 거대한 건물은 첼시 마켓이다. 원래 이 건물은 내비스코National Biscuit Company(Nabisco)라는 과자 회사가 오레오 쿠키를 발명하고 생산하던 공장이었는데, 지금은 트렌디한 식당과 상점들이 입점해서 인기를 끌고 있다. 해산물 가게에서 즉석에서 내주는 생굴, 바닷가재찜, 생선초밥 등을 즐길 수 있는 곳이다. 건물의 위층에는 각종 방송 및 미디어 관련 사무실들이 입주해 있다.

첼시의 유서 깊은 항구에는 1995년 뉴욕 최대의 스포츠 복합단지가 조성되었다. 골프, 축구, 야구, 농구, 수영, 권투, 볼링, 야외 스케이트를 즐길 수 있다. 〈세렌디피티〉의 주인공 조나단은 스포츠 채널 ESPN의 프로듀서다. 다른 여성과 결혼을 앞두고 있으면서도 사라를 잊지 못하는 그는 뉴스 촬영을 위해 골프 연습장을 방문한다. 사라도 길거리에서 광고 전단지를 보고 그를 찾아 이곳을 방문하지만 두 사

〈세렌디피티Serendipity〉(2001)
★★★ 감독 피터 첼솜
출연 존 쿠삭(조나단 트레이거), 케이트 베킨세일(사라 토마스)

〈The Other Guys〉(2010)
★ 감독 아담 맥케이
출연 윌 페럴(엘렌 겜블), 마크 월버그(테리 호이츠)

람은 서로 어긋난다. 여기서 조나단이 촬영을 감독하는 동안 기자는 이렇게 보도했다.

"점심시간에 잠깐 골프를 치려면 맨해튼에서 가장 가까운 골프장까지도 가는 데만 시간을 다 써버리기 마련입니다. 이미 그럴 필요는 없게 되었습니다. 쇠락한 과거의 항구가 5년 전에 변신한 덕분입니다. 이 연습장은 콘크리트 정글의 주민들에게 드라이버를 곧게 치고 쇼트 게임Short Game을 정확하게 만들 수 있는 기회를 제공하고 있습니다. 도시인들에게 골프의 즐거움과 좌절감을 되찾아주는 것입니다. 뉴욕에서 ESPN 뉴스, 닉 로버츠입니다."

이 골프장을 기관총으로 아수라장을 만든 영화도 있었다. 2010년의 난장판 액션 코미디 〈The Other Guys〉에서는 헬리콥터를 타고 공격하는 체첸 폭력배들에게 쫓긴 두 주인공이 골프 연습장 안으로 난입한다. 주인공이 골퍼들에게 '저 헬기를 공격해달라.'고 부탁하자 골프공 세례를 받은 헬기가 추락해 폭파됐다.

1990년대에 시작된 첼시 지역의 변신을 가장 돋보이게 만든 것은 스포츠센터도, 첼시마켓의 푸드코트도 아니고, 하이라인The High Line이라는 고가도로 공원이었다. 농축산품과 자재 수송으로 10번가 일대가 끔찍한 교통난을 겪자 뉴욕 시는 1930년대에 고가 철로를 만들었다. 하지만 한때 뉴욕 산업의 동맥 역할을 했던 이 철로도 첼시 지역이 쇠락하면서 운행을 중단하고 흉물스러운 고철 폐허 신세가 되었다. 이곳을 공원으로 만들자는 기획안이 제시된 건 1990년대 말이었다. 2006년 시민들의 기대 속에 착공된 하이라인 공원은 2009년, 2011년, 2014년 3단계에 걸쳐 개장하여 뉴욕의 새로운 명소가 되었다.

간스부르트 가Gansevoort St에서부터 34가까지 2.33km에 달하는 이 공중의 녹지를 기념비적인 재개발 프로젝트로 꼽는 가장 큰 이유는, 그것이 공업 지역이었던 첼시의 과거와 고급 주택가로 발전하겠다는 첼시의 야심을 동시에 상기시켜주고 있기 때문이다. 폭력과 마약이 난무하던 거리에 기다란 그림자를 드리우던 고가도로를 철거해버리는 대신 가족들의 나들이 장소로 변모시켰다는 사실에 뉴욕 주민들은 보람과 희열을 느낀다.

마크 러팔로Mark Ruffalo, 팀 로빈스Tim Robbins, 기네스 펠트로Gwyneth Paltrow 등이 출연하는 2012년 영화 〈땡스 포 쉐어링Thanks for Sharing〉은 성적 충동을 자제하지 못하는 섹스 중독자들의 애환을 그렸다. 의사 닐은 마침내 자신의 섹스 중독 증상을 진지하게 털어놓고 그룹 치료 노력도 동참한다. 그가 집 밖으로 나가 공원에서 책 좀 읽으려고 하

〈땡스 포 쉐어링Thanks for Sharing〉(2012)
★★★ 감독 스튜어트 블럼버그
출연 마크 러팔로(아담), 기네스 팰트로 (피비),
조쉬 개드(닐)

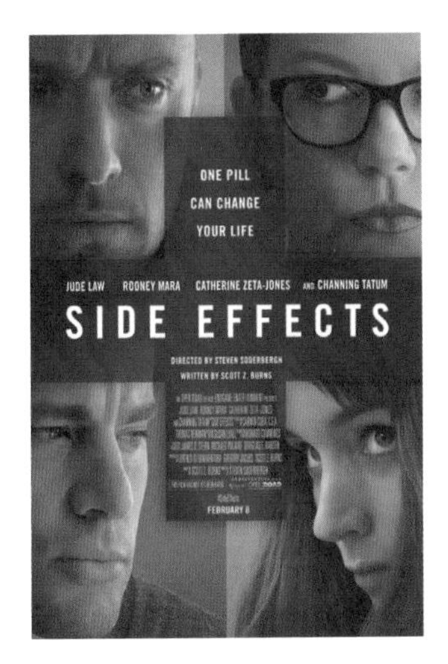

〈사이드 이펙트Side Effects〉(2013)
★★★ 감독 스티븐 소더버그
출연 주드 로(조나단 뱅크스), 루니 마라(에밀리
테일러), 채닝 테이텀 (마틴 테일러)

는데 옆자리에서 짙은 애정 행각을 벌이는 선남선녀 때문에 기겁하던 장소가 하이라인이다. 그중에서도 10가와 17가 교차로 상공에 있는 어번 시어터Urban Theater라는 별명을 가진 지점이었다. 도로를 내려다보는 극장처럼 만들어놓아서 공원에 앉아 있으면 창밖의 도로가 화면 속 풍경 같고, 운전자들이 올려보면 벤치에 앉은 사람들이 마치 전광판 속 그림처럼 보이는 곳이다.

〈사이드 이펙트〉는 스티븐 소더버그Steven Soderbergh 감독의 심리 스릴러다. 감옥에서 출소한 마틴은 우울증을 앓고 있던 아내 에밀리의 손에 살해당한다. 그녀는 담당 의사가 잘못 처방한 실험 단계 약품의 부작용인 몽유병 증상 때문에 그런 짓을 저지른 것처럼 보인다. 이 끔찍한 사건이 발생하기 직전, 새로운 약품을 복용하고 일시적으로 우울증

석양은 어디서나 아름답지만,
낯모르는 이들과 어울려 감상할
수 있는 이보다 더 아름다운 다른
장소를 나는 알지 못한다.

이 호전된 아내와 남편이 마지막으로 행복한 시간을 보내던 장소가 하이라인이었다. 둘은 하이라인의 비스듬한 벤치를 찾아오는 모든 연인들이 그러듯, 서로에게 기대어 꿈꾸는 듯한 표정으로 누워 있었다.

하이라인은 첼시 마켓과도 연결되어 있어서 여정이 짧은 관광객이 돌아보기에도 편리하다. 겨울에는 저녁 7시, 봄과 가을에는 밤 10시, 여름에는 11시에 문을 닫는다. 내가 좋아하던 장소는 14가 상공 부분, 허드슨 강 너머 뉴저지를 배경으로 저무는 석양을 볼 수 있는 탁 트인 공간이다. 뒤쪽 벤치에는 서로를 끌어안고 속삭이는 연인들이 있고, 여름이면 고가 위 인공 수로를 따라 흐르는 개울물에 아이들이 맨발로 뛰놀며 장난을 쳤다. 석양은 어디서나 아름답지만, 낯모르는 이들과 어울려 감상할 수 있는 이보다 더 아름다운 다른 장소를 나는 알지 못한다.

헬스 키친 *Hell's Kitchen*

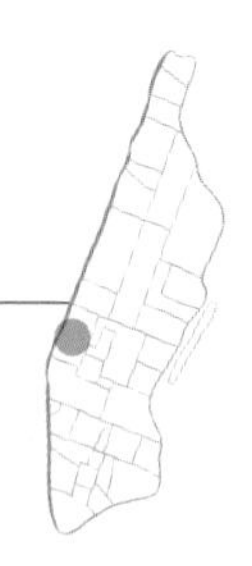

헬스 키친은 내 구역이야. 한밤중에 건물의 지붕과 골목길을 배회하면서 어둠 속을 살피지. 영원한 어둠 속의 수호 악마.

영화 〈데어데블〉 중에서, 데어데블의 대사

데어데블만큼 활동 구역이 확실한 슈퍼히어로도 없다. 매트 머독은 어린 시절 사고로 방사능 물질을 뒤집어쓰고 시력을 잃었지만 초인적인 다른 감각을 얻었다. 뛰어난 운동신경으로 신체를 단련한 그는 변호사가 되어 밤이면 가면을 쓰고 주먹으로 악을 응징한다. 2003년 영화 〈데어데블Daredevil〉에서는 밴 애플렉Ben Affleck이 머독 역을 맡았다. 슈퍼맨은 지구를 지키고, 배트맨은 도시를 지키지만, 데어데블은 동네를 지키는 영웅이다. 그가 지키는 동네는 자신이 나고 자란 헬스 키친이다. 헬스 키친이라는 동네의 이름이 붉은 옷을 입고 폭력으로 폭력을 응징하는 데어데블의 이미지와 잘 어울리는데, 애당초 이 동네에 그런 이름이 붙은 이유도 그만큼 치안이 엉망이기 때문이었다.

〈데어데블daredevil〉(2003)
★★ 감독 마크 스티븐 존슨
출연 밴 에플렉(매트 머독), 제니퍼 가너(엘렉트라)

헬스 키친이라는 이름에 담긴 뜻은, 지옥도 뜨거운데 지옥의 주방 불은 얼마나 더 뜨겁고 지독하겠냐는 것이다. 헬스 키친이라는 별명이 생겨난 경위에 대해서는 몇 가지 설이 있는데, 그중에는 19세기 중반까지 거슬러간다는 주장도 있다. 안쓰럽게도 이 구역의 치안은 1980년대까지도 그 이름에 걸맞게 취약했다. 그래서일까? 마블코믹스 세계에는 유독 헬스 키친 출신이거나 이 동네를 자주 들락거리는 히어로 또는 안티히어로들이 많다. 데어데블의 연인인 엘렉트라Elektra

를 비롯해, 힘이 장사인 루크 케이지Luke Cage, 총잡이 퍼니셔Punisher, 슈퍼히어로에서 은퇴한 사립 탐정 제시카 존스Jessica Jones 등이 모두 헬스 키친의 단골손님들이다.

헬스 키친에는 예전부터 배우와 배우 지망생들도 많이 살고 있다. 브로드웨이 극장가와 가까운데다 웨스트 44가 432번지에는 연기학교 액터스 스튜디오Actors Studio가 있기 때문이다. 1947년에 엘리아 카잔 등이 설립했고, 1955년에 지금의 위치로 이전했다. 이 학교는 이른바 '메소드 연기'가 미국 영화계에 깊이 뿌리를 내리는 데 지대한 기여를 했다. 여기서 '메소드'란, 스타니슬라브스키식 연기방법론을 말한다. 1951년부터 1981년까지 액터스 스튜디오의 책임자였던 리 스트라스버그Lee Strasberg가 잘 요약한 대로 '가장 효과적인 연기는 연기act를 하는 것이 아니고, 연기자 자신이 등장인물이 되어 반응react하는 것'이라는 생각에 바탕을 둔 연기론이다.

모스크바 예술극장의 감독이던 콘스탄틴 스타니슬라브스키Konstantin Stanislavski는 연기론에 관한 여러 권의 책을 집필했고, 그중 대표적인 《배우 수업An Actor Prepares》이 1936년 영어로 번역되어 미국에 소개되었다. 그의 제자인 볼리슬라브스키Richard Boleslawski는 뉴욕에 실험극장American Laboratory Theatre이라는 연기학교를 열어 자기 스승의 연기론을 미국에 전파했다. 액터스 스튜디오를 운영한 리 스트라스버그가 그의 제자였다. 스타니슬라브스키식 방법론은 배우들에게 가식적인 연기를 하지 말 것, 자신의 경험과 기억으로부터 배역에 이입할 수 있는 부분을 끄집어내 완벽하게 극중 인물로 변신할 것, 자기 자신이 아닌 극중 인물로서 말하고 움직일 것을 요구한다. 액터스 스튜디오가 배출한 말론 브란도, 몽고메리 클리프트Montgomery Clift, 제임스 딘

가식적인 연기를 하지 말 것, 자신의 경험과
기억으로부터 배역에 이입할 수 있는 부분을
끄집어내 완벽하게 극중 인물로 변신할 것, 자기
자신이 아닌 극중 인물로서 말하고 움직일 것

James Dean, 더스틴 호프만, 로버드 드니로, 알 파치노Al Pacino 등 수많은 배우들이 이런 연기방법론으로 훈련을 받았다.

〈마라톤 맨Marathon Man〉(1979)
★★★★ 감독 존 슐레진저
출연 더스틴 호프만, 로렌스 올리비에, 로이 샤이더

미국에서 '연기를 잘한다'는 것은 스타니슬라브스키식으로 배역에 깊이 몰입하는 것을 의미하게 되었다. 그러다 보니 셰익스피어식 전통을 자랑스럽게 여기면서 정극 훈련을 쌓고 미국으로 진출하는 영국 배우들이 오히려 두드러져 보이는 효과가 있다. 전문적 기술로서 연기를 대하는 영국 배우들은 성실하게 극적인 강세accent를 제공한다. 영국이 자랑하는 로렌스 올리비에 경과 메소드의 대가 더스틴 호프만이 함께 출연한 〈마라톤 맨Marathon Man〉이라는 영화가 있다. 올리비에는 '아우슈비츠의 백색 천사'라는 별명을 가진 나치 전범 악당으로 등장하고, 호프만은 그를 피해 도망 다니는 대학원생 역을 맡았다. 촬영하는 내내 호프만은 배역에 몰입하기 위해 잠을 안 자고 뛰어다니며 체력을 소모했다고 한다. 주인공의 지친 몰골이 그토록 설득력 있게 보인 건 아마도 그런 노력 덕분이겠다. 하지만 그에 견주더라도 로렌스 올리비에의 연기는 오싹할 정도의 경지를 보여준다. 촬영 당시 몰입을 위해 자신을 혹사하는 호프만에게 로렌스 경이 건넸다는 말은 유명하다.

〈Notorious Bettie Page〉(2005)
★★★ 감독 메리 해론
출연 그레첸 몰(베티 페이지), 릴리 테일러(폴라)

"Why not try acting? It's much easier.(연기를 하는 게 어떤가? 그게 훨씬 더 쉬운데.)"

메소드의 압박은 더스틴 호프만 같은 대배우들만 느낀 게 아니었다. 1950년대 핀업pinup 사진의 스타였던 베티 페이지의 일생을 그린 〈Notorious Bettie Page〉의 주연은 그레첸 몰Gretchen Mol이 맡았다. 핀업 사진 모델로 돈을 벌지만 언제나 배우가 되고 싶었던 베티 페이지는 그리니치빌리지에 있는 허버트 버고프 스튜디오Herbert Berghof Studio라는 곳에서 연기 수업을 한 적이 있다. 영화에는 이런 장면이 나온다.

교수: 우리는 스타니슬라브스키에게서 삶이 빠진 진정한 예술은 있을 수 없다는 사실을 배웠습니다. 느낌을 살리려면, 자기 자신의 경험으로부터 그 느낌을 끄집어낼 수 있어야 해요. 자, 베티. 지금 표현한 궁녀의 감정에 진실성을 담기 위해 당신이 어떻게 했는지를 급우들 앞에서 말해보세요.

베티: 음, 저는 저를 정말 두렵게 만드는 생각을 떠올렸어요.

교수: 그게 뭐였죠, 베티?

베티: 제가 저지른 모든 죄에 대해서 예수님께서 뭐라고 하실까를 생각

했어요.

메소드 액팅은 종종 배우들을 극심한 스트레스에 빠뜨린다. 〈레인 맨Rain Man〉으로 1989년 아카데미 남우주연상을 수상한 더스틴 호프만은 시상식에서도 캐릭터에서 빠져나오지 못한 모습을 보였고, 〈갱스 오브 뉴욕〉을 촬영하던 기간 중 다니엘 데이루이스Daniel Day-Lewis는 자신의 촬영이 없는 날에도 식당에 가서 무시무시한 표정과 언동으로 손님들을 쫓아버리기 일쑤였다고 한다. 2008년에는 〈다크 나이트〉에서 조커를 연기하던 히스 레저가 '조커의 일기'를 쓰며 역할에 몰입하다가 우울증 약물복용 과다로 사망하는 사건이 일어났다. 그 결과 스크린 역사상 가장 섬뜩한 악당 중 하나가 탄생하긴 했지만, 과연 그렇게까지 했어야 했던 것인지 씁쓸한 기분을 떨칠 수 없다.

과거 헬스 키친은 아일랜드계 서민층이 가장 먼저 터를 잡았고, 미드타운의 배후지로서 의료, 운송, 창고 관련 업소들이 많은 구역이었다. 헬스 키친이라는 명칭을 못마땅하게 여기는 사람들은 이곳을 클린턴Clinton이라고 부른다. 19세기 초 뉴욕 주지사의 이름을 딴 데윗 클린턴 공원DeWitt Clinton Park이 11가에 있기 때문이다. 부동산업자들은 미드타운 웨스트Midtown West 또는 미드웨스트Midwest라는 명칭을 선호한다는데, 이건 마치 신사동을 서압구정동이라고 부르는 식으로 사심 가득한 이름처럼 보인다. 그게 효과가 있었던지 1970년대부터는 헬스 키친도 점차 사무실 타운으로 변모했다. 1990년 말이 되자 이 지역에 성업 중이던 포르노 업소들도 거의 다 사라지고, 더 많은 관광객들이 찾아들기 시작했다.

하지만 헬스 키친은 여전히 범죄가 연상되는 동네인 모양이다. 시

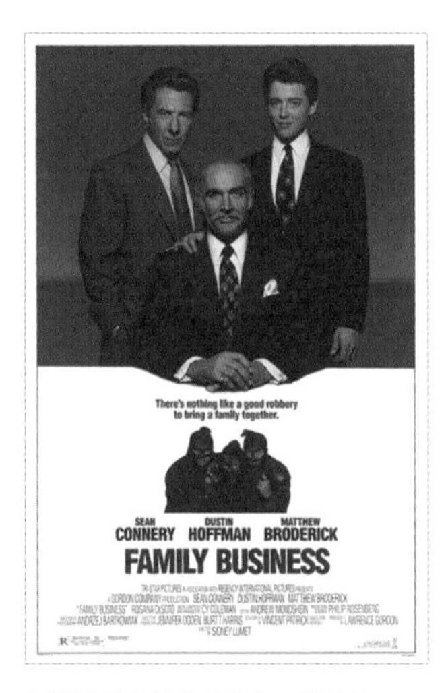

〈패밀리 비지니스Family Business〉(1989)
★★★ 감독 시드니 루멧
출연 숀 코네리(제시), 더스틴 호프만(비토),
매튜 브로데릭(아담)

드니 루멧 감독의 〈패밀리 비지니스Family Business〉에는 숀 코네리Sean Connery, 더스틴 호프만, 매튜 브로데릭Matthew Broderick 등 쟁쟁한 세 배우가 3대에 걸쳐 범죄를 일삼는 맥멀론 일가로 출연한다. 할아버지 역을 맡은 숀 코네리의 유머 감각이 영화가 지루해지는 것을 막아준다.

행복했냐고? 시칠리아 여자랑 결혼했는데 행복은 무슨 얼어 죽을. 거기 사람들 본성이 행복을 마다해. 너희 할머니는 쉬지 않고 파스타를 만들었다. 내가 오줌을 누면 올리브유가 나올 정도였지. 너도 조심해. 네 핏속에도 그런 게 있으니까. 되도록 스코틀랜드 유전자를 사용하도록 해라. 내가 스코틀랜드 여자랑 결혼했으면 비토도 지금 같진 않았을 텐데 말이야. 우선 비토 따위가 아닌 이름다운 이름을 얻었겠지. 키도 지금보다 5인치는 더 컸을 거야.

다혈질의 바람둥이 제시는 아들 비토도 범죄의 세계로 끌어들였다. 비토는 그런 아버지가 싫어서 복역 후에는 손을 씻고 미트패킹 디스트릭트에서 육류 가공 유통업에 종사하면서 유태인 아내와 결혼해 아들 아담을 애지중지 길렀다. 그런데 아담은 아버지의 과보호를 싫어하고 할아버지를 닮고 싶어 한다. 제시가 비토를 키운 동네가 헬스

DeWITT
CLINTON
PARK

323
NO STANDING
ANYTIME
HA!

요즘 헬스 키친이라는 명칭이
주는 인상은 '헬'보다는
'키친'에 방점이 있다. 여기서
'헬'이란 뭐랄까, 식도락의
쾌락과 탐미주의에서 비롯되는
죄의식의 달콤한 표현에
불과하다.

〈폰 부스Phone Booth〉(2002)
★★★ 감독 조엘 슈마허
출연 콜린 파렐, 포레스트 휘테커 , 키퍼 서덜랜드

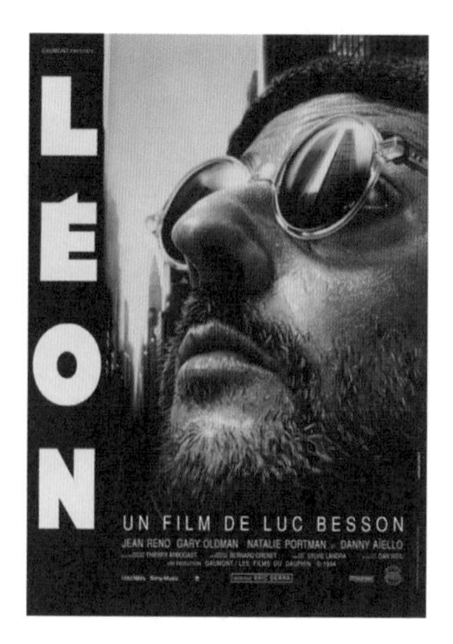

〈레옹Leon: The Professional〉(1994)
★★★★ 감독 뤽 베송
출연 장 르노(레옹), 나탈리 포트만(마틸다), 게리 올드만(스탠스 필드)

키친이다. 9가 753번지 술집에서 3대가 함께 범죄를 모의하는데, 영화 말미에는 이 건물 옥상에서 제시의 장례식을 치르면서 유골을 뿌린다.

2002년 영화 〈폰 부스Phone Booth〉에서 홍보업자 스튜는 공중전화 부스에 전화를 걸러 들어갔다가 저격수의 위협 때문에 오도 가도 못하는 처지가 된다. 2000년대에 만들어진 가장 특이한 스릴러 중 한 편이다. 문제의 공중전화는 53가와 8가 교차로에 있던 걸로 설정되었는데 실제 대부분의 촬영은 로스앤젤레스에서 했다.

〈레옹Leon〉(1994)에서 살인 청부업자로 키워달라고 떼를 쓰며 창밖에 권총을 난사한 마틸다를 데리고 마지못해 새로운 거처를 찾아 나선 암살자 레옹은 헬스 키친 7가를 걸으며 다짐을 받는다.

레옹: 마틸다, 다시 그런 짓을 하면 머리통을 부숴버릴 거야. 알았어?

마틸다: 오케이.

레옹: 나는 그런 짓 절대 안 해. 프로페셔널하지 못한 짓이야. 규칙이란 게 있다고.

마틸다: 오케이.

레옹: 그리고 말끝마다 오케이라고 하지 마. 오케이?

마틸다: 오케이.

레옹: 좋아.

지금도 넷플릭스Netflix는 이곳에서 불철주야 범죄와 싸우는 데어데블의 무용담을 TV 시리즈로 절찬리에 방영하고 있다. 그러나 실제로 가보면 헬스 키친의 대세는 이미 부동산 개발업자 쪽으로 기울었다는 것을 느낄 수 있다. 8가와 9가 사이의 46가는 이미 1973년에 '식당가Restaurant Row'로 뉴욕 시의 공식 지정을 받은 바 있고, 지금은 헬스 키친 전역에 스타 요리사들이 운영하는 멋쟁이 식당이 산재해 있다. 2005년부터 인기리에 방영 중인 폭스Fox 사의 리얼리티 요리 프로그램 〈Hell's Kitchen〉의 제목이 말해주듯, 요즘 헬스 키친이라는 명칭이 주는 인상은 '헬'보다는 '키친'에 방점이 있다. 여기서 '헬'이란 뭐랄까, 식도락의 쾌락과 탐미주의에서 비롯되는 죄의식의 달콤한 표현에 불과하다.

그러고 보니 내가 헬스 키친에 간 것도 뭔가를 먹을 때뿐이었다. 샤오롱바오小籠包와 상하이번生煎包을 먹으러 식구들과 쿵푸 만두가게Kung Fu Little Steamed Buns Ramen에 가거나, 야키도리 토토Yakitori Toto에서 후배들과 꼬치구이를 먹었고, 라멘이 먹고 싶을 때는 잇푸도Ippudo에 줄을 섰다. 가장 다시 가고 싶은 식당은 41가의 강변 81번 부두Pier 81에서 출발해 선상에서 식사를 하는 '노스 리버 랍스터 컴퍼니North River Lobster Company'라는 3층짜리 배다. 봄에서 가을까지 운행하는 이 식당은 뱃삯은 따로 받지 않고 식사를 하는 동안 허드슨 강을 한 바퀴 도는데, 내가 뉴욕에서 먹어 본 랍스터 롤Lobster Roll 중에서는 여기 것이 제일 맛있었다. 햇살 밝고 바람 좋은 날, 친한 벗들과 갑판 위에서 맥주 한잔 하면서 강물 너머로 바라보던 맨해튼의 스카이라인이 눈에 선하다.

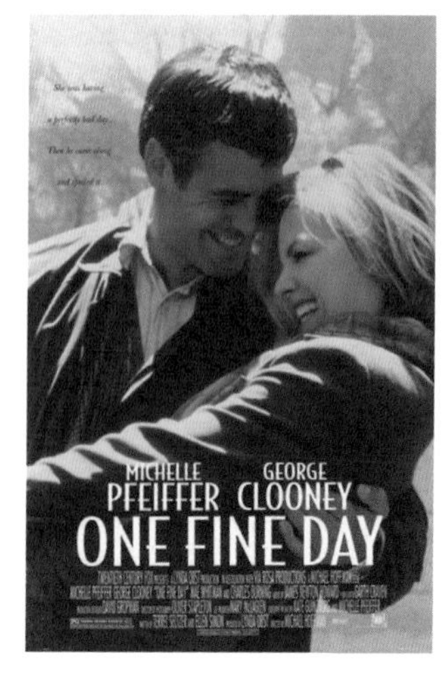

〈어느 멋진 날One Fine Day〉(1996)
★★★ 감독 마이클 호프만
출연 미셸 파이퍼(멜라니 파커), 조지 클루니(잭 테일러)

바로 옆의 83번 부두에서는 서클 라인Circle Line 유람선 승선권을 판매한다. 〈어느 멋진 날One Fine Day〉에서는 이혼남 잭의 딸과 이혼녀 멜라니의 아들이 같은 학교 동급생이다. 학교에서 유람선을 타고 소풍을 떠나는 날, 일이 꼬이는 바람에 이들은 함께 지각을 한다. 허겁지겁 택시를 타고 부두로 오지만 간발의 차이로 배를 놓친다. 맨해튼 학교에 다니는 아이들은 유람선으로도 소풍을 간다는 걸 이 영화를 보고 처음 알았다.

그 너머 86번 부두에는 인트레피드 군사박물관The Intrepid Sea, Air & Space Museum이 있다. 1982년 개관한 이 박물관은 항공모함 USS 인트레피드, 잠수함 USS 그라울러Growler, 우주왕복선 엔터프라이즈Enterprise,

그리고 다양한 항공기들이 전시되어 있다. 〈나는 전설이다〉에서 인류 멸망 후 홀로 생존한 네빌 중령이 전투기 날개 위에서 미드타운의 마천루를 향해 골프공을 힘껏 날리던 곳이다. 우리의 다음 목적지는 뉴욕에서 가장 붐비는 장소니까, 넘어가기 전에 강변을 산책하며 허드슨 강바람이나 한번 쐬자.

씨어터 디스트릭트 *Theater District*

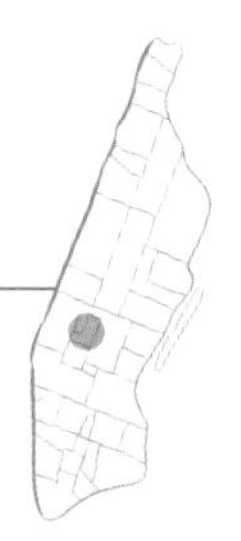

제작자: 데이빗, 자네 희곡은 너무 무거워.

극작가: 하지만 모든 작가가 정신 산만한 이야기를 써야만 하는 건 아니에요. 극장의 의무는 재미를 주는 것만이 아니라 사람의 영혼을 변화시키는 데도 있다고요.

제작자: 오, 정신 차려. 자네는 지금 그리니치 길거리의 단골 카페에 앉아 있는 게 아니야. 여기는 브로드웨이라고.

영화 〈브로드웨이를 쏴라〉 중에서

자, 주목해주세요. 동료들과 여행 중이라면 한눈팔다가 외톨이가 되지 않도록 정신을 바짝 차리세요. 맨해튼 최고의 번화가에 오신 걸 환영합니다.

브로드웨이는 맨해튼을 남북으로 비스듬히 가로지르는, 단일 명칭의 도로로는 세계에서 가장 길다는 거리다. 그러나 브로드웨이는 단순한 도로 이름이 아니라 공연 문화 그 자체를 상징하는 이름이다. 세계 최고 수준의 작품이 아니면 여기 입성할 수 없다. 브로드웨이 진입을 호시탐탐 노리는 수많은 오프Off-브로드웨이, 오프-오프-브로드웨이 작품들이 공연물의 평균 수준을 담보하는 제2진으로 버티고 있다. 씨어터 디스트릭트에서 링컨 센터 사이의 브로드웨이 좌우에 자리 잡고 있는 500석 이상의 대극장들을 '브로드웨이 극장'이라고 부른다. '오프-브로드웨이'란 문자 그대로 '브로드웨이 수준에서 조금 떨어진' 100~500석 규모의 극장들을 말한다. '오프-오프-브로드웨이'란 실험적인 무대까지를 포함한 100석 이하의, 사실상 맨해튼 전역의 나머지 극장들 전부를 가리키는 명칭으로 사용되고 있다.

대형 극장에서는 장사가 잘되는 뮤지컬이 공연되고 있다. 그 때문에 브로드웨이의 상업성을 폄하하는 시각도 있지만, 대규모 공연 제작자들을 단순히 잇속에 눈이 어두운 장사치들로 몰아붙이는 건 온당치 않다. 공연 예술이 자생적 발전 과정을 지속하려면 대규모 관객과 자본을 항구적으로 동원할 수 있는 산업으로 자리 잡을 필요가 있기 때문이다. 비싼 극장 임대료와 출연료, 세금 때문에 대규모 공연은 10년 이상의 성공적인 공연이 이루어져야 손익분기점을 겨우 넘는다고 한다. 예술, 오락, 산업 이 세 가지가 보기 좋게 어우러져 이곳 브로드웨이는 런던의 웨스트엔드West End와 함께 공연 문화의 양대 산맥을 이루고 있다. 하지만 '보기 좋게 어우러져 있다'는 건 객석에서 그걸 즐기는 사람들 이야기고, 공연계 종사자들에게는 거의 '이론상의 완전경쟁 시장'에 수렴하는 치열한 경쟁 속에서 어떻게든 살아남아야 하는 비장한 격투기장에 해당한다.

브로드웨이의 극장이라고 영원한 전성기를 누리는 건 아니다. 1927년에 54가 254번지에 개장한 갈로 오페라하우스Gallo Opera House는, 지금은 우여곡절 끝에 다시 극장으로 돌아오긴 했지만 1977년에서 1981년 사이에는 '스튜디오 54'라는 나이트클럽으로 명성을 떨쳤다. 이 시기를 영화화한 〈스튜디오 54〉에는 라이언 필립Ryan Phillippe, 셀마 헤이엑Salma Hayek, 니브 캠벨Neve Campbell, 마이크 마이어스Mike Myers 등이 출연한다.

웨스트 46가 120번지에 있던 공연예술전문고교High School of Performing Arts는 알란 파커Alan Parker 감독의 1980년 영화 〈Fame〉의 배경이 되었다. 당초 이 영화는 'Hot Lunch'라는 가제로 제작되고 있었는데, 동네 포르노 가게에 알 파커Al Parker라는 배우가 출연하는 같은 제목의 포르노 영화가 있다는 사실을 발견하고 화들짝 놀라서 제목을 바꾸었다는 뒷얘기가 있다. 학교 측의 허가를 받지 못해 영화는 46가 건너편의 교회에서 촬영했다. 이 학교는 통폐합을 거쳐 지금은 피오렐로 라과르디아 예술고교Fiorello H. LaGuardia High School of Music & Art and Performing Arts로 이름을 바꾸고 링컨 센터 근처로 이전했다. 아이린 카라Irene Cara가 부른 주제가 〈Fame〉에 맞추어 학생들이 떼거지로 46가로 쏟아져 나와 차도를 가로막고 노래하며 춤추는 장면도 이젠 옛말이 되어버린 거다. 이 영화는 배우 지망생들의 애환을 잘 보여준다. 오디션에 통과한 학생들을 앉혀두고 선생님이 살벌한 훈시를 한다.

〈스튜디오 54 54〉(1998)
★★★ 감독 마크 크리스토퍼
출연 라이언 필립, 셀마 헤이엑, 마이크 마이어스

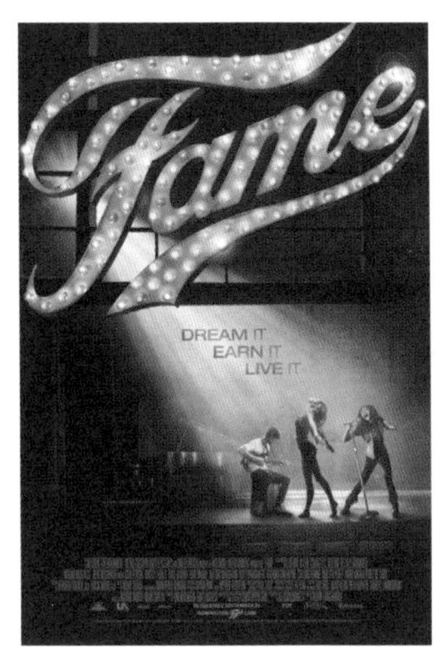

〈Fame〉(1980)
★★★★ 감독 알란 파커
출연 아이린 카라(코코 헤르난데즈), 리 커레이(브루노 마텔리), 로라 딘(리자 몬로)

"배우를 자처하는 사람도 있고, 실제 그걸로 밥벌이를 하는 사람도 있습니다. 그들 중 대부분은 집세를 내기 위해 (연기가 아닌) 광고를 찍습니다. 그것도 못하는 사람들은 기초생활보장비와 희망에 의존하면서 식당에서 남의 시중을 들거나 남의 아파트를 청소해야 하지요. 재능이 성공을 보장할 거라고 생각하지 마세요. 여러분은 훌륭한 테크닉도 필요하고, 유능한 기획자도 필요하지만, 무엇보다 두둑한 배짱이 필요합니다. 이제 여러분은 혜택 받지 못하는 소수의 일원이 되었고, 그로 인해 고생을 하게 될 겁니다."

전업 배우의 애환을 보고 싶다면 닐 사이먼Neil Simon 극본의 〈The Goodbye Girl〉을 추천한다. 아카데미상과 토니상을 통틀어서 브롱크스 태생의 유태인 작가 닐 사이먼보다 더 자주 수상 후보가 된 작

〈The Goodbye Girl〉(1977)
★★★★ 감독 허버트 로스
출연 리처드 드레이퓨스(엘리엇), 마샤 메이슨(폴라)

가는 아직 없었다. 이 영화의 주인공 엘리엇 역할로 리처드 드레이퓨스Richard Dreyfuss는 아카데미 남우주연상을 받았다. 오프-오프-브로드웨이에 셰익스피어 작품으로 데뷔하게 된 배우 엘리엇에게 실험 정신으로 충만한 감독은 리처드 3세를 게이로 표현하라고 주문한다. 엘리엇은 '리처드 3세를 테이텀 오닐처럼 보이도록 연기하란 말이냐'고 항변하지만 감독의 고집은 꺾지 못한다. 덕분에 연극은 하루 만에 막을 내리고, 일거리를 잃은 엘리엇은 스트립쇼 주점의 전단지를 돌리는 일을 하다가 취객에게 얻어맞기도 한다.

젊은 배우들만 고투하는 것도 아니다. 알레한드로 곤잘레스 이냐리투Alejandro Gonzalez Inarritu 감독은 〈버드맨Birdman〉으로 은퇴를 앞둔 중견 배우가 겪는 심적 고통을 묘사해 아카데미 작품상, 감독상, 극본상을 거머쥐었다. 이 영화는 끊어지지 않는 하나의 컷long take으로 이루어진 점이 특징이다. '현실에는 편집이 없다.'는 이냐리투 감독의 철학이 이 영화가 아카데미 촬영도 받도록 만들어준 셈이다. 리건은 젊은 시절 슈퍼히어로 영화 3부작에서 주연을 맡았는데, 은퇴를 앞두고 진지한 정극으로 연기력을 인정받고 싶어 한다. 그를 깔보는 평론가, 안하무인인 스타급 후배, 아버지를 미워하는 자신의 딸, 늘어나는 제

〈버드맨Birdman〉(2014)
★★★★ 감독 알레한드로 곤잘레스 이냐리투
출연 마이클 키튼(리건), 엠마 스톤(리건의 딸)

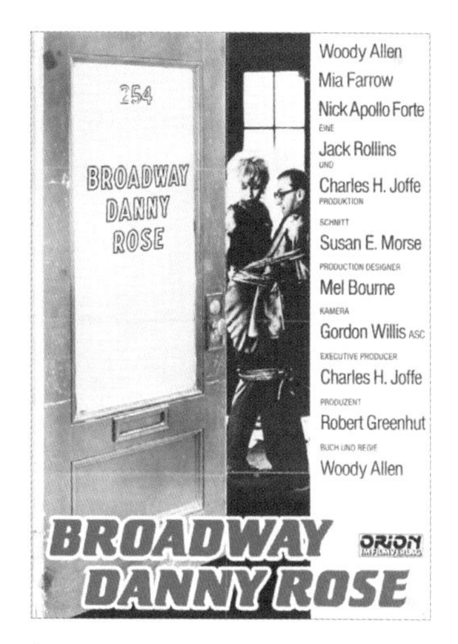

〈Broadway Danny Rose〉(1984)
★★★★ 감독 우디 앨런
출연 우디 앨런(대니 로즈), 닉 아폴로 포트(루카노바)

작비, 그리고 다른 무엇보다 내면의 목소리가 그를 괴롭힌다. 마이클 키튼Michael Keaton은 출연 제안을 받았을 때 이냐리투 감독이 젊은 시절 배트맨 역할을 맡았던 자신을 놀리려고 지어낸 이야기인 줄 알았다고 한다. 이 영화의 배경인 성 제임스 극장St. James Theatre은 웨스트 44가 246번지에 있다.

연예인의 일정을 관리하고 뒤치다꺼리를 하는 매니저야말로 극한의 직업이라는 사실을 확인하고 싶다면 우디 앨런 극본, 감독, 주연의 1984년의 흑백영화 〈Broadway Danny Rose〉를 보면 된다. 대니는 의욕도 넘치고 발도 넓지만 왠지 좀처럼 성공은 거두지 못하는 연예인 매니저다. 돈벌이가 좀 될라치면 소속 연예인들은 그를 배신하고 떠난다. 서툰 복화술사, 풍선 마술사, 유리잔 연주자, 앵무새 조련사 등을 관리하던 대니는 한물 간 이태리계 가수 루 카노바에게 공을 들여 그를 성공의 길로 이끈다. 대니는 카노바의 옷도 골라주고, 레퍼토리도 골라준다. 걸핏하면 술을 마시는 카노바의 숙취를 깨워주는 것도, 칭찬으로 기분을 맞춰주는 것도 대니의 몫이고, 아내 몰래 애인을 데려와 달라는 카노바의 부탁을 들어주는 것도 대니다. 대니가 사무실을 겸해 쓰고 있던 아파트는 웨스트 54가 200번지 건물이다. 눈 내리는 추수감사절에 그가 소속 연예인들을 사무실로 초대해 냉동 칠면조 요리를 대접하는 장면은 눈물겹다.

희곡 작가의 애환을 그린 작품이라면 우디 앨런의 〈브로드웨이를 쏴라Bullets Over Broadway〉가 제격이다. 1928년 젊은 극작가 데이빗은 자신의 작품을 무대에 올리기 위해 동분서주하지만, 물주인 갱단 두목의 정부 올리브를 여주인공으로 써야 하는 처지가 된다. 까탈스럽고 재능이 없는 그녀보다 그를 더 괴롭히는 것은, 연극에 대해 아무 지식도 없는 그녀의 보디가드 치치가 천재적인 아이디어를 툭툭 던지면서 연극의 완성도를 높여준다는 사실이다. 작가에게 이보다 더한 악몽이 있으랴. 이들의 공연 장소는 웨스트 44가 111번지의 벨라스코 극장Belasco Theater이었다.

제작자라고 고충이 없겠나. 〈시넥도키, 뉴욕Synecdoche, New York〉에서 연극 제작자 케이든은 씨어터 디스트릭트에 거대한 창고를 빌려 뉴욕의 복제판 도시를 짓기 시작한다. '시넥도키'란, '일부로써 전체를, 특수로써 일반을 나타내는 제유법提喩法'을 의미한다. 여러 해가 지나도 케이든의 프로젝트는 완성될 줄을 모르고, 세트는 점점 더 거대해진다. 스태프와 캐스트들도 지쳐서 하나둘 떠나가고, 세트장이 커지는 것과 반비례해 세트장 밖 도시는 빠른 속도로 쇠락해간다. 이 영화는

〈브로드웨이를 쏴라Bullets Over Broadway〉(1994)
★★★★ 감독 우디 앨런
출연 존 쿠삭(데이빗), 채즈 팰민테리(치치), 제니퍼 틸리(올리브)

〈시넥도키, 뉴욕Synecdoche New York〉(2007)
★★★ 감독 찰리 카우프만
출연 필립 세이모어 호프만(케이든 코타드), 캐서린 키너(아델 랙)

제목처럼 상징과 비유로 가득 차 있다. 영화 속의 시간대는 멋대로 흘러가고, 잔병치레를 하면서 늘 병원 신세를 지는 주인공은 끝까지 살아남지만 다른 인물들은 세상을 떠난다. 모든 사람이 즐길 영화는 아니지만 영화광의 소중한 목록에 포함될 만한 영화다. 창작 행위의 덧없음을 이처럼 스산하게 그려낸 다른 영화가 있었을까? 〈존 말코비치 되기Being John Malkovich〉와 〈이터널 선샤인Eternal Sunshine of the Spotless Mind〉의 극본을 쓴 찰리 카우프만Charlie Kaufman이 극본과 감독을 맡은 영화다.

공연 관계자들 모두 나름의 애환이 있는데도 무대가 주는 흥분과 영광을 떠나지 못한다. 무대의 행복에 중독된 이들에게는 어빙 벌린의 노랫말처럼 '쇼 비즈니스만 한 다른 비즈니스는 없다(There's No Business Like Show Business).' 1951년 아카데미 시상식에서는 화려한 쇼

브로드웨이는 맨해튼을 남북으로 비스듬히 가로지르는, 단일 명칭의 도로로는 세계에서 가장 길다는 거리다. 그러나 브로드웨이는 단순한 도로 이름이 아니라 공연 문화 그 자체를 상징하는 이름이다. 세계 최고 수준의 작품이 아니면 여기 입성할 수 없다.

ONE WAY
LEFT TURN
FROM
LEFT TURN
BAY ONLY
BROADWAY CLOSED
SOUTHBOUND TRAFFIC
LEFT TURN AT W 48 ST
9A
WEST SIDE
HWY
JACK DEMPSEY
7 AVE
ONE WAY
SONY
5 YEARS
Newsstand
MUNI
METER
PAY

비즈니스에 종사하는 사람들의 험난한 뒤안길을 묘사한 두 편의 걸작이 작품상 후보에 올랐다. 조셉 멘키위즈Joseph L. Mankiewicz 감독, 베티 데이비스Bette Davis 주연의 〈All About Eve〉와 빌리 와일더Billy Wilder 감독, 글로리아 스완슨Gloria Swanson 주연의 〈Sunset Boulevard〉다. 공교롭게도 두 영화 모두 전성기가 지나 무대의 영광에서 멀어져가는 여배우의 이야기를 그렸다. 각각 대서양과 태평양 연안 도시에서 벌어지는 이 두 편의 이야기는 물론 매우 다르다. 개인적으로는 '영화적 긴장감'을 더 잘 담아낸 〈Sunset Boulevard〉를 좋아하지만, 우리는 뉴욕을 돌아보고 있으니까 〈All About Eve〉를 살펴보자.

이 영화는 〈타이타닉Titanic〉이 1998년 아카데미 시상식에서 동일한 기록을 갖기 전까지 14개 부문 후보에 오른 유일한 영화라는 기록을 보유하고 있었다. 작품상, 감독상, 극본상, 남우조연상, 의상상, 음향상 등 6개 부문을 수상했다. 관록의 대배우 마고 채닝 역을 맡은 베티 데이비스와, 그녀를 숭배하는 신인 배우 이브 헤링턴 역을 맡은 앤 박스터Anne Baxter 둘 다 여우주연상 후보에 오른 점도 특이하다. 영화에서 마고가 'Aged in Wood'라는 연극에 출연하던 극장이 1927년 개관한 웨스트 45가 252번지의 존 골든 극장John Golden Theatre이다. 이 영화를 봤다면 극장 옆 골목길도 예사롭게 보이진 않을 것이다.

뉴욕에서는 대사가 필요하거나verbal 필요 없는non-verbal 온갖 종류의 공연이 성행하고 있지만, 역시 가장 큰 시장은 브로드웨이 극장가를 중심으로 공연되고 있는 뮤지컬이다. 뮤지컬이 오늘날과 같은 형태를 갖추게 된 것은 1900년을 전후해서였다. 미국 특유의 대중문화가 유럽 오페라의 귀족적 취향을 제거한 무대예술에 대한 수요를 창출한 것이다. 제1차 세계대전이 발발하던 1914년 제롬 컨Jerome Kern이

〈All About Eve〉(1950)
★★★★ 감독 조셉 L. 맨키위즈
출연 베티 데이비스(마고), 앤 박스터(이브), 조지 샌더스(애디슨 드윗)

〈42nd Street〉(1933)
★★★ 감독 로이드 베이컨
출연 워너 백스터, 베브 다니엘스, 조지 브렌트

라는 작곡가가 오페라와는 확연히 다른 일련의 실험적 뮤지컬을 발표했고, 브로드웨이 지그펠드 극장Ziegfeld Theater이 개관한 1927년 상연된 그의 작품 〈Show Boat〉가 상업적 성공을 거둔 것을 계기로 뮤지컬은 독자적 장르로 자리 잡기 시작했다. 그 후 로저스와 해머스타인Rodgers & Hammerstein 콤비, 조지 거쉬윈George Gershwin, 콜 포터Cole Porter, 밥 포시Bob Fosse 등 작가들의 활약으로 꾸준히 발전해오던 뮤지컬은 1970년대 중반 두 명의 영국인에 의해 새로운 전기를 맞는다.

한 명은 현대 뮤지컬의 대명사 앤드류 로이드 웨버Andrew Lloyd Webber다. 1971년 23세의 나이로 〈Jesus Christ Superstar〉를 작곡해 스스로 슈퍼스타로 부상한 그는 〈Evita〉, 〈Cats〉, 〈Phantom of the Opera〉, 〈Starlight Express〉, 〈Aspects of Love〉, 〈Sunset Boulevard〉

등 히트 작품들을 줄줄이 내놓았다. 또 한 명의 영국인 카메론 매킨토시Cameron Mackintosh는 〈Les Misérables〉과 〈Miss Saigon〉을 제작했다. 〈Les Misérables〉과 〈Miss Saigon〉은 프랑스인인 클로드 미셸 쇤베르그Claude-Michel Schönberg와 알랭 부빌Alain Boublil이 작곡과 작사를 맡았다. 이로써 뮤지컬은 더 이상 미국인의, 미국인에 의한 장르에만 머물지 않게끔 되었다. 그럼에도 뮤지컬이라고 하면 브로드웨이를 떠올리게 되는 이유는 다양한 작품의 상업적 회전을 가능케 하는 뉴욕의 거대한 문화 시장에 있다.

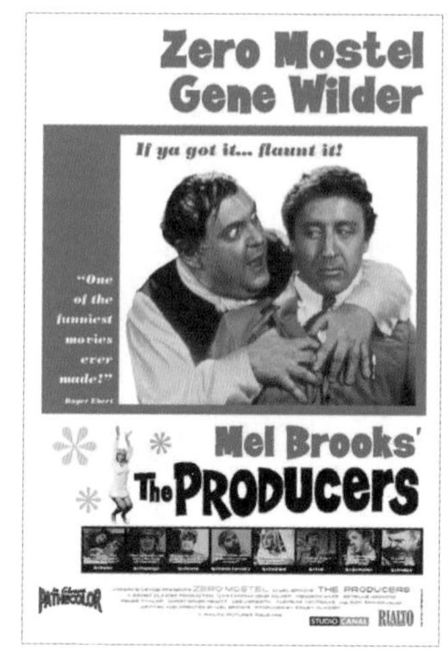

〈The Producers〉(1968)
★★★ 감독 멜 브룩스
출연 제로 모스텔, 진 와일더

대공황이 한창이던 1933년 상영되어 큰 상업적 성공을 거둔 영화 〈42nd Street〉은 중요한 사실을 시사해준다. 삶이 팍팍할수록 사람들은 화려하고 즐거운 영화를 찾는 것이다. 과거 이 땅의 수많은 '할리우드 키드'들이 그랬다. 스크린이 꿈의 공장이라면, 뮤지컬은 아마도 가장 달콤한 꿈들을 빚어내는 생산 라인에 해당할 터다. 브로드웨이와 할리우드의 협업 관계를 생각하면 〈42nd Street〉이 맨해튼 극장가의 주소를 제목으로 삼은 것은 필연적인 결과로 생각된다. 이 영화 속에서 공연은 필라델피아에서 열리지만 극중 뮤지컬 내용이 맨해튼 42가의 일상을 배경으로 삼고 있다. 브로드웨이라는 특이한 장소가

〈코러스 라인A Chorus Line〉(1985)
★★★ 감독 리차드 아텐보로
출연 마이클 더글라스(잭)

선사하는 가슴 두근거리는 흥분은 이런 공정을 거쳐 누구나 소비할 수 있는 기성품으로 포장된다.

멜 브룩스Mel Brooks가 극본과 감독을 맡은 〈The Producers〉는 브로드웨이의 상업주의와 제작자들의 부패를 스스로 조롱하는 단수 높은 풍자물이다. 목돈이 필요한 뮤지컬 제작자가 회계사와 짜고 '단 하루의 공연으로 틀림없이 말아먹을' 뮤지컬을 기획한다. 망한 뮤지컬에 대해서는 세무조사가 없다는 허점을 악용해 뮤지컬 지분을 중복 판매한 후 브라질로 도피한다는 계획이다. 그런데 이들이 코트 극장Cort Theatre, 48가 138번지 무대에 올린 '히틀러의 봄'이라는 나치 찬양물이 뜻밖의 호평을 받는다. 히틀러 역할을 맡은 배우의 엉터리 연기가 관객들에게 의도적인 풍자로 보였기 때문이다. 1968년에 진 와일더Gene

Wilder가 맡았던 회계사 레오 역을 2005년 리메이크에서는 매튜 브로데릭이 맡았다.

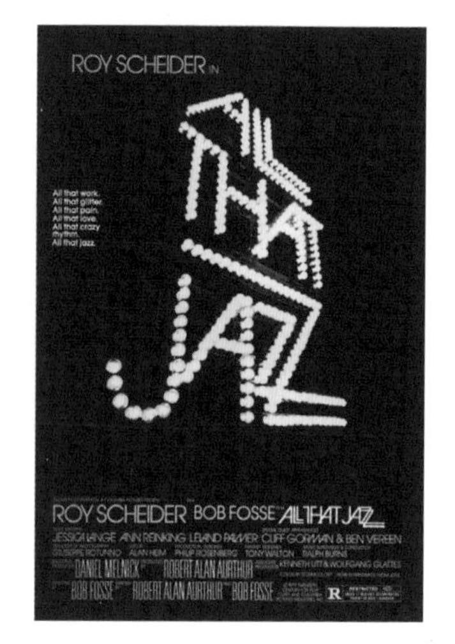

〈All That Jazz〉(1979)
★★★★ 감독 밥 포시
출연 로이 샤이더

〈코러스 라인A Chorus Line〉에서 마이클 더글러스는 무용수들의 오디션을 진행하는 냉철한 감독으로 출연한다. 간절한 심정으로 오디션을 치르는 최종 심사 대상 열여섯 명의 사연이 영화의 뼈대를 이룬다. 〈Fame〉의 졸업 이후 버전이랄까. 촬영은 웨스트 51가 237번지에 있던 마크 헬린저 극장Mark Hellinger Theater에서 이루어졌는데, 이 장소는 1991년에 교회 시설의 일부가 되었다.

밥 포시가 극본(공동)과 감독을 맡은 〈All That Jazz〉에서 주인공 기디언 역을 맡은 로이 샤이더Roy Scheider가 오디션을 주관하던 장소는 브로드웨이 1564번가의 팰리스 극장Palace Theater이었다. 페데리코 펠리니Federico Fellini의 〈8 1/2〉을 의도적으로 흉내 낸 것처럼 보이는 이 영화는 뒤로 갈수록 현실과 환상 사이의 구분이 흐려진다. 안무가로서 영화에 미친 영향으로 말하자면 밥 포시에 비견할 인물은 아마도 스탠리 도넌Stanley Donen 정도 말고는 없을 거다. 포시는 안무로 토니상을 8개 수상하는 최고 기록을 세웠고, 아카데미 감독상 후보에 세 번 올랐고, 〈Cabaret〉로 1973년 아카데미 감독상을 수상했다. 〈대부〉의 코폴라를 제치고 받은 상이었다. 〈All That Jazz〉는 구로사와 아키라黒澤明

의 〈카게무사Kagemusha, 影武者〉와 공동으로 1980년 칸영화제 그랑프리를 수상했다. 이 영화도 화려한 무대 뒤편의 외롭고 고단한 예술가의 삶을 조망한다. 원래 인생은 고해라지만, 삶의 외양이 화려한 이들이 경험하는 외로움은 보통 사람보다 더 비루한 법이다.

브로드웨이 극장들의 네온사인은 그 뒤로 수많은 가슴 아픈 사연들을 감추고 있을 게 분명하다. 우리는 무대 위에서 벌어지는 일들이 삶의 전모라고 믿지도 않는다. 그런데도 어두운 골목길 외등으로 달려드는 날벌레들처럼 사람들은 극장을 찾는다. 무서우면 무서운 대로, 우스우면 우스운 대로 무대 위에서 조명을 받으며 재연되는 이야기는 잘 빚어진 우리의 꿈이기 때문이다. 이왕 극장가를 찾아왔으니 연극이든, 뮤지컬이든, 넌버벌 공연이든 두어 시간 꿈에 한번 빠져 보는 것은 어떨까.

'연극이 끝나고 난 뒤 혼자서 객석에 남아 조명이 꺼진 무대'를 볼 것까진 없고, 정적보다 더 무섭다는 군중 속의 고독이 유유히 흐르는 타임즈 스퀘어를 돌아보면 된다. 타임즈 스퀘어야말로 뉴욕의 심장부라고 할 수 있다.

미드타운 *Midtown*

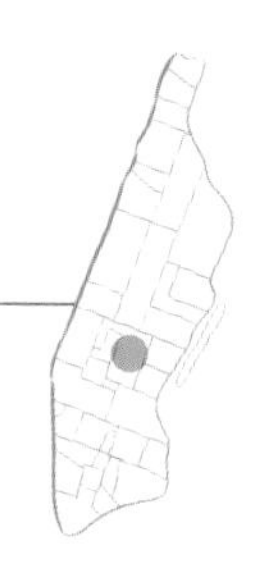

내가 찾아낸 좋은 방법은 택시를 잡아타고 티파니로 가는 거예요. 거기서 저는 대번에 편안해져요. 그 조용하고 오만한 모습. 그런 데선 아주 나쁜 일은 아무것도 일어나지 않을 거예요. 그처럼 멋진 수트를 걸친 남자들, 은 제품과 악어 지갑의 사랑스러운 냄새가 나는 곳에선 말이죠. 만약 나를 티파니에서처럼 편안하게 만들어주는 장소를 현실에서 찾을 수 있다면, 그때 가서 가구도 사고 고양이에게 이름도 붙여주려고 해요.

소설 《티파니에서 아침을Breakfast at Tiffany's》 중에서, 홀리 골라이틀리의 대사

이른 아침 5가에는 뭔가 마술적인 분위기가 있다. 텅 빈 고요함. 보랏빛으로 동트는 새벽을 배경으로 가로등 불빛이 흐릿해져가는 망각의 순간. 9월 초의 아침, 택시 한 대가 5가를 달려와 57가 모퉁이에 멈추어 선다. 문이 열리고 젊은 여자가 내린다. 그녀는 등이 파인 이브닝드레스를 입고, 손에는 지갑과 종이봉투를 들었다. 차에서 내린 그녀는 길모퉁이에 위압적으로 자리 잡은 상점으로 다가간다. 보석상 티파니Tiffany다. 그녀는 종이봉투에서 커피와 데니쉬 페이스트리Danish pastry를 꺼낸다. 그녀는 빵을 베어 물고 커피를 조금씩 마시며 티파니의 쇼윈도를 구경한다. 뒷모습만 보이던 그녀의 선글라스를 낀 얼굴이 쇼윈도에 비친다. 천천히 걸으며 쇼윈도를 구경하면서 식사를 마친 그녀가 빈 종이컵과 봉투를 휴지통에 버린다. 그녀는 날씬한 뒷모습을 보이며 57가의 동쪽으로 총총히 걸어간다. 헨리 맨시니Henry Mancini가 작곡한 〈Moon River〉의 현악 연주가 흐른다.

〈티파니에서 아침을〉의 시나리오는 이렇게 시작한다. 맨해튼 미드타운을 짧은 글로 소개하려는 시도는 무모하다. 하지만 꼭 해야 한다면, 오드리 헵번이 선글라스를 끼고 보석상 앞을 서성이는 이 영화의 도입부에서 시작하는 것이 가장 적절해 보인다. 〈티파니에서 아침을〉은 트루먼 카포티Truman Capote가 1958년 발표한 동명의 소설을, 〈Pink Panther〉 시리즈로 유명한 블레이크 에드워즈Blake Edwards 감독이 영화로 만든 1961년 작품이다. 가출한 시골뜨기 주부 룰라 메이는 홀리 골라이틀리라는 묘한 이름으로 개명하고 뉴욕으로 건너온다. 밤마다 맨해튼 사교계를 주름잡으면서 귀여운 거짓말을 일삼는 홀리는 할리우드 영화에 등장하는 가장 흥미로운 캐릭터 중 하나다.

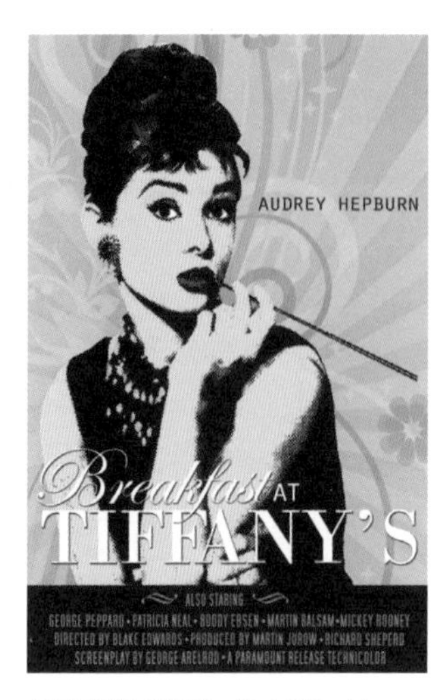

〈티파니에서 아침을Breakfast at Tiffany's〉
(1961)
★★★★ 감독 블레이크 에드워즈
출연 오드리 헵번(홀리 골라이틀리), 조지 페파드(폴 바작)

카포티의 원작에 등장하는 홀리는 영화에서보다 훨씬 더 당돌하고 활기찬 소녀인데, 이 역할을 오드리 헵번이 맡는 바람에 영화 속 홀리는 우아함까지 덧입은, 복제가 불가능한 특별한 캐릭터가 되었다. 덕분에 그녀를 가리켜 '가짜이긴 한데, 진짜배기 가짜'라고 말하는 할리우드 에이전트 버먼의 대사는 소설에서보다 영화 속에서 도리어 더 큰 핍진성을 획득한다. 끊임없이 남들의 관심을 받기 원하는 홀리의 허영심은 어쩌면 뉴욕 사교계를 주름잡던 카포티 자신의 것이었는지도 모른다. 카포티는 닐 사이먼이 쓴 〈Murder by Death〉라는 연극에 주인공으로 출연한 적도 있었다. 영화 〈Annie Hall〉에는 우디 앨런이 공원에서 지나가던 사람한테 "오, 저기 트루먼 카포티 닮은꼴대회 나가면 우승할 사람이 있네."라고 말하는 대목이 있는데, 그건 카메오로 출연한 카포티 자신이었다.

카포티는 《인 콜드 블러드In Cold Blood》라는 소설로 '논픽션 소설'이라는 장르를 연 인물이다. 그가 이 소설을 쓰기 위해 취재한 과정을 영화화한 〈카포티Capote〉에서는 유약하고 섬세한 카포티의 내면을 필립 세이모어 호프만이 연기했다. 2006년 영화 〈Infamous〉에서는 토비 존스Toby Jones가 카포티 역을 맡았다. 작고하신 소설가 최인호 선생께서는 생전에 나더러 "재능을 낭비하지 말고 논픽션 소설을 써보라."는 과람한 조언을 해주신 적이 있었다. 내 주제를 알기에 감히 실천은 못하지만 가슴속에 감사한 마음으로 품고 있는 한 자락 덕담이다. 논픽션 소설이라면 트루먼 카포티나 존 베런트John Berendt가 머릿속에 먼저 떠오르는데, 정해진 틀 밖으로 뛰쳐나가지 못하는 내 일상을 재료로 삼아가지고서야 선생의 조언을 실천할 길이 있을까 싶다.

티파니가 있는 5가는 맨해튼 전체의 척추와 같은 거리다. 뉴욕을 좀 안다는 사람들끼리는 다른 도시에 가서도 '이 도시의 5가는 어디냐?'고 묻곤 한다. 물론 그렇다고 5가에서만 영화를 찍는 건 아니다. 1954년 9월 15일, 51가와 52가 사이의 렉싱턴 가만큼 취재 열기가 뜨거웠던 촬영 현장은 전무후무했다. 마릴린 먼로가 출연하는 〈7년 만의 외출The Seven Year Itch〉을 촬영하는 곳이었다.

어리숙한 출판사 사장 리처드는 여름을 맞아 가족들을 교외의 피서지로 보내고 혼자 아파트 남아 공상에 젖는다. 아파트 위층에는 매력적인 배우 지망생이 사는데, 우연히 그녀를 집에 초대하게 된다. 그녀는 아무 사심이 없거늘 그는 혼자서 그녀가 자신의 치명적인 매력에 빠졌다는 공상을 한다. 그는 그녀를 데리고 극장에 가서 〈The Creature from the Black Lagoon〉이라는 공포 영화를 본다. 영화가 끝난 뒤, 하얀 드레스를 입은 그녀가 극장 앞 지하철 통풍구에서 불어오는 바람에 치맛자락을 휘날린다.

"오오. 지하철에서 불어오는 바람이 느껴지세요? 달콤하지 않아요(Isn't it delicious)?"

영화를 못 본 사람은 있어도, 이 사진을 못 본 사람은 없을 것이다. 이 장면은 20세기를 상징하는 영원한 기표들 중 하나가 되었다.

그녀는 빵을 베어 물고 커피를 조금씩 마시며
티파니의 쇼윈도를 구경한다. 뒷모습만 보이던
그녀의 선글라스를 낀 얼굴이 쇼윈도에 비친다.
그녀는 날씬한 뒷모습을 보이며 57가의 동쪽으로
총총히 걸어간다. 헨리 맨시니가 작곡한 〈Moon
River〉의 현악 연주가 흐른다.

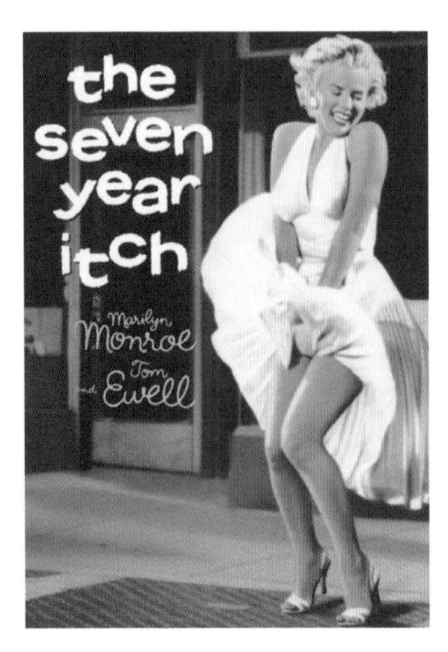

〈7년 만의 외출The Seven Year Itch〉(1955)
★★★ 감독 빌리 와일더
출연 마릴린 먼로, 톰 이웰

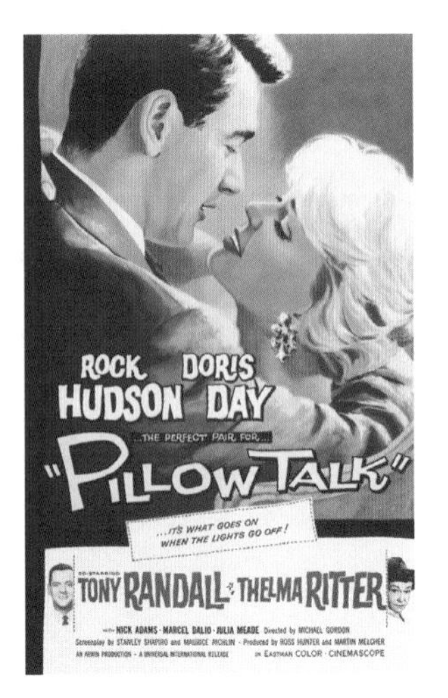

〈Pillow Talk〉(1959)
★★ 감독 마이클 고든
출연 록 허드슨(브래드), 도리스 데이(잰),
토니 랜들(조나단)

렉싱턴 가에서의 촬영은 새벽 1시부터 세 시간 동안 이루어졌다. 먼로는 고생스럽게 열연을 펼쳤는데, 미리 연락을 받은 기자들과 구경꾼들이 인산인해로 몰려들어 휘파람을 불며 환호를 해댔기 때문에 쓸 만한 음향을 건질 수가 없어 스튜디오에서 다시 촬영했다고 한다.

미드타운의 빌딩숲은 그 밖에도 수많은 영화의 배경이 되었다. 〈Pillow Talk〉에서 실내장식가 잰은 텍사스 출신의 자산가를 가장한 바람둥이 작곡가 브래드와 사랑에 빠진다. 그녀를 짝사랑하는 백만장자 조나단은 록펠러 플라자Rockefeller Plaza 45번지 고층 건물의 사무실에서 아래쪽 5가를 가리키며 이렇게 하소연한다. 뉴욕 주민의 신경병적인 자존심은 우디 앨런만의 전유물이 아닌 게 확실하다.

"잰, 그 녀석이랑 결혼하면 텍사스에 가서 살아야 할 거에요. 저 아래를 봐요. 뉴욕을! 사람들이 살아보겠다고 서로 부대끼고 떠밀며 투쟁하며 부산을 떨고 있어요. 당신이 있을 곳은 여기에요. 텍사스엔 프레리도그prairie dogs 같은 거밖에 없어요. 공기도 그냥 공기일 뿐이죠. 뉴욕의 공기에는 열중할 수 있는 뭔가가 있어요. 캐릭터가 있는 거죠. 당신은 텍사스에서 못 살아요."

6가 1221번지 맥그로힐 빌딩McGraw-Hill Building은 〈악마는 프라다를 입는다Devil Wears Prada〉의 주인공 안드레아가 까칠하기로 소문난 편집장 미란다의 비서로 일하던 '런웨이 메거진' 건물이었다. 영화에서 이 건물은 직업적 성공을 원하는 모든 사람을 무자비한 경쟁 속에 몰아넣는 체제와 제도를 상징하는 위압적인 구조물이었다. '살아보겠다고 서로 부대끼고 떠밀며 투쟁하며 부산을 떠는' 사람들의 놀이터. 이 영화는 이렇게 치열한 경쟁을 먼발치에서 비난하기보다는 그것을 따뜻하게 품는다. 철없는 젊은이들은 세상을 멋진 것과 시시한 것으로 함부로 나누지만, 종목을 불문하고 프로페셔널의 세계는 간단치 않다. '밥 벌어먹는 일'의 위대함을 깨달을 때 우리는 어른이 된다.

매디슨 가Madison Ave 211번지에 삐죽이 솟은 건물은 〈슬리버Sliver〉에 등장했다. 이 영화 탓인지, 현대적 외관을 벽돌로 감싼 이 건물은 어딘가 음흉한 속내를 감춘 은둔형 외톨이 같은 느낌을 준다. 이 아파트로 이사 온 칼리는 직전 입주자가 투신자살을 했고 자신과 외모가 비슷하다는 불길한 이야기를 듣는다. 그녀가 호감을 품는 이 건물의 주인 지크는 모든 아파트에 카메라를 설치하고 주민들의 일상을 도촬하는 음흉한 변태다. 같은 아파트에 사는 수더분한 이웃 잭도 칼리에게 접근해온다. 누가 더 악당일까? 별로 상관없어 보인다. 손에 땀을 쥐는 추리보다 한 해 전 〈원초적 본능Basic Instinct〉으로 상종

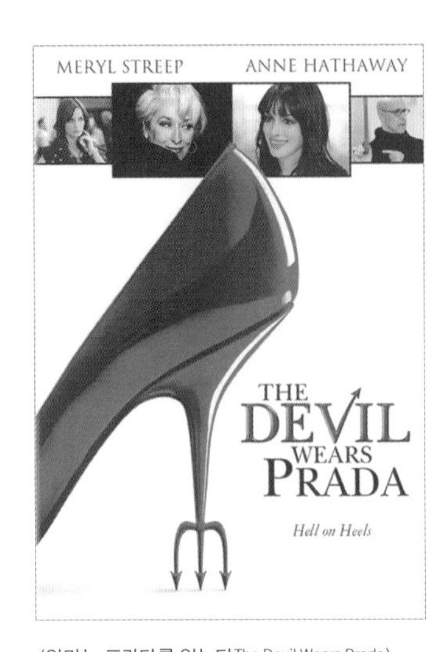

〈악마는 프라다를 입는다The Devil Wears Prada〉(2006)
★★★★ 감독 데이빗 프랭클
출연 메릴 스트립(미란다), 앤 해서웨이(안드레아)

〈슬리버Sliver〉(1993)
★★ 감독 필립 노이스
출연 샤론 스톤(칼리), 윌리엄 볼드윈 (지크), 톰 베린저(잭)

가를 누린 샤론 스톤Sharon Stone을 관음증의 대상으로 만드는 데 더 골몰한 영화이기 때문이다.

자주 은막에 등장하는 건물로는 파크 가 375번지 시그램 빌딩Seagram Building을 꼽을 수 있다. 38층짜리 검은 직육면체의 이 차갑고 웅장한 건물은 일체의 불필요한 장식물을 생략한 모습으로 기능주의적인 아름다움을 뽐낸다. 이 건물의 안팎을 가장 친절하게 소개한 영화는 〈The Best of Everything〉이었다. 관객은 '일, 환경, 급여, 동료, 모든 면에서 최고를 보장한다.'는 구인 광고를 보고 출판사에 취직한 캐롤린의 시점에서, 이 영화 개봉 한 해 전인 1958년에 완공된 낯선 건물의 내부를 구경한다. 〈워킹 걸〉의 1950년대 버전이라고 할 수 있는 영화인데, 아무렇지 않게 난무하는 여성 비하와 성추행을 보면 불

〈The Best of Everything〉(1959)
★★ 감독 진 네글레스코
출연 호프 레인지(캐롤린), 스티븐 보이드 (마이크)

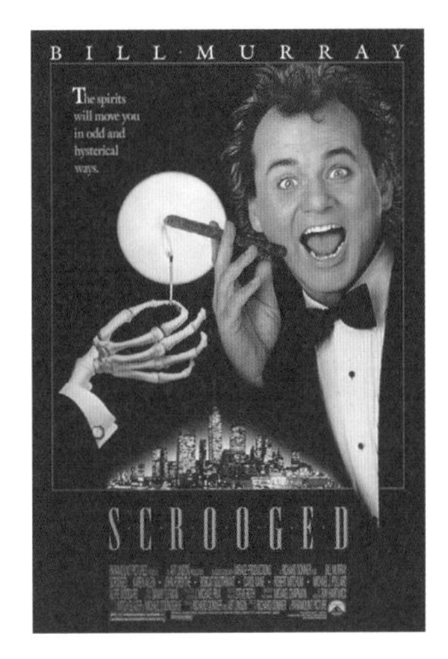

〈Scrooged〉(1988)
★★ 감독 리처드 도너
출연 빌 머레이(프랭크), 카렌 알렌 (클레어)

과 60년 정도 만에 그래도 세상이 많이 달라졌구나 싶다.

시그램 빌딩은 빌 머레이Bill Murray가 현대판 스크루지로 등장하는 〈Scrooged〉에서 구두쇠 방송사 사장 프랭크의 사무실로 등장했고, 〈크리스마스 캐롤〉의 또 다른 번안물인 〈패밀리 맨The Family Man〉에서도 사랑도 가족도 포기한 채 투자회사를 운영하는 독신 사업가 잭의 사무실로 사용되었다. 잭은 어느 날 잠에서 깨어 자기가 뉴저지에서 타이어 판매원으로 일하고 있는 낯선 현실 속에 있음을 발견한다. 화들짝 놀란 그가 차를 몰고 시그램 빌딩으로 찾아가지만 경비원은 그를 알아보지 못한다.

〈Mr. 히치-당신을 위한 데이트 코치〉에서는 전문 연애상담사 히치가 매사에 서툰 투자회사 직원 알버트의 의뢰를 받아 그의 고객인

저 아래를 봐요. 뉴욕을! 사람들이 살아보겠다고 서로 부대끼고 떠밀며 투쟁하며 부산을 떨고 있어요. 당신이 있을 곳은 여기에요.

성 바톨로뮤 교회에서
거행된 미국 부통령
장례식에 참석한 러시아
대통령이 암살 음모의
표적이 되었다. 솔트의
대담한 공격으로 교회가
마구 부서지던 장면은
디지털 특수 효과의
몫이었으니 염려하지
않으셔도 된다.

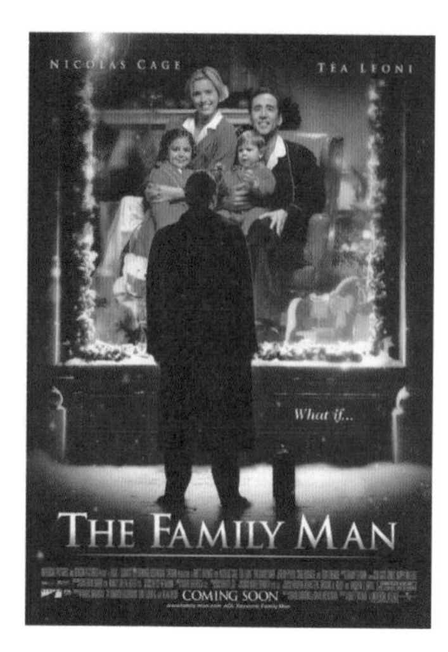

〈패밀리 맨The Family Man〉(2000)
★★★ 감독 브렛 래트너
출연 니콜라스 케이지(잭), 테아 레오니(케이트)

〈Beneath the Planet of the Apes〉(1970)
★★★ 감독 테드 포스트
출연 제임스 프란시스커스, 킴 헌터, 모리스 에반스

갑부 상속녀 알레그라 콜과의 연애를 성사시켜주는데, 알레그라가 방문하는 알버트의 회사 건물이 시그램 빌딩이었다. 이 딱딱한 건물과 검은 양복을 입고 거기 근무하는 사람들은 실수투성이 알버트와 대비를 이루어 그의 귀여운 매력을 배가시켜주는 역할을 한다.

미드타운에서 미술관으로는 웨스트 53가 11번지의 현대미술관Museum of Modern Art이 독보적인 우위를 차지하고 있다. 1929년에 설립된 이 미술관은 금요일 오후 4시 이후에는 입장이 무료다. 〈컨트롤러〉에서 등장인물들이 쫓고 쫓기던 공간으로 등장한 적이 있었다.

미드타운에는 교회들도 많다. 가장 큰 존재감을 발휘하는 것은 1878년 완공된 성 패트릭 성당St. Patrick's Cathedral이다. 록펠러센터 맞은편의 이 성당은 〈Beneath the Planet of the Apes〉에서 유인원들이 지상을 점령하는 동안 핵전쟁에서 살아남은 인간들이 핵무기를 신으로 숭배하는 지하 시설로 등장했다. 〈대부 3〉에서는 마이클 콜레오네가 길데이 대주교를 이 성당에서 은밀히 만났다. 여기서 마이클은 대주교를 협박해 유럽 부동산 회사의 지분을 주겠다는 승낙을 받지만 뛰는 놈 위에 나는 놈 있다더니, 그는 교황청과 연관된 권력 집단에 거금을 갈취당한다.

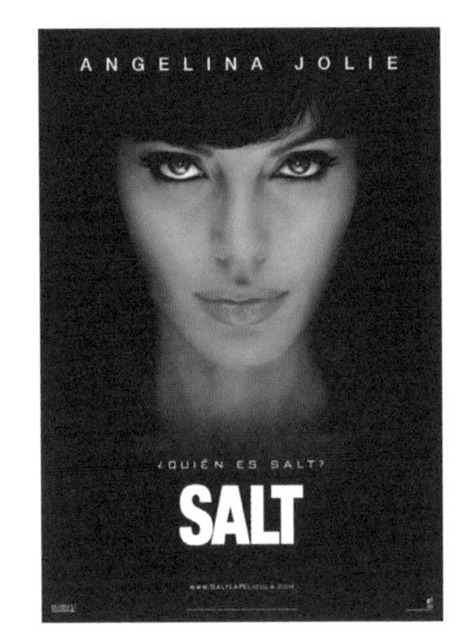

〈솔트Salt〉(2010)
★★★ 감독 필립 노이스
출연 안젤리나 졸리(에블린 솔트)

파크 가 325번지의 성 바돌로뮤 교회St. Bartholomew's Episcopal Church에서는 〈Arthur〉의 주인공 아더의 결혼식이 열렸고, 〈솔트Salt〉에서는 이곳에서 거행된 미국 부통령 장례식에 참석한 러시아 대통령이 암살 음모의 표적이 되었다. 솔트의 대담한 공격으로 교회가 마구 부서지던 장면은 디지털 특수 효과의 몫이었으니 염려하지 않으셔도 된다.

미드타운 이스트 Midtown East

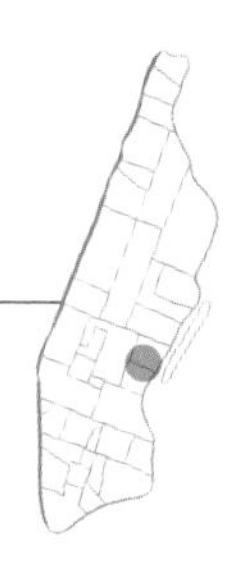

뉴욕은 다양한 문화와 전통의 용광로로서 유엔과 유사한 방식으로 영감을 준다. 뉴욕을 가리켜 '잠들지 않는 도시'라고들 하는데, 유엔이야말로 24시간 세계의 모든 구석에서 쉬지 않고 일하고 있다.

반기문 전 유엔 사무총장

미드타운 이스트 지역은 미드타운 터널Midtown Tunnel과 연결되는 42가를 중심으로 남쪽의 머레이 힐과 북쪽의 터틀 베이Turtle Bay로 나뉜다. 강변에는 유엔 본부가 있고, 그 너머에는 언제나 정체 현상이 벌어지는 강변도로FDR Drive가 있다. 이 구역에서 가장 자주 영화의 배경이 된 곳은 42가 주변이다. 파크 가를 중간에 떡하니 가로막고 있는 그랜드 센트럴 역Grand Central Terminal과 메트라이프 빌딩MetLife Building이 반복적인 격자 도로에 파격을 주고 있기 때문이다.

그랜드 센트럴 역을 우회하는 파크 가 고가도로는 〈어벤져스The Avengers〉에서 난장판이 된 적이 있었다. 악당 로키가 지구를 지배하겠다며 외계인 무리를 이끌고 쳐들어와 이 거리를 중심으로 어벤져스 영웅들과 전쟁을 벌였다. 아이언맨의 본부인 스타크 빌딩은 메트라이프 빌딩과 유사한 위치에 특수 효과로 만든 건물이다. 42가와 메디슨가 교차점에 있던 〈판타스틱 4Fantastic 4〉의 본부 백스터 빌딩도 마찬가지다.

그러고 보니 크리스 에반스Chris Evans는 이 두 영화에 다 출연했다. 크리스 에반스 얘기가 나왔으니 말인데, 〈캡틴 아메리카: 시빌 워Captain America: Civil War〉는 정치학적으로도 흥미롭다. 유엔은 어벤져스를 통제할 새로운 기구를 설립하고, 초능력자들은 정치적 통제를 받아들일 것인지 여부를 두고 편이 갈려 전쟁을 벌인다. 캐릭터의 성격상 아이언맨은 타인의 속박을 싫어하고, 캡틴 아메리카는 조직의 명령에 무조건 복종하는 스타일이다. 그런데 이 영화에서는 둘의 역할이 바뀌어, 아이언맨은 협정을 찬성하고 캡틴 아메리카는 반대한다. 캡틴은 정치 느와르 장르에 해당하는 〈캡틴 아메리카: 윈터 솔져Captain America: The Winter Soldier〉를 통해 조직과 제도가 얼마나 사악한 장

〈어벤져스The Avengers〉(2012)
★★★ 감독 조스 웨던
출연 로버트 다우니 주니어(아이언 맨), 톰 히들스턴(로키), 크리스 에반스(캡틴 아메리카)

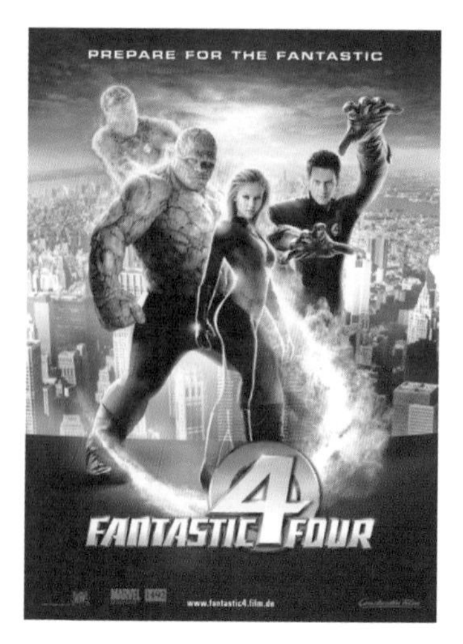

〈판타스틱 4Fantastic 4〉(2005)
★★ 감독 팀 스토리
출연 이안 그루퍼드(리드 리차드), 제시카 알바 (수스톰), 크리스 에반스(쟈니 스톰)

치로 변질될 수 있는지를 배웠고, 거꾸로 아이언맨은 〈어벤져스: 에이지 오브 울트론The Avengers: Age of Ultron〉에서 자신이 멋대로 만든 첨단 장비가 의도와 달리 큰 재앙을 초래할 수 있음을 경험했기 때문이다.

두 사람의 정치철학이 성장한 셈인데, 이들의 싸움은 자유를 지키는 주체가 국가냐, 개인이냐를 둘러싼 유구한 논쟁에 뿌리를 두고 있다. 미국에서 총기 규제가 성공하지 못하는 근본적인 이유도 미국의 총기 관련 제도가 국가에 대한 불신에 뿌리를 두고 있기 때문이다. 인간이 존재하는 한 이 논란은 끝이 나지 않을 것이다. 그리고 영화 속에서 뉴욕은 거대 조직에 의해, 때로는 사악한 개인에 의해 (때로는 정치철학과 무관한 외계인이나 괴물에 의해) 계속 위협받고 파괴될 것이다.

터틀 베이는 유엔 본부를 중심으로 각국의 대표부가 밀집해 있는 외교가다. 이 구역의 유동 인구는 맨해튼 전역에서 가장 다양한 국적을 가지고 있을 것이다. 그래서 터틀 베이의 분위기는 전형적인 또는 평균적인 뉴욕의 분위기와는 가장 거리가 멀다. 유엔 본부의 입구에서는 그 무언가를 반대하거나 지지하는 크고 작은 시위가 수시로 벌어지고, 빠른 걸음으로 회의장 안팎을 오가는 외교관들을 언제나 볼 수 있다.

대사관과 총영사관과 대표부가 어떻게 다르냐는 질문을 자주 받는다. 대사관은 비엔나 협약에서 '외교 공관diplomatic mission'으로 표현하는 기관으로, 주재국에서 본국을 대표하고 본국의 이익을 보호하기 위해 주재국과 협상을 하는 기관이다. 그러니까 대사관은 주재국의 수도 한 곳에만 개설한다. 총영사관은 별도의 비엔나 협약에서 '영사 사무소consular post'라고 표현하는 기관으로, 주재국에 있는 자국민을 국제법 범위 내에서 보호하는 기관이다. 그러니까 자국민이 많이 살고 있는 지역이라면 수도가 아니라도 복수의 총영사관이 있을 수 있다. '대표부'라는 명칭은 우리나라의 경우, 국제기구에서 나라를 대표하도록 설치되는 외교 공관에도 사용하고, 미수교국에 설치되는 사무소에도 사용하고 있다.

각국의 주유엔 대표부Permanent Mission to the United Nations는 유엔 본부 안에 있는 게 아니라 맨해튼 시내 각지에 산재해 있다. 대한민국 주유엔 대표부는 유엔 본부에 가까운 45가 335번지에 있다. 현재 유엔 회원국은 193개인데, 대한민국은 161번째로 유엔에 가입한 지각생이다. 가입이 늦어진 것은 냉전 기간 중 양 진영이 남한과 북한의 가입 시점과 형식에 관한 합의점을 찾지 못했기 때문이다. 한국전쟁이 국제적 냉전의 출발을 알리는 총성과도 같았다면, 남북한의 유엔 동시

가입은 세계가 탈냉전의 시대로 접어들었음을 알리는 징표가 되었다. 그럼에도 한반도의 분단 모순은 해소되지 않았다는 게 문제지만.

〈북북서로 진로를 돌려라North by Northwest〉처럼 유엔 방문객 구역을 화면에 담는다든지, 〈나이트호크Nighthawks〉처럼 테러리스트가 유엔 앞에서 얼쩡거린다든지, 〈독재자The Dictator〉처럼 유엔 정문 앞에서 시위를 한다든지, 또는 〈We'll Take Manhattan〉처럼 유엔 담장에 기대어 사진을 촬영한다든지 하는 영화들은 있지만, 실제 유엔 본부 구석구석을 배경으로 삼은 영화는 지금까지 〈인터프리터The Interpreter〉 한 편밖에 없다. 시드니 폴락Sydney Pollack 감독이 당시 코피 아난Kofi Annan 사무총장에게 열성적으로 부탁해 특별히 허락을 받아낸 덕분이다. 일부 유엔 직원들도 엑스트라로 출연을 했다. 출연을 희망한 대사들도 있었지만 성사되지 않았다. 당시 스페인 대사는 "바보 같은 규정 때문에 내년 오스카상 받을 기회를 놓쳤다."고 농담을 했다 한다.

유엔의 통역사 실비아는 마토보라는 가상의 아프리카 국가 출신이다. 쿠Ku라고 불리는 이 나라의 언어는 언어학자를 동원해 반투족 언어를 기반으로 만든 가상의 언어다. 영화의 정황상 마토보 공화국은 짐바브웨를 연상시키고, 한때는 자유의 투사로 추앙되다가 폭압적인 독재자가 된 영화 속 주웨니 대통령은 1987년부터 30년 가까이 집권을 계속하고 있는 로버트 무가베Robert Mugabe 짐바브웨 대통령을 모델로 삼은 것으로 보인다. (짐바브웨에는 마토보 국립공원이 있다.) 그걸 증명이라도 하듯 짐바브웨 정부는 이 영화의 상영을 금지했다.

유엔 안보리가 주웨니 대통령을 국제형사재판소에 반인도 범죄로 기소를 추진하고 있는 가운데 주웨니 대통령은 자신의 결백을 주장하기 위해 유엔총회에 참석한다. 여기까지는 매우 개연성이 큰 이야

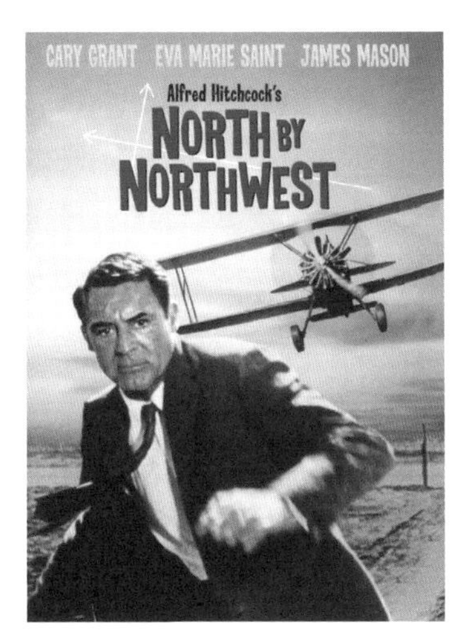

〈북북서로 진로를 돌려라North by Northwest〉(1959)
★★★ 감독 알프레드 히치콕
출연 캐리 그랜트, 에바 마리 세인트, 제임스 메이슨

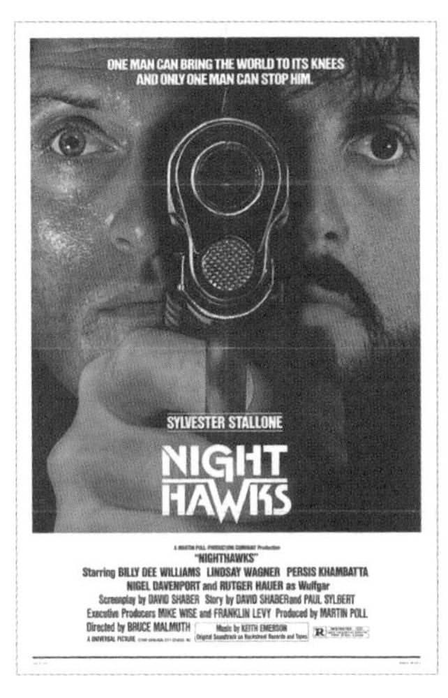

〈나이트호크Nighthawks〉(1981)
★★★ 감독 브루스 말라무스
출연 실베스터 스탤론, 룻거 하우어

〈독재자The Dictator〉(2012)
★★ 감독 래리 찰스
출연 사샤 바론 코헨(알라딘), 안나 페리스(조이), 벤 킹슬리(타미어)

〈We'll Take Manhattan〉(2012)
★★★ 감독 존 맥케이
출연 카렌 길런, 아뉴린 바나드

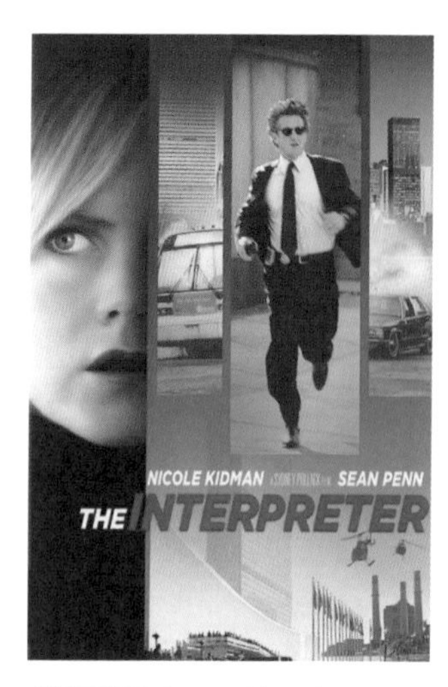

〈인터프리터The Interpreter〉(2005)
★★★ 감독 시드니 폴락
출연 니콜 키드먼(실비아 브룸), 숀 펜(토빈 켈러)

기다. 오마르 알바쉬르Omar al-Bashir 수단 대통령, 우후루 케냐타Uhuru Kenyatta 케냐 대통령, 무아마르 가타피Muammar Gaddafi 리비아 지도자 등이 아프리카의 현직 국가원수로서 국제형사재판소에 기소된 바 있기 때문이다. 최근에는 몇몇 아프리카 국가들이 형평성 문제를 제기하면서 국제형사재판소 설립 협정 탈퇴를 선언해서 국제사회의 걱정거리가 되고 있다.

그랜드 센트럴 인근의 메트라이프 빌딩은 1960년대에는 항공사 팬암의 건물Pan Am Building이었다. 스티븐 스필버그Steven Spielberg가 감독하고 레오나르도 디카프리오와 톰 행크스가 출연한 〈캐치 미 이프 유 캔Catch Me If You Can〉은 건물 전면에 팬암 로고가 붙어 있던 이 건물의 예전 모습을 재현했다. 디카프리오는 천재적인 사기꾼 프랭크 애버그낼리Frank Abagnale를 연기한다. 프랭크는 열다섯 살이던 1963년부터 체포당한 1969년까지 비행기 조종사, 의사, 변호사 등 여덟 가지 이상 직종의 전문가를 사칭한 실존 인물이다. 가짜 조종사 신분증으로 250회 이상 100만 마일 이상을 비행했다니 기가 막힐 노릇이다. 팬암 파일럿 제복을 입은 청년 디카프리오는 매력 덩어리였다. 세상에서 가장 매력적인 인간들은 아마 스타와 사기꾼일 텐데, 이 영화에서 디카프리오는 둘 다였다. 팬암 건물의 로고가 메트라이프로 바뀐

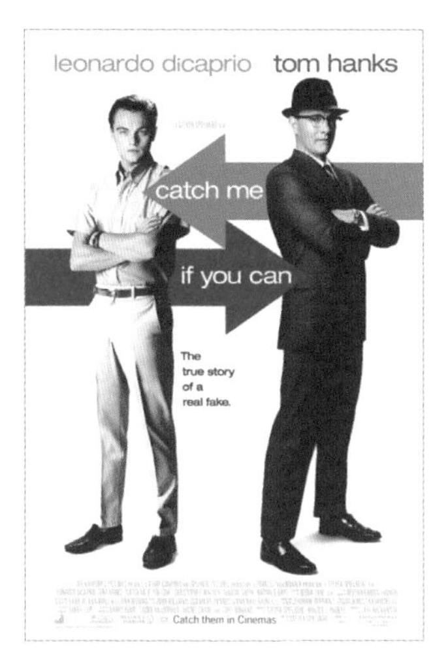

〈캐치 미 이프 유 캔Catch Me If You Can〉(2002)
★★★ 감독 스티븐 스필버그
출연 레오나르도 디카프리오(프랭크), 톰 행크스(칼)

〈미스터 & 미세스 스미스Mr. & Mrs. Smith〉(2005)
★★★ 감독 더그 라이만
출연 브래드 피트(존 스미스), 안젤리나 졸리(제인 스미스)

것은 1992년이었다. 1998년의 〈고질라〉에서는 파크 가를 따라 북상하던 고질라가 앞을 가로막은 건물이 거치적거렸던지 메트라이프 빌딩에 구멍을 뻥 뚫고 지나간 흔적이 등장한다. 파크 가를 매번 우회해야 했던 뉴욕 주민들은 고질라의 심정을 잘 이해했을지도 모르겠다.

이스트 40가와 1가 교차로에 있는 튜더 시티Tudor City의 아파트는 〈스파이더맨〉 1편과 3편에서 그린 고블린의 저택이었고, 렉싱턴 가 570번지 제너럴 일렉트릭 빌딩은 〈미스터 & 미세스 스미스Mr. & Mrs. Smith〉에서 제인이 근무하던 첩보 조직의 사무실로 등장했다. 존이 침입해 들어오자 여성 요원들이 일제히 건너편 빌딩으로 줄을 타고 도주하던 그 건물이다.

파크 가 101번지의 49층짜리 사무실 건물도 여러 영화에 등장했

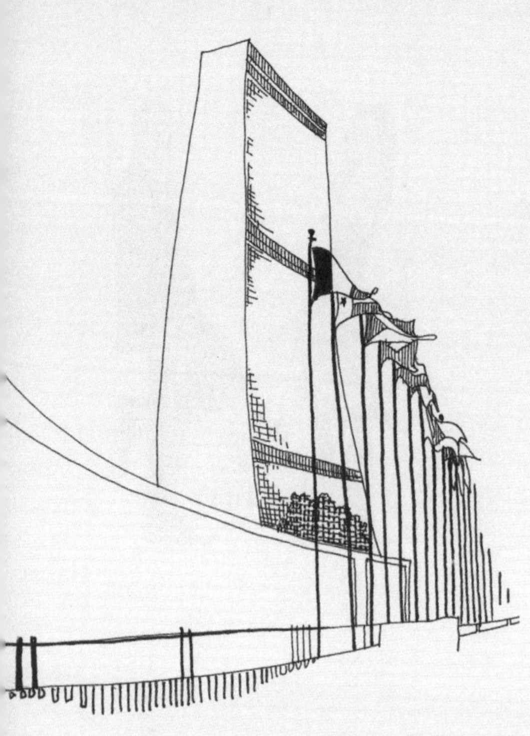

유엔 본부의 입구에서는 그
무언가를 반대하거나 지지하는
크고 작은 시위가 수시로
벌어지고, 빠른 걸음으로
회의장 안팎을 오가는
외교관들을 언제나 볼 수 있다.

미드타운 이스트에서 촬영한 가장
유명한 영화 장면은 〈Manhattan〉의
포스터로 남았다. 아이삭과 매리는
밤새 데이트를 즐기다가 58가
강변의 벤치에 앉아 동이 트는
퀸스보로 브리지를 바라본다.

보험회사 조사원과 그림 도둑의 아슬아슬한 로맨스를
그린 〈엔트랩먼트〉의 도입부에서는 복면을 쓴
누군가가 이 101번지 건물의 옥상에서 줄을 타고
내려와 렘브란트 그림을 훔친다.

〈나의 성공의 비밀The Secret of My Success〉(1987)
★★★ 감독 허버트 로스
출연 마이클 J. 폭스(브랜틀리), 헬렌 슬레이터(크리스티)

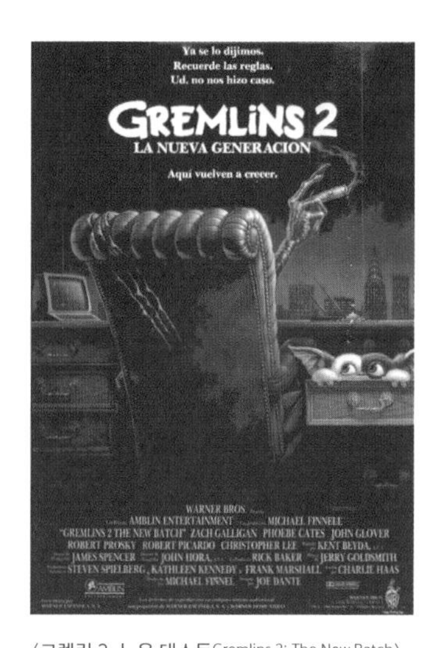

〈그렘린 2-뉴욕 대소동Gremlins 2: The New Batch〉(1990)
★ 감독 죠 단테
출연 자크 걸리건(빌리), 피비 케이츠(케이트)

다. 주변을 압도하는 늘씬하고 현대적인 건물의 자태와 도로를 대각선으로 바라보는 멋들어진 입구 덕분일 것이다. 〈나의 성공의 비밀The Secret of My Success〉에서는 캔자스에서 온 야심만만한 청년 브랜틀리가 숙부의 회사 사환으로 취직해 간부 행세를 하면서 엘리베이터 안에서 노상 바삐 옷을 갈아입던 펨로즈 사의 사옥이었고, 〈그렘린 2-뉴욕 대소동Gremlins 2: The New Batch〉에서는 그렘린이라는 괴물들이 쑥대밭으로 만들어버린 최첨단 건물 클램프 타워였다. 보험회사 조사원과 그림 도둑의 아슬아슬한 로맨스를 그린 〈엔트랩먼트Entrapment〉의 도입부에서는 복면을 쓴 누군가가 이 101번지 건물의 옥상에서 줄을 타고 내려와 렘브란트 그림을 훔친다. 〈폴리와 함께Along Came Polly〉에서 이 건물은 주인공 루벤이 근무하는 보험회사 사무실로 변신했다가,

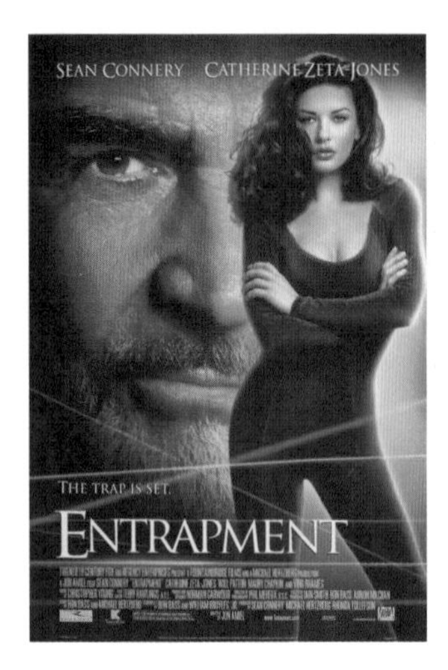

〈엔트랩먼트Entrapment〉(1999)
★★★ 감독 존 아미엘
출연 숀 코네리(로버트 맥두걸), 캐더린 제타-존스(진 베이커)

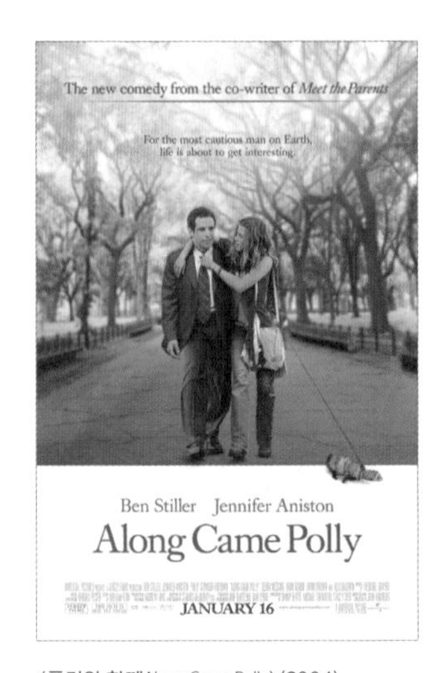

〈폴리와 함께Along Came Polly〉(2004)
★★ 감독 존 햄버그
출연 벤 스틸러(루벤 페퍼), 제니퍼 애니스턴(폴리 프린스)

〈New Year's Eve〉에서는 격무에 시달리던 잉그리드가 섣달 그믐날 사표를 던지는 레코딩 회사 건물이 되었다. 〈프렌즈 위드 베네핏Friends with Benefits〉에서는 헤드헌터 제이미가 디자이너 딜런을 자기만의 비밀 휴식 장소인 건물 옥상으로 데려간다. 휴대폰이 터지지 않아 뉴욕에서 가장 조용한 장소라던 그곳이 바로 이 건물 옥상이었다.

미드타운 이스트에서 촬영한 가장 유명한 영화 장면은 〈Manhattan〉의 포스터로 남았다. 아이삭과 메리는 밤새 데이트를 즐기다가 58가 강변의 벤치에 앉아 동이 트는 퀸스보로 브리지Queensboro Bridge를 바라본다. 크리스마스 장식 같은 한 줄의 조명이 다리를 밝히고 있다. 이 흑백영화의 기념비적인 장면은 1978년 8월 14일 새벽 4시경에 아무런 추가 조명 없이 촬영되었다. 원래는 다리의 조명을 끌 시간이지만

〈프렌즈 위드 베네핏Friends with Benefit〉(2011)
★★★ 감독 윌 글럭
출연 저스틴 팀버레이크(딜런), 밀라 쿠니스(제이미)

제작팀이 특별히 부탁해서 촬영이 마무리될 때까지 켜둔 것이라고 한다. 이 장면을 재현하러 새벽 4시에 58가 강변을 찾아갈 필요는 없다는 뜻이다.

(현악으로 연주되는 〈Someone to Watch Over Me〉가 우아하게 흐른다.)

메리: 아름답지 않아요, 아이크?

아이작: 정말 예쁘죠. 동이 터오는 무렵.

메리: 난 이 풍경이 너무 좋아요.

아이작: 그 누가 뭐래도 여긴 정말 대단한 도시에요. 정말이지, 쓰러질 지경knockout이에요.

어퍼 이스트사이드 *Upper East Side*

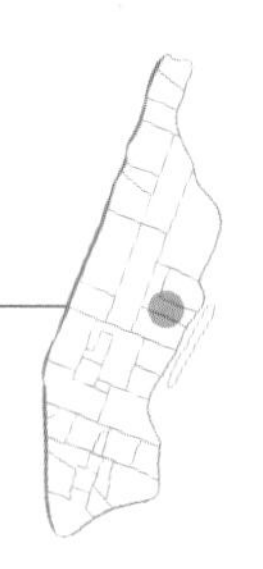

나는 업타운 여자와 사랑에 빠졌네.
나는 그녀를 그녀의 업타운 세상에서 보았네.
그녀는 자신의 고급 장난감에 싫증이 났고
업타운 사내들이 건네준 모든 선물에도 싫증이 났네.

빌리 조엘Billy Joel의 노래 〈Uptown Girl〉 가사 중에서

59가는 맨해튼 서쪽에서 콜럼버스 서클이라는 대형 로터리와 겹치고, 센트럴파크의 앞길이 되었다가 동쪽에서는 맨해튼을 벗어나는 퀸스 보로 브리지로 이어진다. 미드타운 쪽에서 이 도로를 북쪽으로 건너면, 맨해튼 업타운으로 진입한다. 맨해튼에서 다운타운은 보통 로워 맨해튼을 가리키고, 업타운이라고 하면 59가와 96가 사이를 말한다. 언뜻 보면 지도상의 북쪽을 의미하는 것처럼 보이지만 꼭 그런 건 아니다. 빌리 조엘의 노래 〈Uptown Girl〉에서 보듯이, 업타운은 부유한 주거 지역을 의미하는 일반명사로 사용되기 때문이다. 그러니까 맨해튼에서는 부자들의 저택이 즐비한 어퍼 웨스트사이드Upper West Side와, 우리가 지금 들어선 이곳 어퍼 이스트사이드가 업타운에 해당한다.

이 구역의 동쪽 끝에서 퀸스 쪽을 바라보면 저만치 이스트 강 복판에 루스벨트 섬Roosevelt Island이 보인다. 1920년대 이래 병원이 많은 지역으로 유명했던 루스벨트 섬은 뉴욕 시가 소유하고 있고, 섬 안의 주거지는 대부분 쇠락한 임대 아파트들이다. 북한 외교관들이 이 섬에 거주하는 것으로 알려져 있다. 2000년대 이후 재개발의 물결은 이 섬에도 미치고 있지만 루스벨트 섬이 밝은 분위기로 등장하는 영화를 찾기는 어렵다. 이곳의 콜러골드워터 병원Coler-Goldwater Memorial Hospital은 〈엑소시스트The Exorcist〉에서 정신병원으로, 〈엑소시스트 2Exorcist II: The Heretic〉에서는 아동 병원으로 등장한다. 2002년의 일본 영화를 리메이크한 공포 영화 〈다크 워터Dark Water〉에서는 달리아가 이혼한 뒤 딸을 데리고 살면서 끔찍한 공포를 경험하는 아파트가 루스벨트 섬의 메인 가 이스트우드Eastwood, Main St 540번지 건물이었다.

하지만 강 이쪽 편 어퍼 이스트사이드의 분위기는 사뭇 다르다. 특히 센트럴파크 주변으로 부자들의 아파트가 즐비하다. 업타운 주

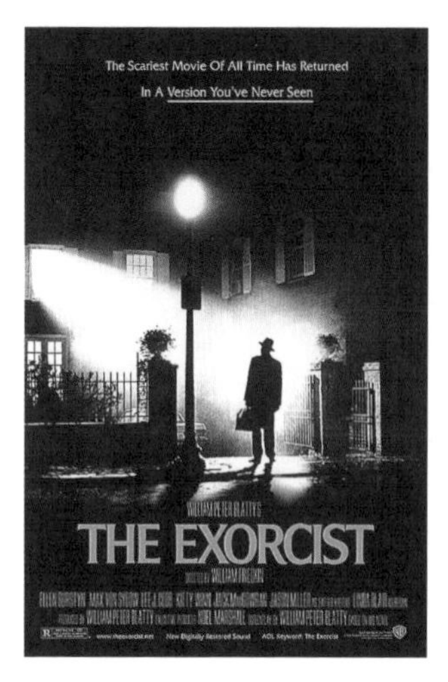

〈엑소시스트The Exorcist〉(1973)
★★★ 감독 윌리엄 프리드킨
출연 린다 블데어, 엘렌 버스틴, 막스 폰 시도우

〈엑소시스트 2The Exorcist II: The heretic〉(1977)
★★ 감독 존 부어만
출연 린다 블레어, 리차드 버튼, 막스 폰 시도우

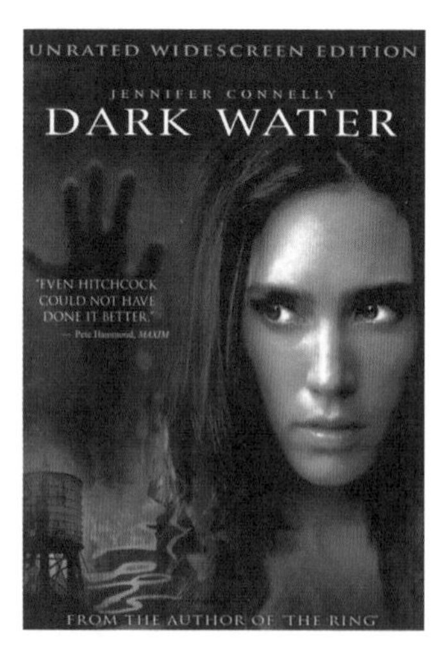

〈다크 워터Dark Water〉(2005)
★★ 감독 월터 셀러스
출연 제니퍼 코넬리(달리아)

〈위험한 연인Someone to Watch Over Me〉(1987)
★★★ 감독 리들리 스콧
출연 톰 베린저(마이크 키건 형사), 미미 로저스
(클레어 그레고리), 로레인 브라코(키건의 아내)

민들의 생활 패턴은 다른 곳과 다르다. 씀씀이의 스케일이 다르고, 노는 물이 다르고, 고민의 종류가 다르다. 발품만 팔아서는 얼른 알아채기 어려운 업타운의 속살을 우리는 영화 속에서 만나볼 수 있다. 다만, 시기심은 좌절이나 미움을 일으킬 수 있으니 조심하시길. 부러워하면 지는 거다.

리들리 스콧 감독의 로맨스 스릴러 〈위험한 연인Someone to Watch Over Me〉에서, 퀸스에서 단란한 가정을 꾸려가던 뉴욕경찰 키건은 살인 사건의 증인 클레어를 보호하기 위해 어퍼 이스트사이드로 파견된다. 이스트 62가 8번지 그녀의 아파트 내부는 어찌나 으리으리한지 파견 나온 형사들 눈이 휘둥그레진다. 고급 가구로 가득한 침실이며 거울이 달린 옷방을 형사들이 구경하는 동안, 증인의 남자 친구는 그들이 '바보 삼총사The Three Stooges' 같다고 비웃는다. 증인과 함께 며칠을 지내던 키건은 집에 와서 아내가 혼잣말처럼 상소리를 하자 말 좀 점잖게 하라고 핀잔을 준다. 경찰관 출신의 아내는 도대체 어디서 무슨 물이 들어온 거냐며 발끈한다.

"지난 16년 동안 내 말투가 이랬는데, 이제 갑자기 내가 상스러워 보이는 건가요?"

업타운 상류사회 사람들은 의외로 허술하고, 때로는 진짜 세상의 험한 파도 앞에 대책 없이 약점을 드러내기도 하는 모양이다. 실화를 바탕으로 만들어진 〈Six Degrees of Separation〉에서 어퍼 이스트사이드의 부자들은 시드니 포에티어 아들 행세를 하는 말주변 좋은 사기꾼 폴에게 너무도 어이없이 속아 넘어간다. 낯선 사람을 쉽게 믿고 집에 들이기까지 하는 그들의 순진함은 세상을 만만히 보는 자만심의 한 표현일 수도 있지만, 어쨌거나 부자들이 위악적으로 구는 것

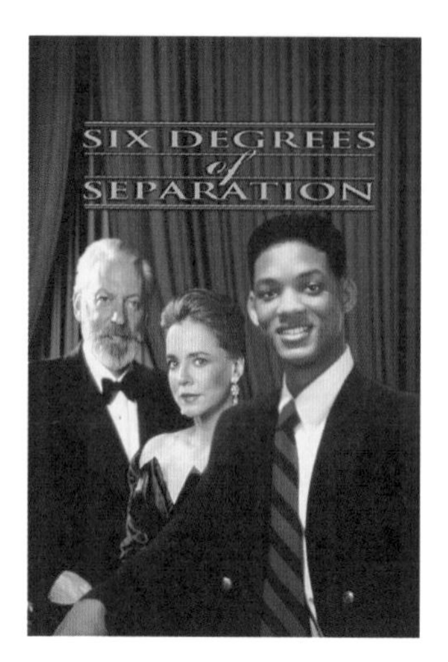

〈Six Degrees of Separation〉(1993)
★★★ 감독 프레드 쉐피시
출연 윌 스미스(폴), 도널드 서덜랜드(플랜),
스토카드 채닝(우이자)

〈에브리원 세즈 아이 러브 유Everyone Says I love You〉(1996)
★★★ 감독 우디 앨런
출연 드루 베리모어, 루카스 하스, 골디 혼

보다는 위선적으로 구는 편이 나머지 세상 사람들에게는 나은 일일 것이다.

어퍼 이스트사이드 가정의 초상화는 우디 앨런 감독의 뮤지컬 〈에브리원 세즈 아이 러브 유Everyone Says I Love You〉에도 유머러스하게 묘사되어 있다. 이복자매 로라와 레인은 이스트 92가의 '허세 가득한ritzy' 학교 나이팅게일Nightingale Bamford School에 다니고, 여름방학에는 메트로폴리탄 박물관에서 아르바이트를 한다. 이 집 아들은 느닷없이 공화당의 보수주의 노선을 지지하면서 아버지를 실망시키는데, 추수감사절 저녁을 먹고 쓰러져 병원에 갔다가 혈전이 있다는 진단을 받는다. 이 대목은 공화당 지지자들에 대한 앨런식 조롱이기도 하고, 대체로 진보적인 이 동네 주민들의 정치적 성향에 대한 솔직한 묘사이기도 하다.

의사: 스캔을 해보니 혈관 폐색 상태가 꽤 오래 진행되고 있었던 걸로 보입니다. 한 1년쯤 된 거 같은데. 만약 아드님이 그동안 뭔가 이상하거나 괴팍한 행동을 보였다면 그건 아마 뇌에 산소가 충분히 공급되지 않아서였을 겁니다.

하지만 앨런은 부유한 진보주의자들이 빠지는 가식적이고 자기모순적인 허영에 대해서도 자조 섞인 풍자를 잊지 않는다. 해마다 파리의 리츠 호텔에서 성탄절을 보내는 이 가족의 엄마는 재소자 인권 운동, 고래 보호 운동, 휘트니Whitney 박물관 모금 운동, 뉴욕필하모니 모금 음악회 등등 자선 운동으로 자기 시간을 다 쓴다. 그녀는 자기 생일 파티에 막 출소한 전과자를 데려오는데, 버젓이 약혼자가 있는 그 집 딸은 이자의 사탕발림에 넘어가 약혼자를 차버린다. 영화 제목처럼, 이 가족은 우연히 만난 상대와 잘도 사랑에 빠지고 또 쉽게 헤어지기도 한다.

어퍼 이스트사이드에서 벌어지는 가식적인 연애 장면을 가장 인상적으로 풍자한 것도 우디 앨런이다. 그가 천재성을 가장 신명나게 발휘한 〈Annie Hall〉은 작품상, 감독상, 극본상, 여우주연상 등 아카데미상 4개를 수상했다. 친구의 소개로 만나 68가 36번지 5층에 있는 애니 홀의 아파트로 온 앨비는 다음과 같은 대화를 나눈다. 괄호 안의 대사는 자막으로만 보이는 두 사람의 속마음이다.

앨비: 저 사진들은 직접 찍은 건가요?

〈Annie Hall〉(1977)
★★★★ 감독 우디 앨런
출연 우디 앨런 (앨비 싱어), 다이안 키튼(애니 홀)

애니: 네. 이것저것 장남삼아 해보고 있죠.(장난삼아 한다고? 내가 무슨 얘길 하는 거야? 얼간이 같이!)

앨비: 사진들이…… 사진들이 멋져요. 품격이 있군요.(당신은 외모가 썩 괜찮은 여자야.)

애니: 조만간 정식으로 사진 수업을 받아보려고 해요.(저이는 아마 나를 아둔하다고 생각할 거야.)

앨비: 사진은 흥미롭죠. 예술의 한 형태지만 미학적 기준이 아직 형성되지 않은 분야니까요.(이 여자가 나체일 때 모습은 어떨지 궁금하군.)

애니: 미학적 기준이요? 제 사진은 좋은가요, 별론가요?(나는 저 남자에 어울릴 만큼 똑똑하지 않아. 자, 진정하자.)

앨비: 사진에서는 매체가 예술 형식 그 자체의 조건으로 개입하지요.(내가 무슨 얘길 하는 건지 나도 모르겠네. 아마 나를 천박하다고 생각할 거야.)

애니: 제 생각엔…… 그러니까 전부 본능적인 거 같아요. 저는 그냥 느낌으로 찍으려고 해요. 감각으로 찍고, 생각은 되도록 많이 안 하는 편이에요.(제발, 저 남자도 딴 놈들처럼 알고 보면 엉터리는 아니었으면 좋겠는데.)

앨비: 그렇긴 해도 작품을 사회적 관점으로 이해할 수 있는 미학적 지침

언뜻 보면 지도상의 북쪽을 의미하는 것처럼 보이지만 꼭 그런 건 아니다. 빌리 조엘의 노래 〈Uptown Girl〉에서 보듯이, 업타운은 부유한 주거 지역을 의미하는 일반명사로 사용되기 때문이다.

은 필요하다고 봐요.(맙소사, 무슨 라디오방송 멘트 같군. 긴장하지 말자.)

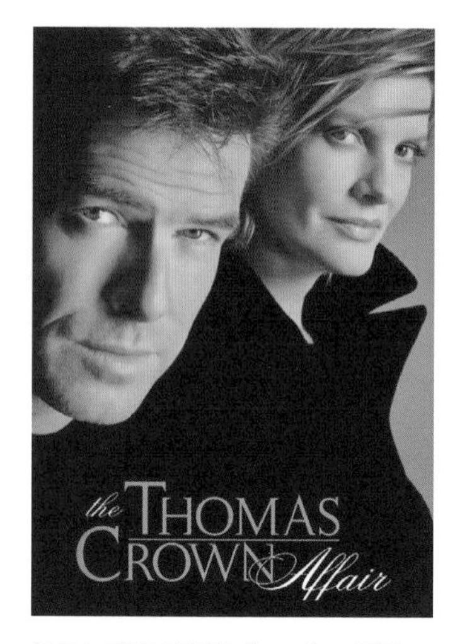

〈토마스 크라운 어페어The Thomas Crown Affair〉(1999)
★★★ 감독 존 맥티어난
출연 피어스 브로스넌, 르네 루소

어퍼 이스트사이드의 남단, 60가와 77가 사이를 레녹스 힐Lenox Hill이라고 부른다. 19세기에 이 부근 토지를 소유했던 스코틀랜드 상인 로버트 레녹스의 이름을 딴 이 구역이 어퍼 이스트사이드에서는 가장 자주 영화의 촬영지가 되었다.

이스트 68가의 18번지 타운하우스는 〈토마스 크라운 어페어The Thomas Crown Affair〉에서 온갖 미술품으로 치장한 백만장자 토머스 크라운의 집이었다. 그는 박물관에서 훔쳐온 모네의 그림을 다른 그림 뒤편 벽 속에 숨겨두었다. 이 집은 〈어웨이크〉의 주인공 클레이의 집이기도 했다. 전신마취 상태에서 의식이 깨어나는 특이한 증상으로 심장이식수술 도중 자신과 관련된 음모를 듣게 되는 불운한 청년이었다.

파크 가 630번지는 〈존 말코비치 되기〉에서 배우 존 말코비치의 아파트로 등장한다. 인간의 육체와 정신의 관계에 대해 이보다 더 도발적인 물음을 제시한 다른 영화를 찾기는 어렵다. 성 정체성이란 결국 우리 육체 안에 갇힌 정신이 누구의 것이냐에 따라 결정되는 것이 아닐까? 메소드 액팅으로 유명한 연기파 배우들 머릿속에는 실제로

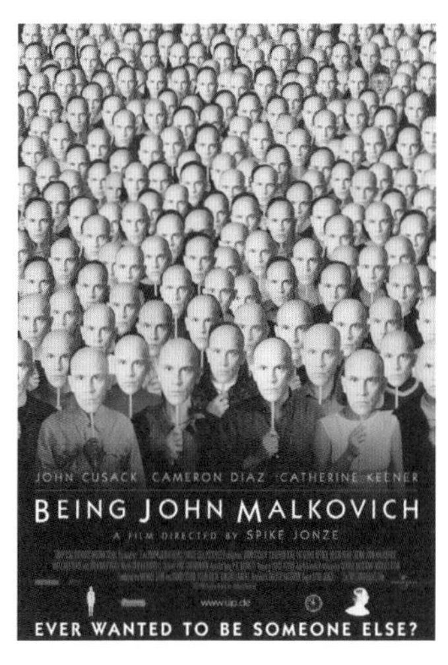

〈존 말코비치 되기Being John Malkovich〉(1999)
★★★★ 감독 스파이크 존즈
출연 존 쿠삭(크레이그), 카메론 디아즈(로테),
캐서린 키너(맥신)

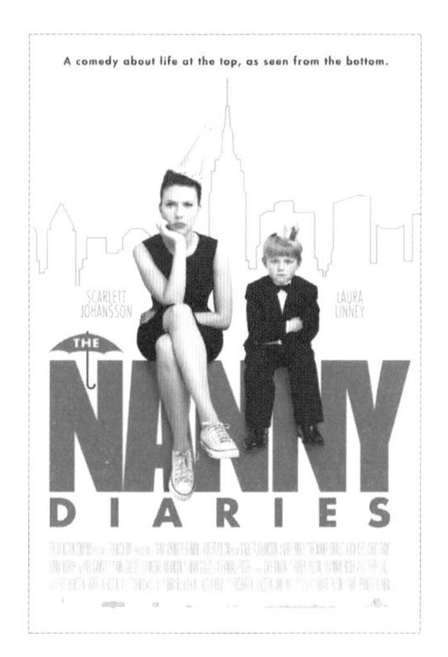

〈내니 다이어리The Nanny Diaries〉(2007)
★★★ 감독 샤리 스프링어 버먼, 로버트 풀치니
출연 스칼렛 요한슨(애니), 로라 리니 (X여사),
크리스 에반스(헤이든)

여러 사람이 들어앉아 있는 게 아닐까?

이스트 70가 2번지는 〈내니 다이어리The Nanny Diaries〉의 주인공 애니가 얼떨결에 보모로 고용되어 입주한 저택이다. 여기서 일하는 동안 애니는 같은 아파트 입주자 헤이든에게 반한다. 스칼렛 요한슨Scarlett Johansson과 크리스 에반스가 출연하는데, 주인공이 성장하면서 주변도 변화시키는 풋풋한 코미디라서 블랙 위도우가 캡틴 아메리카를 사귀는 그림을 상상하면 실망할 거다. 조금은 과도한 단순화를 통해 어퍼 이스트사이드를 묘사하는 이 영화는 애니의 내레이션으로 시작한다. 인류학 대학원 과정 지망생인 애니는 자연사박물관의 한 코너를 안내하듯 설명한다. (〈7년 만의 외출〉이 오래전에 써먹은 수법이긴 하다.)

메트로폴리탄 박물관 외에도 어퍼 이스트사이드에는
어마어마한 분량의 예술품이 소장되어 있다.

구겐하임 미술관, 프릭 미술관
같은 장소들은 놓치지 말고
돌아보기를 권한다. 뉴욕의
진정한 가치는 이들 박물관과
미술관에 있다고 믿는
사람들이 적지 않다.

세계에는 다양한 방식의 육아 관습이 존재한다. 가장 기이한 사회적 패턴은 맨해튼이라는 작은 섬의 공동체에서 찾아볼 수 있다. 어퍼 이스트사이드라고 알려진 지역의 주민들은 지구 상에서 가장 풍요로우면서도 독특한 사회적 시스템을 갖추고 있다. 짝짓기에 성공하고 자손을 낳은 다음에는 남자들은 가사에 관심을 두지 않고 가족을 부양하는 수렵과 채집을 위해 배우자를 떠난다. 풍성한 자원을 보유한 어퍼 이스트사이드의 어머니들은 다양한 여성 활동에 참여할 시간을 충분히 확보한다. 신체 훼손(성형), 신성한 명상(스파와 마사지), 심지어 금식의 의식(다이어트)도 포함된다. 그렇다면 육아는 과연 누가 담당하는가? 아프리카에는 '한 명의 아이를 키우려면 하나의 마을이 필요하다.'는 속담이 있다. 하지만 어퍼 이스트사이드 부족에게는 단 한 명만 있으면 된다. 바로 보모다.

61가 164번지 타운하우스는 〈7년 만의 외출〉에서 소심한 출판업자 리처드가 금발의 배우 지망생 처녀와 상상 속의 로맨스를 만끽하던 아파트였다. 마지막 장면에서 마릴린 먼로는 이 아파트의 창문에서 밖을 내다보며 활짝 웃는 얼굴로 리처드를 배웅한다. 뭇 사내들이 원하는 이미지를 덧쓰고 힘들게 살아가던 이 미녀 배우의 미소는 애처롭다. 이 영화를 찍고 7년 후에 그녀가 하늘나라로 영영 외출했다는 사실을 생각하면 더더욱.

바로 길 건너편의 159번지는 〈내 남자는 바람둥이〉에서 브렛이 사귀는 자기 아버지 또래 출판업자 아치의 아파트였다. 맨해튼 상류사회의 모두가 알아보는 출판업자쯤 되면 이 동네 아파트 전 층을 소유할 수 있다.

71가 169번지 건물은 〈티파니에서 아침을〉의 두 주인공이 아래 위층에 살면서 서로에게 의지하던 아파트다. 이 건물 난간에 걸터앉은 오드리 햅번은 기타를 튕기며 〈Moon River〉를 불렀었다.

레녹스 힐 이북의 촬영지는 센트럴파크 앞길에 집중되어 있다. 79가 2번지에는 1899년에 완공되어 지금은 미주 우크라이나 회관Ukrainian Institute of America으로 사용되는 건물이 있다. 디킨즈Charles Dickens의 소설을 현대물로 번안한 〈위대한 유산Great Expectations〉에서는 젊은 시절 남자에게 버림받고 비뚤어진 딘스무어 여사의 뉴욕 저택이었다. 이 건물은 한 해 뒤 〈사랑보다 아름다운 유혹Cruel Intentions〉에서는 주인공 세바스찬이 사는 저택으로 등장했다. 1782년 프랑스 피에르 쇼데르로스 드 라클로Pierre Choderlos De Laclos의 소설 《위험한 관계Les Liaisons dangereuses》의 십대판 번안물이다. 이 소설은 로제 바딤Roger Vadim 감독의 〈Les Liaisons Dangereuses〉, 스티븐 프리어스Stephen Frears 감독의 〈Dangerous Liaisons〉, 밀로스 포먼Milos Forman 감독의 〈발몽Valmont〉, 이재용 감독의 〈스캔들: 조선남녀상열지사〉, 허진호 감독의 〈위험한 관계〉 등 끊임없이 다른 시공을 배경으로 번안되고 있다.

세 블록 위 5가 1001번지는 〈Uptown Girls〉에서 아이 같은 어른 몰리가 어른 같은 아이 레이의 보모 노릇을 하던 아파트였다. 〈섹스 앤 더 시티〉에서는 웨스트 빌리지에 살던 캐리는 미스터 빅과 결혼을 앞두고 어퍼 이스트로 거처를 옮긴다. TV 드라마의 시즌 하나를 두 시간 반에 우겨넣은 것처럼 보이는 이 영화의 줄거리를 짧게 말하면 캐리가 이곳으로 거처를 옮기느냐, 마느냐에 관한 것이었다고도 할 수 있다. 그녀가 이사 오려고 했다가 포기했던 펜트하우스는 5가 1010번지였고, 〈섹스 앤 더 시티 2〉에서 결국 정착한 새 보금자리는 5

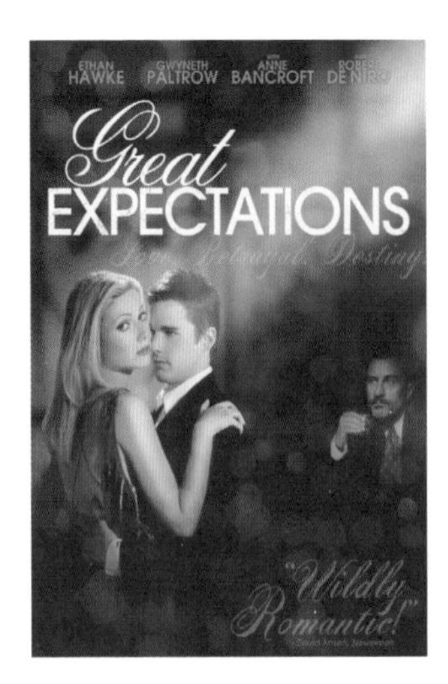

〈위대한 유산Great Expectations〉(1998)
★★★ 감독 알폰소 쿠아론
출연 에단 호크(핀 벨), 기네스 팰트로(에스텔라), 앤 벤크로프트(딘스무어 여사)

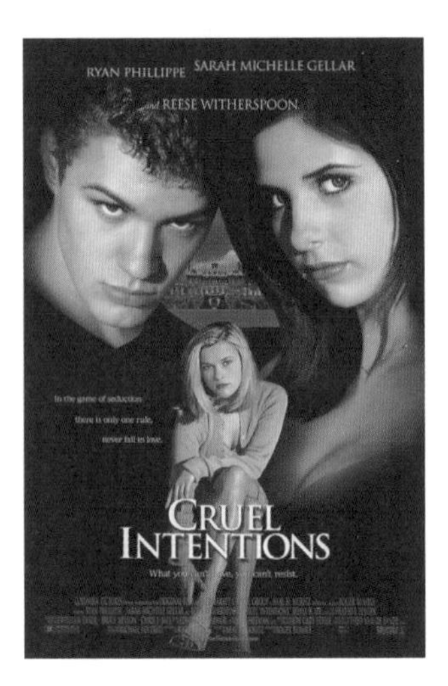

〈사랑보다 아름다운 유혹Cruel Intentions〉(1999)
★★★ 감독 로저 컴블
출연 라이언 필립(세바스찬), 사라 미쉘 겔러(캐트린), 리즈 위더스푼(아네트), 셀마 블레어(세실)

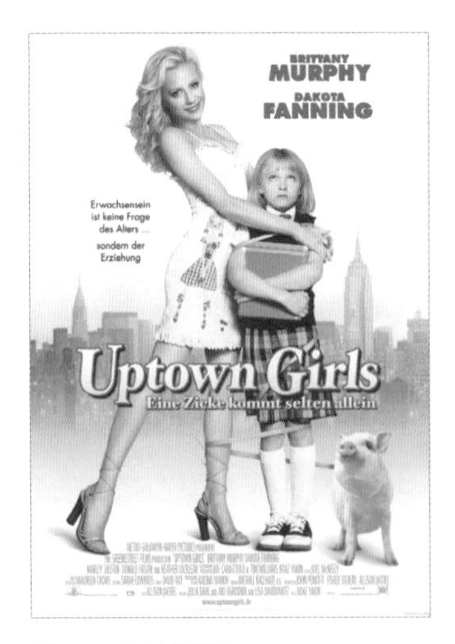

〈Uptown Girls〉(2003)
★★ 감독 보아즈 야킨
출연 브리터니 머피(몰리 건), 다코타 패닝(로레인 레이 슈레인)

〈섹스 앤 더 시티 2Sex and the City 2〉(2010)
★★ 감독 마이클 패트릭 킹
출연 사라 제시카 파커(캐리 브래드쇼), 킴 캐트럴(사만다 존스), 크리스 노스(미스터 빅)

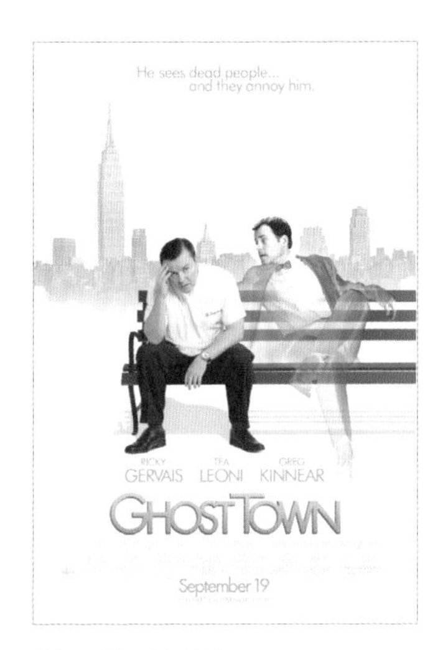

〈Ghost Town〉(2008)
★★★ 감독 데이빗 코엡
출연 릭키 제바이스(핀커스), 테아 레오니(그웬), 그렉 키니어(프랭크)

가 1030번지 아파트였다. 그보다 열 블록 북쪽의 1136번지는 〈Birth〉라는 2004년 영화에서 남편을 여읜 애나가 사는 고급 아파트였다.

센트럴파크가 앞마당처럼 펼쳐진 어퍼 이스트사이드의 풍광을 가장 아름답게 담아낸 영화는, 뜻밖에도 2008년의 코미디 〈Ghost Town〉이었다. 전신마취 사고 후 유령을 볼 수 있게 된 이기적인 치과 의사 핀커스 역으로 영국인 코미디언 릭키 제바이스Ricky Gervais가 출연한다. 그는 같은 아파트에 사는 미망인 그웬을 흠모하는데, 그녀의 직업은 메트로폴리탄 박물관The Metropolitan Museum of Art의 이집트 연구가다. 박물관에서 가까운 5가 1136번지 건물을 이들의 아파트로 삼은 것은 영화의 흐름을 매끄럽게 하려는 전략적인 선택이었을 것이다.

메트로폴리탄 박물관 외에도 어퍼 이스트사이드에는 어마어마한 분량의 예술품이 소장되어 있다. 이왕 여기 온 김에 구겐하임 미술관Solomon R. Guggenheim Museum, 프릭 미술관Frick Collection 같은 장소들은 놓치지 말고 돌아보시기를 권한다. 뉴욕의 진정한 가치는 이들 박물관과 미술관에 있다고 믿는 사람들이 적지 않다.

센트럴파크 Central Park

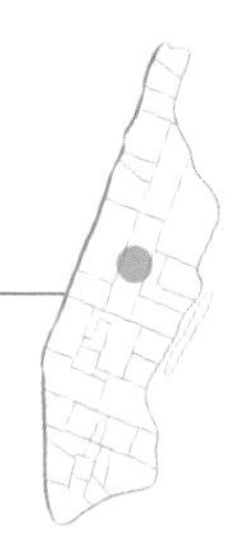

뉴욕의 가을은 새로운 사랑의 약속을 가지고 오네.
뉴욕의 가을은 이따금 고통과도 섞이네.
가진 것 없는 몽상가들은 이국적인 땅을 꿈꿀지 모르지만
뉴욕의 가을을 다시 맞는 것은 행복한 일이네.
연인들은 센트럴파크의 벤치 위에서 어둠을 탐하네.
뉴욕의 가을을 다시 맞는 것은 행복한 일이네.

버논 듀크Vernon Duke가 작곡한 〈Autumn In New York〉의 가사 중에서

뉴욕은 역시 가을이지 말입니다. 가을의 뉴욕을 가장 잘 보여주는 것은 뉴잉글랜드 산악지대부터 허드슨 강변을 따라 빠른 속도로 남하하며 흐드러지는 단풍이다. 가을은 뉴저지 하안을 따라 열주列柱처럼 늘어선 바위 절벽 팰리세이즈를 화려한 색채로 수놓는다. 맨해튼에서 가을을 느끼려면 센트럴파크로 가야 한다. 센트럴파크의 가을은 강변 너머 바라보는 만산홍엽滿山紅葉과는 또 다른 존재감으로 방문객을 감싸 안는다. 거기서 가을은 먼발치로 구경하는 대상이 아니라 우리의 폐부로, 피부 속으로 공기처럼 스며들어 기어이 우리와 하나가 된다.

〈뉴욕의 가을Autumn in New York〉(2000)
★ 감독 조안 첸
출연 리처드 기어(윌 킨), 위노나 라이더(샬롯 필딩)

〈뉴욕의 가을〉은 꼭 볼 필요는 없는 영화다. 치명적 매력을 지닌 중년의 바람둥이 사내가 옛 애인의 딸과 사귄다는 설정도 무리하고 시한부 중병을 앓는 소녀와의 사랑이라니, 지나치게 상투적이다. 감독을 맡은 배우 조안 첸Joan Chen의 역량 부족도 드러나고, 두 주연배우의 화학작용도 일어나지 않아 서로 멋쩍어하는 연기가 불편하다. 딱 한 가지, 타이틀 롤이 흐르면서 도입부에 펼쳐지는 센트럴파크의 가을은 다시 봐도 멋지다.

센트럴파크를 소개하면서 가을 얘기부터 꺼내는 건 한이 맺혀서다. 워싱턴 DC는 벚꽃이 만개하는 4월이 가장 아름답다. 워싱턴에 본부를 둔 국제통화기금IMF이 연례 춘계회의를 4월 중순에 개최하는 것도 이와 무관하지 않다. 그 덕분에 워싱턴에서 경제 업무를 담당하는 사람들에게 벚꽃은 즐길 틈도 주지 않고 져버린다. 뉴욕에서는 해마다 9월 하순에 유엔총회가 시작되는데, 9월 말~10월 초는 고위급회의 기간이라서 외교관들은 가장 바쁜 시기를 보낸다. 정상 방문 행사가 열리는 경우도 많아서 외교관들에게 뉴욕의 가을은 입에서 단내가 나는 분주한 계절일 뿐이다. 뉴욕의 가을을 여섯 번이나 겪었으면서도, 내가 여유를 가지고 느껴본 것은 언제나 절정이 지나 겨울이 저만치서 다가오는 늦가을뿐이었다.

계절을 불문하고, 센트럴파크는 빌딩 숲 맨해튼 한복판에 그려진 거대한 쉼표다. 여기서 뉴욕 시민들은 '일하기 위해 사는 게 아니라 살기 위해 일한다'는 사실을 깨닫고, 경쟁에 지친 몸과 마음을 추스르고, 연애를 시작하거나 실연의 슬픔을 달랜다. 비트가 강한 음악 같은 미드타운을 살짝 벗어나면, 클로드 드뷔시나 에릭 사티의 피아노 선율을 닮은 녹색 공간이 펼쳐지는 것이다.

뉴욕 시가 이 공원을 조성할 계획을 세운 건 1857년이었고, 지금 같은 규모의 공원이 만들어진 건 1873년이었다. 미국 전역을 처참한 전쟁터로 만들었던 남북전쟁 기간에도 공원 건설이 꾸준히 진행되었다는 사실은 눈여겨볼 필요가 있다. 도심의 대형 공원을 만들기만 하면 만사가 해결될 것처럼 상상한다면 착각이다. 센트럴파크는 완성된 직후 시민들로부터 외면을 받아 급속도의 쇠락을 경험했다. 피오렐로 라과르디아Fiorello La Guardia가 뉴욕 시장에 당선된 1934년이 되어서야 대대적인 정비가 이루어졌다. 하지만 1960~1970년대를 거치며 센트럴파크는 히피들과 마약 상인들의 도피처로 전락했고, 지금의 모습으로 공원이 시민들 품으로 돌아오기까지는 1980~1990년대 내내 많은 노력과 예산이 소모되었다. 방치하는 것들이 무질서에 수렴하는 것은 물리학의 기본 법칙이라서, 아름다운 것을 아름답게 돌보려면 물을 낮은 곳에서 높은 곳으로 끊임없이 올려 보내는 것 같은 부단한 노력이 필요하다.

나는 서울에도 시민들을 위한 드넓은 녹지가 생겨나기를 간절히 바라는데, 지금으로써는 미군 부대가 이전한 뒤의 용산 기지 터가 이런 역할을 할 가장 유력한 후보지다. 제발 이곳마저 난개발의 대상이 되지는 않기를 빌 따름이다. 만약 맨해튼에 센트럴파크가 없었다면, 뉴욕이 지금처럼 많은 영화의 배경으로 등장하기는 어려웠을지도 모른다. 센트럴파크가 등장하는 영화는 한정된 지면에 소개하는 것이 무모할 정도로 많다는 뜻도 된다.

센트럴파크의 가장 많은 구석구석을 보여준 영화는 디즈니의 〈마법에 걸린 사랑Enchanted〉이다. 만화의 나라에서 현실의 뉴욕으로 추방당한 공주 지젤은 엉뚱한 매력으로 홀아비 변호사 로버트를 사로잡는다. 이들이 데이트를 즐기는 센트럴파크는 디즈니 만화 속 풍경처럼 한가롭고, 아름답고, 비현실적이다.

센트럴파크는 추격전의 무대이기도 했다. 〈다이 하드 3Die Hard With A Vengeance〉에서 악당의 위협으로 30분 내에 월 가까지 가야만 했던 형사 맥클레인은 택시를 몰고 72가에서 센트럴파크로 뛰어들어 공원 잔디밭을 뚫고 59가 도로로 나온다. 센트럴파크를 3분에 주파했다고 좋아하면서. 로맨틱 코미디 〈케이트 앤 레오폴드Kate & Leopold〉에서는 시간의 문을 통해 21세기로 온 19세기 귀족 레오폴드가 말을 타고

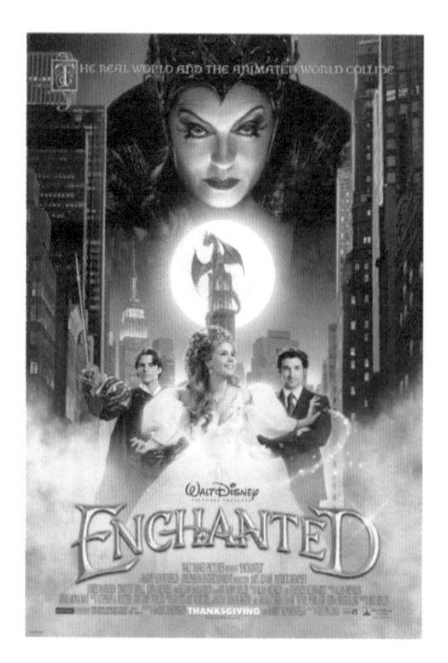

〈마법에 걸린 사랑Enchanted〉(2007)
★★★ 감독 케빈 리마
출연 줄리 앤드류스(나레이터 목소리), 에이미 아담스(지젤), 패트릭 뎀시(로버트)

〈다이 하드 3Die Hard with A Vengcance〉(1995)
★★★ 감독 존 맥티어난
출연 브루스 윌리스, 제레미 아이언스, 사무엘 L. 잭슨

소매치기를 추격했고, 자전거 택배를 소재로 한 〈Premium Rush〉에서는 주인공 윌리가 중요한 물건을 잘못된 곳에 배달하고 있는 라이벌 배달부의 뒤를 쫓아 센트럴파크의 웨스트 드라이브West Drive를 종으로 훑으며 아슬아슬한 추격을 벌였다.

1964년 칸영화제 출품작인 〈The World of Henry Orient〉는 핑크 팬더와 말괄량이 삐삐가 만난 것 같은 특이한 영화다. 피터 셀러스Peter Sellers가 바람둥이 피아니스트 헨리 오리엔트로 출연하는 이 영화에서, 센트럴파크는 열네 살 소녀 발레리와 마리안이 상상 속의 산적들을 피해 깔깔거리며 도주하는 소꿉장난 추격장이었다. 여기서 오리엔트를 마주친 두 소녀는 이 불운한 연주자를 스토킹 하기 시작한다. 영화의 후반, 알아서는 안 될 어른들의 비밀을 알아버린 발레리가 혼

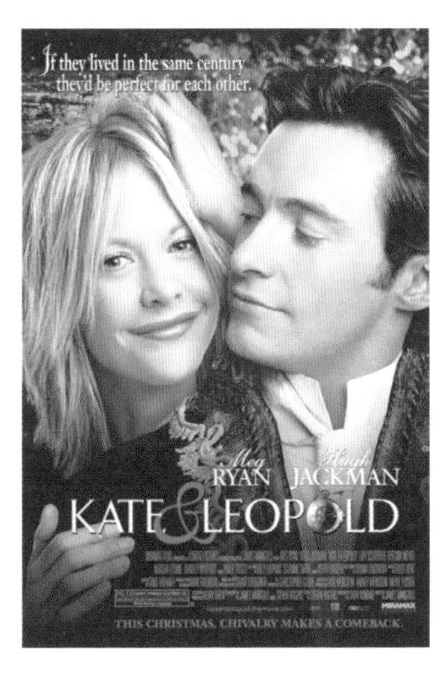

〈케이트 앤 레오폴드Kate & Leopold〉(2001)
★★ 감독 제임스 맨골드
출연 멕 라이언, 휴 잭맨

〈The World of Henry Orient〉(1964)
★★★ 감독 조지 로이 힐
출연 피터 셀러스, 폴라 프렌티스

자 쓸쓸하게 걸어가는 눈 쌓인 센트럴파크는 더는 놀이터 같은 장소가 아니었다.

센트럴파크 최남단의 동쪽에는 연못The Pond이 있고 못을 가로지르는 갭스토우 다리Gapstow Bridge가 있다. 〈나 홀로 집에 2-뉴욕을 헤매다Home Alone 2: Lost In New York〉에서 개구쟁이 케빈이 비둘기 아줌마와 처음 만나고 며칠 후 작별을 나눈 장소가 여기다. 연못 앞 잔디밭은 〈사랑보다 아름다운 유혹〉에서 되바라진 소녀 캐트린이 어리숙한 세실에게 몸소 키스 하는 법을 가르쳐준다고 여자들끼리 묘한 장면을 연출했던 장소다. 〈악마는 프라다를 입는다〉에서 갭스토우 다리 앞은 패션 잡지사가 모델들에게 동물 문양의 옷과 가면을 씌우고 '현대 여성이 내면의 야수성을 표현하는 도시의 정글' 화보를 촬영한 곳이다.

〈나 홀로 집에 2-뉴욕을 헤매다Home Alone 2: Lost in New York〉(1992)
★★★ 감독 크리스 콜럼버스
출연 맥컬리 컬킨(케빈 맥콜리스터), 조 페시(해리 림), 다니엘 스턴(마브 머챈츠)

〈시애틀의 잠 못 이루는 밤Sleepless in Seattle〉(1993)
★★★ 감독 노라 에프론
출연 톰 행크스(샘 볼드윈), 멕 라이언(애니 리드)

연못 옆에는 울만 링크Wollman Rink가 있다. 겨울이면 야외 스케이트장으로 변신하는 곳이다. 〈시애틀의 잠 못 이루는 밤〉의 주인공 애니가 약혼자로부터 밸런타인데이 주말에 뉴욕에 가자는 제안을 듣자마자 대뜸 "센트럴파크에서 스케이트 타요."라고 할 만큼 뉴욕을 대표하는 장소가 되었다. 이 스케이트장은 노후화되어 1980년에 폐장한 후 시 당국이 개보수를 차일피일 미루는 바람에 6년간이나 방치되었는데, 1986년 부동산 개발업자 도널드 트럼프Donald Trump가 자금을 투입해 발 벗고 나서 그 해 11월 재개장한 경위가 있다.

〈러브 스토리Love Story〉에서는 불치의 병에 걸린 제니퍼와 남편 올리버가 울만 링크를 찾는다. 남편이 스케이트를 타는 모습을 제니퍼는 벤치에 앉아 지켜본다. 이 영화는 그녀가 세상을 떠난 후 혼자 우

〈러브 스토리Love Story〉(1970)
★★★★ 감독 아더 힐러
출연 알리 맥그로우(제니퍼 카바레리),
라이언 오닐(올리버 바렛 4세)

두커니 텅 빈 스케이트장을 바라보는 올리버의 등을 줌인zoom in 하면서 시작하고, 그 모습을 줌아웃zoom out 하면서 끝난다.

〈세렌디피티〉에서는 조나단과 사라가 첫 데이트를 하는 장소도, 몇 년이 흐른 뒤에 거짓말처럼 재회하는 장소도 울만 링크다. 한밤중에 인적 없는 빙판에 누워 사라를 그리는 조나단의 얼굴 위로 성긴 눈발이 날리고, 그녀가 걸어온다.

울만 링크 동편에는 센트럴파크 동물원Central Park Zoo이 있다. 이 동물원을 다루는 비중이 크기로는 드림웍스의 2005년 애니메이션 〈마다가스카Madagascar〉가 으뜸이다. 사자, 얼룩말, 기린, 하마 일행은 수상쩍은 펭귄들과 함께 센트럴파크 동물원을 탈출해 아프리카 동부의 섬나라 마다가스카로 간다. 내가 이 만화영화 캐릭터를 연상시켰던 걸까? 맨해튼 근무를 마치고 아프리카로 부임하게 되었다니까 "마다가스카로 가는 거지?"라고 물어보는 동료들이 의외로 많았다. 데려갈 펭귄들도 없는데 무슨.

이 동물원의 펭귄 축사도 인기가 높다. 〈러브 인 맨해튼Maid in Manhattan〉에서는 정치인 크리스토퍼가 마리사를 이곳으로 데려와 은근슬쩍 작업을 건다.

"어머, 저 펭귄들 턱시도 입은 신사 같아요."

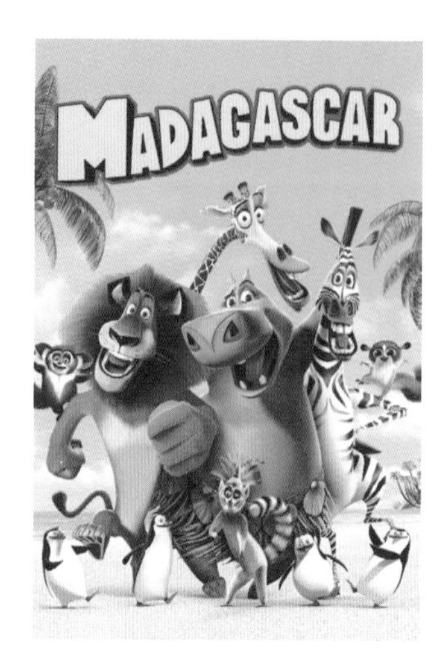

〈마다가스카Madagascar〉(2005)
★★★ 감독 에릭 다넬, 톰 맥그라스
출연 벤 스틸러(알렉스 목소리), 크리스 록(마티 목소리), 데이빗 쉼머(멜맨 목소리)

〈러브 인 맨해튼Maid in Manhattan〉(2002)
★★ 감독 웨인 왕
출연 제니퍼 로페즈(마리사), 레이프 파인즈(크리스토퍼 마샬)

"턱시도 말이 나와서 얘긴데…… 블랙 타이 만찬에 와주지 않겠어요?"

〈나의 특별한 사랑 이야기Definitely, Maybe〉에서는 부모의 이혼을 앞둔 소녀가 여기서 암수 펭귄의 금슬을 강조하며 은근히 이의를 제기했고, 〈스위치The Switch〉에서는 친구를 짝사랑하는 사내가 그 친구가 인공수정으로 낳은 자기 아들을 데리고 여기서 펭귄을 구경했다. 〈파퍼 씨네 펭귄들Mr. Popper's Penguins〉의 파퍼 가족은 선물로 받은 펭귄을 되찾기 위해 동물원에 찾아와 축사에 갇혀 있던 펭귄들을 구출해냈다.

〈마다가스카〉 외에도 센트럴파크를 배경으로 삼은 애니메이션 영화들이 있었다. 〈A Troll in Central Park〉은 식물을 꽃피우는 마법

〈나의 특별한 사랑 이야기Pefinitely, Maybe〉(2007)
★★ 감독 애덤 브룩스
출연 라이언 레이놀즈(윌), 레이첼 와이즈 (섬머), 아일라 피셔(에이프릴), 에비게일 브레슬린(마야)

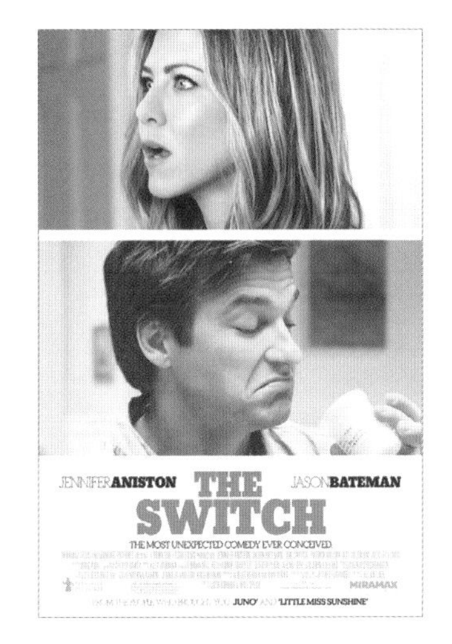

〈스위치The Switch〉(2010)
★★ 감독 조쉬 고든, 윌 스펙
출연 제니퍼 애니스턴(캐시), 제이슨 베이트먼 (웨일리)

을 타고난 트롤 스탠리가 트롤 왕국에서 추방되어 센트럴파크에 살면서 벌어지는 이야기를 그렸다. 드림웍스가 최초로 컴퓨터그래픽을 사용해 만든 1998년의 〈개미Antz〉도 센트럴파크에 사는 개미 나라의 이야기를 그렸다. 우디 앨런, 실베스터 스탤론Sylvester Stallone, 크리스토퍼 월켄Christopher Walken 등 뉴욕 출신 배우들이 대거 성우로 등장했다. 애니메이션으로 그린 센트럴파크는 이 공원이 지닌 매력을 조금은 더 신비하고 풍성하게 만들어주었다.

하지만 센트럴파크를 가장 신비한 장소로 묘사한 것은 애니메이션이 아니라 1948년의 흑백영화 〈Portrait of Jennie〉였다. (마지막 장면은 컬러다.) 동물원 바로 옆에는 데어리Dairy라는 건물이 있다. 당초 간단한 먹거리를 팔던 휴게 시설이었는데 지금은 방문객 센터로 운영

맨해튼에서 가을을 느끼려면
센트럴파크로 가야 한다. 거기서
가을은 먼발치로 구경하는 대상이
아니라 우리의 폐부로, 피부 속으로
공기처럼 스며들어 기어이 우리와
하나가 된다.

계절을 불문하고, 센트럴파크는
빌딩 숲 맨해튼 한복판에 그려진 거대한 쉼표다.

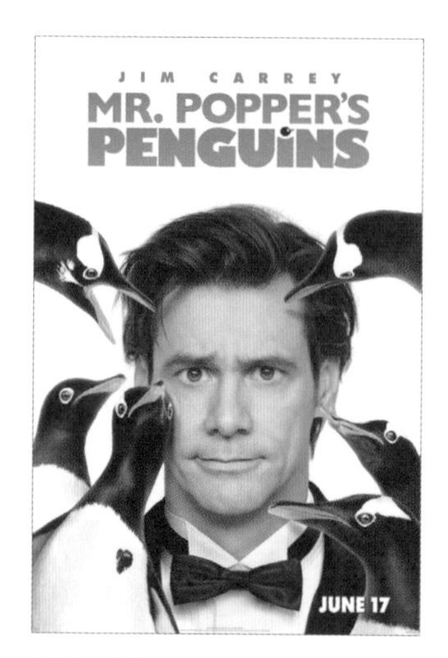

〈파퍼 씨네 펭귄들Mr. Popper's Penguins〉(2011)
★★ 감독 마크 워터스
출연 짐 캐리(톰 팝퍼), 칼라 구지노(아만다), 안젤라 랜스베리(미시즈 반 건디)

〈A Troll in Central Park〉(1993)
★★ 감독 돈 블루스, 게리 골드먼
출연 돔 드루이즈(스탠리 목소리), 조나단 프라이스(알란 목소리)

〈개미Antz〉(1998)
★★★ 감독 에릭 다넬, 팀 존슨, 로렌스 구터먼
출연 우디 앨런(Z 목소리), 샤론 스톤(발라 공주 목소리)

〈Portrait of Jennie〉(1948)
★★★ 감독 윌리엄 디터리
출연 제니퍼 존스, 조셉 코튼

중인 건물이다. 가난한 화가가 해 저무는 데어리 벤치 앞에서 제니라는 소녀 유령을 만나는 이야기다. 이 영화 속 센트럴파크는 이승과 저승을 잇는 중간계처럼 기묘한 분위기다.

데어리를 지나 서쪽을 향해 가면 엄파이어 락Umpire Rock이라는 큼직한 바위 언덕이 나온다. 별로 높지 않은데도 코끼리 등가죽 같은 커다란 바위에 올라가 아래를 굽어보면 등산이라도 한 것 같은 기분이 든다. 그래서 영화 속에서 종종 이 바위는 서울이었다면 북한산 백운대 정도에 올라가서 나눌 법한 대화를 하는 장소로 나온다. 〈엽기적인 그녀〉를 리메이크한 〈마이 쎄시 걸My Sassy Girl〉에서는 찰리와 조던이 1년 후에 만나자며 이곳에서 나무 밑에 서로의 편지를 묻어둔다. 〈러브 인 맨해튼〉의 크리스토퍼는 마리사와 그녀의 아들을 데리고 이 바위 위에 올라가, 여기가 파파라치를 피하고 싶을 때 찾아오는 별천지라고 소개했다. 〈프렌즈 위드 베네핏〉에서는 미혼모 엄마가 다 큰 딸과 함께 이 바위에 앉아, 많은 남자를 겪어봤지만 진정으로 사랑한 사람은 네 아빠 한 사람뿐이었다며 다정한 대화를 나눈다.

좀 더 서쪽에는 그레이샷 아치Greyshot Arch라는 다리가 있다. 〈Birth〉는 겨울에 어느 사내가 조깅을 하다가 이 다리 밑에서 심장마비로 사망하는 장면으로 시작한다. 미망인 애나가 겨우 슬픔을 극복하고 재혼을 생각할 무렵, 열 살짜리 소년이 나타나 자신이 환생한 아나의 남편 숀이라고 주장한다. 꼬마 숀은 아나를 센트럴파크로 불러낸다. 두 사람이 이 다리 밑에서 만나는 장면은 스산하다. 실은 이 영화 전체가 스산하고 불편하다.

더 북쪽으로 걸어가면 시프 메도Sheep Meadow라는 너른 풀밭이 펼쳐져 있다. 이름만 양들의 목초지인 게 아니라, 1860년부터 1934년까

〈마이 쎄시 걸My Sassy Girl〉(2008)
★★ 감독 얀 사뮤엘
출연 제시 브래드포드(찰리), 엘리샤 쿠스버트(조던)

〈Birth〉(2004)
★★★ 감독 조나단 글레이저
출연 니콜 키드먼(애나), 카메론 브라이트(숀)

지 실제로 양들을 여기서 방목했다. 대공황이 닥치자 배고픈 시민들이 '양들을 점심거리로 잡아먹을까봐' 시 당국은 양떼를 시외로 옮겼다. 〈월 스트리트〉에서 고든 게코는 인적이 드문 이곳으로 버드를 불러내 모든 걸 다 가르쳐줬거늘 배은망덕하게 군다고 악다구니를 해대며 버드를 두들겨 팼다. 〈어거스트 러쉬〉에서 헤어진 세 가족이 극적으로 재회하는 음악회가 열리던 장소도 이 잔디밭이었다.

시프 메도 동쪽에는 나무 그늘이 많은 산책로 몰The Mall이 있다. 이 길은 〈크레이머 대 크레이머Kramer vs. Kramer〉에 가장 인상적으로 등장한다. 1980년 아카데미 작품상, 감독상, 극본상, 남우주연상, 여우조연상을 수상한 영화다. 관객을 울렸던 여덟 살 아역 배우 저스틴 헨리Justin Henry는 조연상 후보에만 오르고 수상은 못했지만 오늘날까지

여기서 뉴욕 시민들은 '일하기 위해 사는 게 아니라 살기 위해 일한다'는 사실을 깨닫고,
경쟁에 지친 몸과 마음을 추스르고, 연애를 시작하거나 실연의 슬픔을 달랜다.

〈크레이머 대 크레이머Kramer vs. Kramer〉(1979)
★★★★ 감독 로버트 벤튼
출연 더스틴 호프만(테드), 메릴 스트립
(조안나), 저스틴 헨리(빌리)

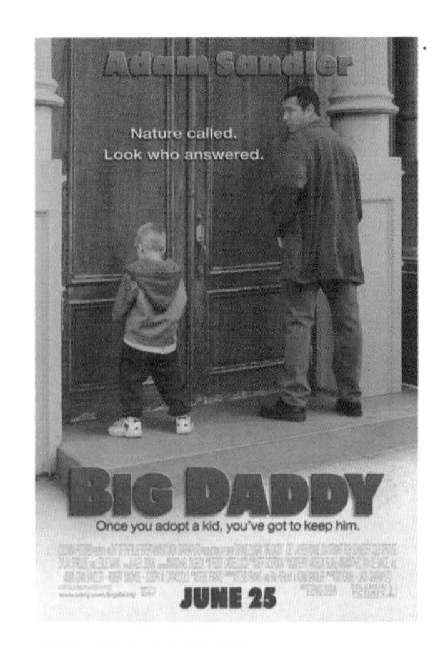

〈빅 대디Big Daddy〉(1999)
★★ 감독 데니스 듀간
출연 아담 샌들러(소니), 콜&딜런 스프라우스
(줄리언)

깨지지 않은 최연소 아카데미상 후보라는 기록을 가지고 있다. 결혼 8년차 주부 조안나는 더는 결혼 생활을 못 견디겠다며 집을 나가고, 테드 혼자 아들 빌리를 키워야 하는 처지가 된다. 15개월 동안 고군분투하면서 직장과 육아를 그럭저럭 병행하고 아이와도 새로운 관계를 형성했는데, 다시 나타난 아이 엄마가 양육권을 요구한다. 센트럴파크의 몰은 테드가 빌리에게 두발자전거 타는 법을 가르쳐준 가슴 뭉클한 장소이고, 오랜만에 나타난 엄마의 품으로 달려가는 빌리의 모습을 테드가 지켜봐야 했던 장소이기도 하다. 〈빅 대디Big Daddy〉에서 주인공 소니가 헤어지기 싫어하는 꼬마 줄리언을 법원의 명령에 따라 친부에게 보내는 장면을 굳이 센트럴파크 몰에서 촬영한 것도 〈크레이머 대 크레이머〉를 연상시키고 싶어서였을 것이다.

몰의 가로수를 따라 걸어 올라가면 1864년에 만든 베데스다 테라스Bethesda Terrace가 나타난다. 천사가 물을 움직일 때 치유의 기적이 일어나는 성서 속 연못의 이름을 딴 석조 테라스다. 테라스 앞에는 천사상이 있는 분수대가 있다. 신약성서를 히피 세대의 눈높이에 맞추어 재해석한 오프-브로드웨이 뮤지컬을 영화화한 〈Godspell〉에서는 예수 그리스도 역을 맡은 어릿광대가 이 분수에서 세례를 받는다. 반전 히피 세대의 좀 더 본격적인 찬가로는 1968년의 뮤지컬 〈Hair〉를 꼽을 수 있다. 이 연극이 센트럴파크에서 벌어지는 반전시위를 묘사한 이래 베데스다 테라스는 1970년대 내내 뉴욕 히피들의 집결지가 되었다. (1979년의 영화 〈Hair〉도 이 테라스를 배경으로 촬영했다.) 결국 이곳은 마약 거래 장소로 전락했는데, 1980년대에 환경을 정비한 후에는 시민들에게 사랑받는 명소가 되었다.

〈Godspell〉(1973)
★★ 감독 데이빗 그린
출연 빅터 가버(지저스), 케이티 핸리(케이티)

〈사랑은 다 괜찮아Fools Rush In〉에서 뉴욕의 설계사 알렉스는 라스베이거스 현장에 파견 나가 일하면서 멕시코계 사진작가 이자벨과 사랑에 빠진다. 그가 그녀에게 설명한다.

"센트럴파크 한가운데 베데스다 분수가 있어요. 한참 앉아 있다 보면 뉴욕 주민 모두를 구경할 수 있는 곳이죠."

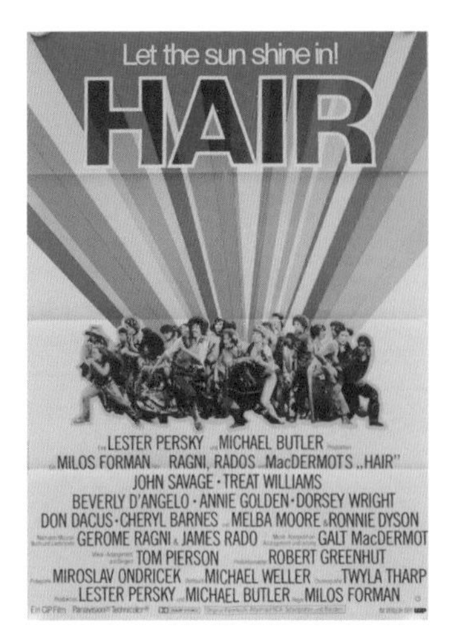

〈Hair〉(1979)
★★★ 감독 밀로스 포먼
출연 존 세비지(클로드), 트리트 윌리암스(버거),
비버리 단젤로(셰일라)

〈사랑은 다 괜찮아Fools Rush In〉(1997)
★★★ 감독 앤디 테넌트
출연 매튜 페리(알렉스), 셀마 헤이엑 (이자벨)

〈어느 멋진 날〉에서는 이혼녀 멜라니와 이혼남 잭이 아이들을 데리고 분수 앞 고인 물에서 행복하게 장난치면서 로맨스가 결실을 맺을 가능성을 보여주었다. 〈미스터 디즈Mr. Deeds〉에서는 거액을 상속받은 롱펠로우가 신분을 속인 여기자 베이브와 심야 데이트를 즐기다가 지나가던 아이들에게 2만 달러씩을 쥐어주고 자전거 두 대를 산다. 자전거를 탄 채 테라스 계단을 내려온 두 사람은 분수에 걸터앉고, 그는 베이브가 거짓으로 지어낸 어린 시절 이야기를 들었다. 이런 식으로 연애 장면의 단골 배경이긴 한데, 〈어벤져스〉에서는 지구를 구하는 일과를 마친 슈퍼히어로들이 작별 인사를 나누는 해산 지점이기도 했다.

베데스다 테라스에서는 음험한 일들도 종종 벌어진다. 〈랜섬

"센트럴파크 한가운데 베데스다 분수가 있어요. 한참 앉아 있다 보면
뉴욕 주민 모두를 구경할 수 있는 곳이죠."

〈미스터 디즈Mr. Deeds〉(2002)
★★ 감독 스티븐 브릴
출연 아담 샌들러(롱펠로우 디즈), 위노나 라이더(베이브 베넷)

〈랜섬Ransom〉(1996)
★★★ 감독 론 하워드
출연 멜 깁슨(뮬런), 르네 루소(케이트), 브롤리 놀테(숀)

Ransom〉에서는 항공사 사장 뮬런의 아들 숀이 여기서 열린 과학발명품경연대회 도중 유괴당했다. 키아누 리브스Keanu Reeves 주연의 느와르 〈존 윅John Wick〉에서는 암살자들 세계의 규칙을 어긴 여성 킬러 퍼킨스가 컴컴한 테라스의 아래층에서 총잡이들에게 둘러싸여 처단을 당한다. '회원 자격이 해지되었다.'는 통보와 함께.

베데스다 테라스 뒤쪽으로는 보트를 탈 수 있는 넓은 호수가 있다. 영국 코미디언 사샤 바론 코헨이 덜떨어진 카자흐스탄 청년 행세를 하면서 미국인들을 골려먹던 2006년 영화 〈보랏-카자흐스탄 킹카의 미국 문화 빨아들이기Borat: Cultural Learnings Of America For Make Benefit Glorious Nation Of Kazakhstan〉에서 천연덕스럽게 속옷 빨래를 하던 그 호수다. 코헨의 카자흐스탄인 행세에 속아 웃음거리가 된 사람들이 분노

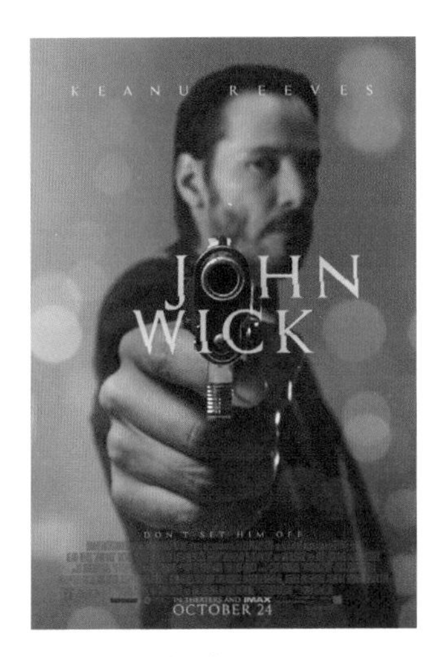

〈존 윅John Wick〉(2014)
★★★ 감독 데이비빗 레이치, 채드 스타헬스키
출연 키아누 리브스(존 윅), 애드리안 팔리키(퍼킨스), 윌렘 대포(마커스)

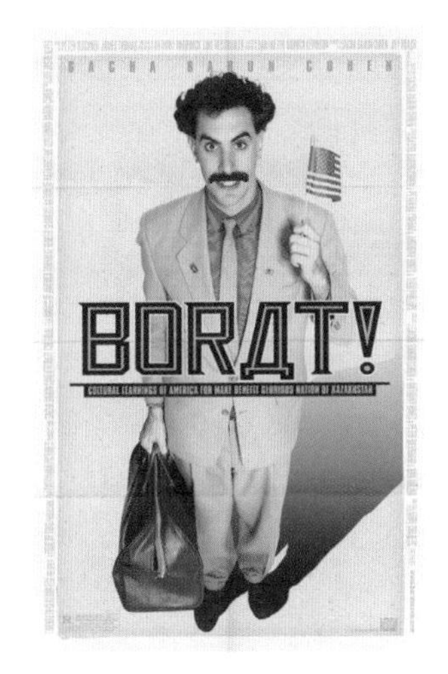

〈보랏-카자흐스탄 킹카의 미국 문화 빨아들이기Borat!〉(2006)
★★★ 감독 래리 찰스
출연 사샤 바론 코헨(보랏)

했고, 유태인과 여성을 비하한 그의 언사는 더 많은 사람들을 불쾌하게 만들었지만, 이 영화를 참신한 스타일의 코미디라고 평가하는 사람들도 있다. 만약 코헨의 목표가 논쟁이었다면 그는 목표를 충분히 달성한 것 같다. 자국을 우스개로 전락시켰다고 펄펄 뛰던 카자흐스탄 정부도, 이 영화가 카자흐스탄 관광에 적잖이 기여한 걸로 판명되고 나서는 너그러운 입장을 보였다. '우리, 코미디를 모르는 그런 속좁은 나라 아니야.'라는 씁쓸한 입장 전환이었을 것이다.

이 호수의 한쪽에는 로브 보트하우스Loeb Boathouse가 있다. 〈브로큰 데이트Date Night〉의 주인공 포스터 부부가 다른 사람으로 오인 받아 악당들에게 끌려갔던 장소다. 원래는 보트만 보관하던 간이 건물이 있던 자리였는데, 1954년에 지금의 모습으로 개보수되면서 식당

〈브로큰 데이트Date Night〉(2010)
★★ 감독 숀 레비
출연 스티브 카렐(필 포스터), 티나 페이(클레어 포스터)

〈Manchurian Candidate〉(1962)
★★★ 감독 존 프랑켄하이머
출연 프랭크 시나트라(베넷 마르코), 로렌스 하비(레이몬드 쇼)

을 갖추게 되었다. 〈Manchurian Candidate〉에도 여기가 등장한다. 한국에서 전쟁 중에 미군 1개 분대가 소련군에 납치된다. 이들은 만주에 있는 중공군 시설에서 최면 상태로 세뇌를 당하고, 쇼 상사는 다이아몬드 퀸 카드를 보면 지시대로 임무를 수행하도록 훈련을 받는다. 상관이었던 마르코 대위와 약속이 있던 날, 그는 우연히 다이아몬드 퀸 카드를 본 뒤 옆자리에서 떠드는 이야기를 지시로 여기고 센트럴파크로 택시를 타고 가 로브 보트하우스에서 호수로 뛰어든다. 뒤따라온 마르코가 그를 물에서 건져주고, 암살 음모의 실마리를 잡는다.

세뇌당해 물로 뛰어드는 건 곤란하지만, 이 호수에서 보트를 타는 건 맨해튼 데이트의 정석이다. 만화에서 뛰쳐나온 것 같은 〈마법에 걸린 사랑〉의 주인공들은 말할 것도 없고, 시니컬하기로 둘째 가라면 서러운 〈Manhattan〉의 아이작조차 메리와 보트를 타며 데이트를 했고, 〈The Way We Were〉의 케이티와 허블도 여기서 보트를 탔다. 연애를 시작할 무렵엔 다들 그러고 노는 거니까 이상하달 건 없는데, 유독 〈The Way We Were〉에서만 여자가 노를 젓는 모습이 눈에 띈다. 이 모습은 이 커플의 성격과 앞날에 대해 많은 것을 말해준다. 케이티는 삶의 지향점이 또렷하고, 사리가 밝고, 남의 불행에도 분노할 줄 아는 투사다. 허블은 세상을 바꾸는 건 거대한 명분이 아니라 개개인이라고 믿는 회의주의자고, 잘생기고, 유능하고, 자신의 불행에도 미소를 지을 줄 아는 신사다. 세상에는 이 두 종류의 사람이 다 필요할 테지만 이들이 함께 살기란 고단한 일이다.

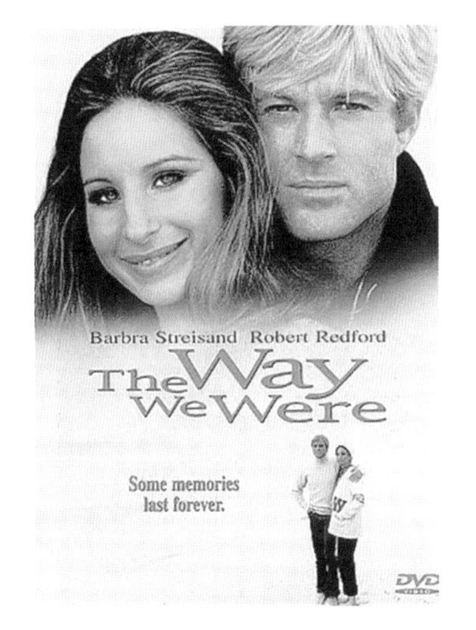

〈The Way We Were〉(1973)
★★★ 감독 시드니 폴락
출연 바브라 스트라이샌드(케이티), 로버트 레드포드(허블)

이 호수에 걸쳐 있는 보우 브리지Bow Bridge에서는 바람둥이 사내가 사귀던 여자 친구에게 결별을 선언하기도 했고(〈뉴욕의 가을〉), 마음의 상처를 입은 여주인공이 호수로 뛰어내렸다가 행인들로부터 구정물에서 뭐하는 짓이냐고 핀잔을 듣기도 했고(〈Uptown Girls〉), 여자 친구에게 프러포즈를 하러 갔던 눈치 없는 주인공이 도리어 절교 선언을 듣기도 했고(〈스파이더맨 3〉), 한 여자에 얽매이기 두려워하는 주인공

〈개구쟁이 스머프The Smurfs〉(2011)
★★ 감독 라자 고스넬
출연 닐 패트릭 해리스(패트릭), 행크 아자리아
(가가멜)

〈2 데이즈 인 뉴욕2 Days in New York〉(2013)
★★★ 감독 줄리 델피
출연 줄리 델피(마리온), 크리스 록(밍거스)

이 해외 출장을 가는 여자 친구에게 얼른 돌아오지 않으면 여기서 뛰어내리겠노라고 난간 위에 올라가 장난을 치기도 했다(〈남 주기 아까운 그녀Made of Honor〉).

더 북쪽으로 올라가 공원을 가로지르는 79가 연결로Transverse를 건너면 벨베디어 성Belvedere Castle이 나타난다. 1869년에 지은 자그마한 장식용 성채다. 교육용 TV 프로그램 〈Sesame Street〉에서 숫자에 능한 카운트 백작(드라큘라를 귀엽게 본뜬 캐릭터)의 거처로 소개되었던 이 성은, 벨기에산 만화를 영화로 리메이크한 〈개구쟁이 스머프The Smurfs〉에서는 스머프의 숙적 가가멜이 거처로 사용한다. 어떤 이미지의 건물인지 대략 짐작이 가리라. 줄리 델피Julie Delpy가 극본도 쓰고 연출도 주연도 맡은 〈2 데이즈 인 뉴욕2 Days in New York〉에서 주인공 마리온은

밍거스와 연인으로서 뉴욕에 동거 중인데 '봉숭아학당' 같은 그녀의 가족들이 파리에서 쳐들어온다. 센트럴파크로 가족을 데리고 놀러온 마리온은 날지 못하는 비둘기를 구하러 벨베디어 성의 지붕으로 기어 올라간다. 추락하는 그녀를 붙잡느라 가족들이 아우성을 하는 슬로 모션 장면이 화해를 상징한다.

벨베디어 성의 북쪽에는 그레이트 론Great Lawn이라는 광활한 잔디밭이 있다. 1970년 헤어졌던 사이먼과 가펑클Simon and Garfunkel이 1981년 9월 아름다운 가을날 50만 청중 앞에서 야외 공연을 펼쳤던 곳이다. 1995년 10월에는 교황 존 폴 2세John Paul II가 12만 명 이상의 신도를 대상으로 야외 미사를 집전했다. 그 너머로는 거대한 저수지가 있다. 1862년부터 시민들에게 식수를 공급하던 수원지였는데, 오염의 위험도 있어서 새로운 수로가 개발된 1993년 이후로는 식수원 기능은 중단된 저수지다. 이 주변에서 조깅을 즐기던 재클린 케네디 여사를 기려, 1994년부터 '재클린 케네디 오나시스 저수지Jacqueline Kennedy Onassis Reservoir'라고 부른다.

〈마라톤 맨〉에서 더스틴 호프만이 연기한 대학원생 토마스 레비도 이 저수지 주변을 즐겨 달렸다. 그는 정부의 비밀 요원이던 형 때문에 다이아몬드의 행방을 찾는 악당들에게 쫓기는 신세가 된다. 다이아몬드는 제2차 세계대전 당시 유태인으로부터 갈취한 것이고, 악당은 수용소에서 고문을 전담하던 나치 전범 쉬젤이다. 토마스와 쉬젤은 지금은 사용되지 않고 있는 저수지 남쪽 취수장 시설에서 일대일 대결을 벌였다. 지금도 저수지 바닥에는 라스트신에서 더스틴 호프만이 집어던진 소품 권총이 가라앉아 있을지도 모른다.

더 올라가보자. 공원의 서쪽 웨스트 106가로 통하는 계단은 이

〈브레이브 원The Brave One〉(2007)
★★★ 감독 닐 조던
출연 조디 포스터(에리카), 나빈 앤드류스
(데이빗)

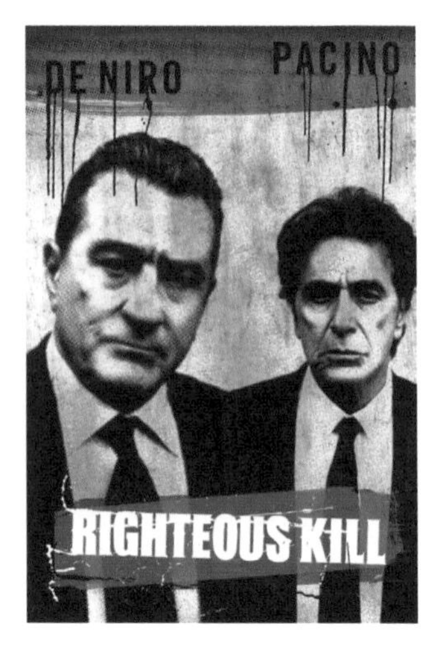

〈Righteous Kill〉(2008)
★★★ 감독 존 애브넷
출연 로버트 드니로(터크), 알 파치노(루스터)

방인의 문Stranger's Gate에서 시작한다. 〈브레이브 원The Brave One〉에서 결혼을 앞둔 행복한 커플 에리카와 데이빗은 저녁에 개를 산책시키려고 이 문을 통해 센트럴파크에 들어갔다가 으슥한 다리 밑에서 건달들에게 폭행을 당한다. 예전처럼 위험하지는 않다고 해도 뉴욕의 밤거리를 만만히 보면 안 된다.

공원 최북단의 노스 메도North Meadow에는 야구장이 몇 개 있다. 〈Righteous Kill〉에서 형사 터크 역을 맡은 로버트 드니로가 아이들에게 소프트볼을 가르치던 곳이다. 1940년생인 알 파치노와 1943년생인 로버트 드니로가 〈히트Heat〉 이후 두 번째로 함께 연기를 펼친 영화였다.

이젠 서쪽으로 발길을 돌려 어퍼 웨스트사이드를 돌아볼 차례다.

어퍼 이스트사이드와 마찬가지로 업타운이지만 센트럴파크를 사이에 두고 동쪽과 서쪽은 분위기가 다르다.

어퍼 웨스트사이드 *Upper West Side*

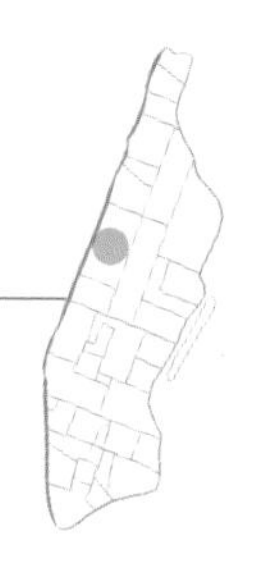

데이비드: 센트럴파크 벤치에 앉아 《카라마조프의 형제들》을 읽고 있어요. 800페이지 중 22페이지를 읽었네요. 에취.

카밀: 감기 조심하세요.

데이비드: 고마워요. 어? 여기서 다코타가 보여요! 존 레논은 제게 신이었어요. 〈Mother〉라는 노래를 아세요? 그 노래를 처음 들은 건 어릴 때였어요. 나는 왜 그런 노래를 못 쓰는 걸까요? 아, 사진을 찍어 보내줄게요. (다코타를 배경으로 핸드폰으로 사진을 찍는다.)

카밀: 맙소사. 당신 뒤에 서 있는 사람, 존 레논 아니에요?

데이비드: 뭐라고요? (허둥지둥 뒤를 돌아본다.)

카밀: 호호. 농담이에요.

영화 〈뉴욕, 아이 러브 유New York, I Love You〉의 한 장면

불세출의 록 밴드? 영국 최고의 수출품? 비틀스Beatles에 수식어를 붙이려는 시도는 부질없다. 비틀스는 비틀스일 뿐이다. 4인조 완전체로 활동한 건 8년에 불과했지만, 대중음악의 역사는 그들 이전과 이후로 나뉜다. 그중에서도 존 레논John Lennon에 대한 뉴욕 시민들의 사랑은 각별하다. 1971년 이래 뉴욕에서 살았고, 뉴욕에서 생을 마감했기 때문이다. 레논은 웨스트 빌리지 뱅크 가Bank St 105번지 아파트에 입주했다. 이런 말도 했다.

"나는 미국인으로, 그리니치빌리지에 태어나지 못한 것이 깊이 유감이다. 그리니치빌리지는 정말 죽어가고 있는 걸지도 모르고, 공기 중에 먼지가 많을지도 모른다. 하지만 거기야말로 흥미로운 일들이 벌어지는 장소다."

차라리 그리니치빌리지에 계속 살았으면 좀 더 멋져 보였을지도 모른다. 하지만 존 레논 부부는 1973년에 맨해튼에서 가장 부유한 사람들이 모여 사는 어퍼 웨스트사이드 72가 1번지 건물로 이사를 했고, 1980년 마크 채프먼Mark David Chapman이라는 정신병자에게 피격을 당해 세상을 떠날 때까지 거기서 살았다. 살인자 채프먼에 초점을 맞춘 〈The Killing of John Lennon〉이라는 영국 영화와 〈Chapter 27〉이라는 미국 영화가 있다. 그가 살았던 72가의 아파트는 1884년에 완공되었는데, 그 당시에는 맨해튼의 황량한 서북부 지역에 있다고 해서 '다코타The Dakota'라는 이름으로 부르게 되었다.

다코타에서 가까운 센트럴파크 서쪽 담장 부근에는 존 레논을 기념하는 스트로베리 필즈Strawberry Fields가 있다. 레논이 작곡한 노래에서 이름을 따온 이 기념물은 포장도로에 박아 넣은 둥근 모자이크로, 가운데 'IMAGINE'이라는 글자가 새겨져 있다. 〈뉴욕, 아이 러브

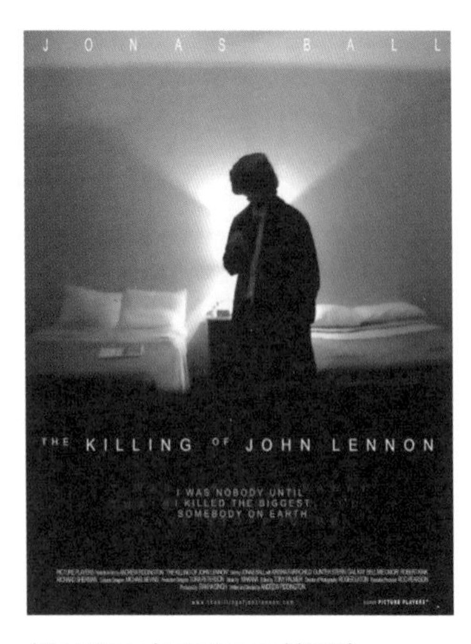

〈The Killing of John Lennon〉(2006)
★★ 감독 앤드류 피딩턴
출연 조나스 볼(채프먼)

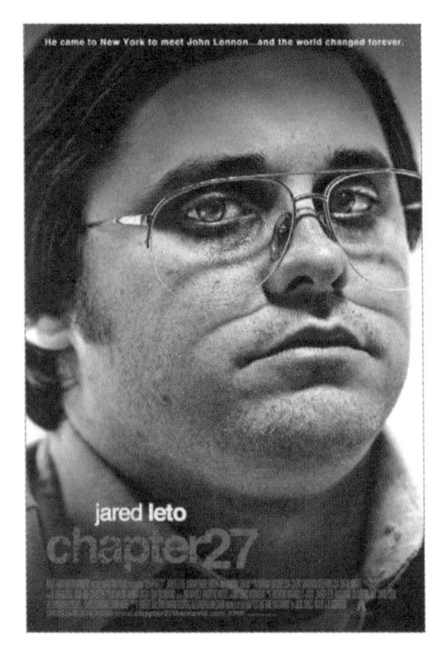

〈Chapter 27〉(2007)
★★ 감독 J. P. 쉐퍼
출연 자레드 레토(채프먼), 린제이 로한(주드)

유〉에서 영화음악 작곡가 데이빗이 감독의 지시를 받고 마지못해 도스토옙스키의 소설을 여기 들고 와서 읽었다.

1997년 스페인 영화 〈오픈 유어 아이즈Abre Los Ojos, Open Your Eyes〉를 리메이크한 〈바닐라 스카이〉에서 다코타는 부잣집 아들 데이빗이 물려받은 저택으로 등장한다. 건물주 측이 내부 촬영을 허락하지 않았기 때문에 저택의 내부는 스튜디오에서 찍었다. 다코타가 촬영을 허락하지 않은 건 당연한 일인지도 모른다. 이 건물에서 벌어지는 악마숭배를 줄거리로 삼은 〈Rosemary's Baby〉이란 1968년 영화가 이 비싼 부동산을 머리털이 쭈뼛 곤두설 만큼 무시무시한 장소로 묘사해놨기 때문이다. 로만 폴란스키Roman Polanski가 극본과 감독을 맡은 이 영화에서 다코타는 브램포드The Bramford라는 이름의 귀기鬼氣 어린 건

〈뉴욕, 아이 러브 유New York, I Love You〉(2008)
★★★ 감독 알렌 휴즈, 브렛 래트너, 파티 아킨
출연 올란도 블룸(데이빗), 크리스티나 리치(카밀), 나탈리 포트만(리프카)

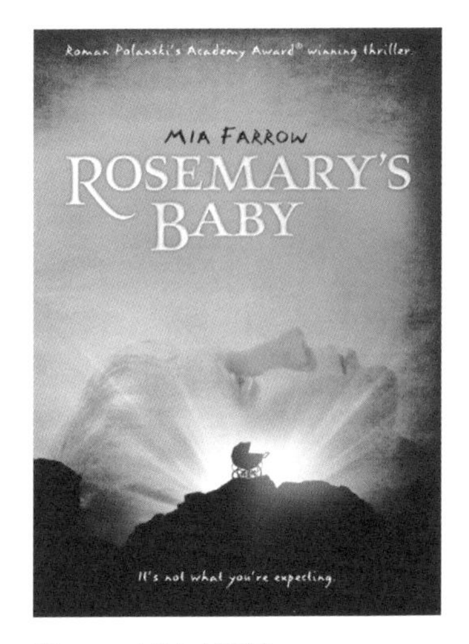

〈Rosemary's Baby〉(1968)
★★★★ 감독 로만 폴란스키
출연 미아 패로우(로즈마리)

물로 나온다.

다코타로 이사를 와서 임신을 하게 된 젊은 여성 로즈마리는 철석같이 믿는 자기 남편이 이웃에 사는 수상한 악마 숭배자들과 한통속이 되었다는 사실을 깨닫는다. 귀신도 무섭고 악마도 무섭지만, 사람보다 더 무서운 게 있으랴. 폴란스키는 여러 장면을 롱테이크long-take로 촬영했는데, 영화에 몰입한 관객은 그것이 한 번에 찍은 긴 시퀀스라는 사실을 알아챌 틈도 없이 긴장감에 사로잡힌다. 영화가 개봉한 이듬해 폴란스키 감독의 아내였던 26세의 모델 샤론 테이트Sharon Tate가 만삭의 몸으로 광신도 집단 맨슨 페밀리Manson Family 소속원에 의해 비참하게 살해당했다는 사실은 이 영화의 을씨년스러움을 더한다.

귀신 얘기 나온 김에 한 편 더. 다코타에서 여섯 블록 아래 센트럴파크 웨스트 55번지 건물은 〈고스트버스터즈〉의 여주인공 데이나의 아파트였다. 그녀는 수메르 출신 악령에 사로잡히고, 고스트버스터는 악령 숭배자가 의도적으로 이 아파트를 지옥의 관문으로 설계했다는 사실을 알아낸다.

쓰다 보니 좀 미안하다. 좋은 동네를 소개하면서 너무 어둡고 칙칙한 이야기로 시작해버렸다. 이 동네의 평상시 분위기는 사실 암살이나 귀신 따위와는 거리가 멀다. 부자들이 사는 건물의 번듯한 현관 뒤에 뭔가 음침한 비밀이 도사리고 있으리라는 짓궂은 상상력이 촬영 장소 선정에 영향을 미쳤으리라. 데이나의 아파트 길 건너 센트럴 파크 웨스트 50번지 건물도 자주 영화에 나온다. 프라사다The Prasada라는 이름이 붙어 있는 이 건물은 〈세 남자와 아기Three Men and a Baby〉, 〈For Richer or Poorer〉, 〈로드 오브 워Lord of Wars〉에 부유한 주인공들의 저택으로 등장했다.

좀 떨어진 브로드웨이 2109번지 건물도 영화에 자주 나온다. 안소니아The Ansonia라는 이름을 가진 이 건물은 1904년에 완공되었다. 특이한 외관과 어퍼 웨스트사이드의 한복판이라는 장소 덕분에 〈위험한 독신녀Single White Female〉에서 소프트웨어 디자이너인 앨리가 룸메이트와 싸우며 생사의 고비를 넘는 장소가 되었고, 〈돈 세이 워드Don't Say a Word〉에서는 자기 환자 엘리자베스로부터 비밀을 캐내야만 납치당한 딸을 되찾을 수 있는 정신과 의사 네이탄 콘래드의 아파트가 되었다가, 〈Uptown Girls〉에서는 큰 재산을 상속받았지만 전 재산을 횡령당한 처녀 몰리가 살다가 쫓겨난 아파트였으며, 〈퍼펙트 스트레인저Perfect Stranger〉에서는 데이빗 셰인이라는 남자 필명으로 위험한 탐사 보도 기사를 취재하는 로위나의 아파트가 되었다.

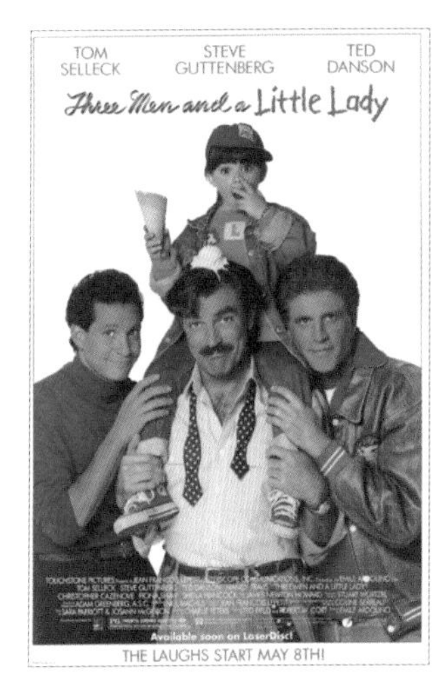

〈세 남자와 아기Three Men And A Baby〉(1987)
★★★ 감독 레너드 니모이
출연 톰 셀렉, 스티브 구텐버그, 테드 댄슨

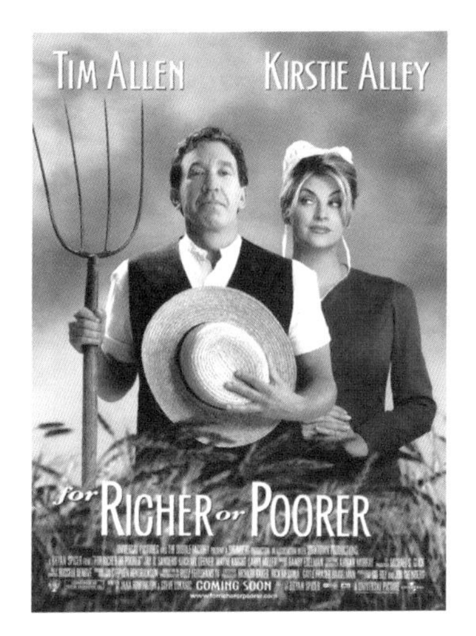

〈For Richer or Poorer〉(1997)
★★★ 감독 브라이언 스파이서
출연 팀 알렌

〈퍼펙트 스트레인저〉가 개봉하던 2007년 4월 〈워싱턴 포스트〉는 영화평에서 할리 베리Halle Berry가 연기하는 로위나의 캐릭터를 소개하면서 "그녀는 탐사 보도 전문 기자를 연기한다. 그녀가 어퍼 웨스트사이드에 있는 400만 달러짜리 사치스러운 안소니아 콘도에 산다는 사실은 일단 무시하라. 기자라면 대부분 그 정도 아파트는 가지고 있을 테니."라고 반어적으로 빈정댔다. 사실 어퍼 웨스트사이드의 주민들이 악령에 시달리거나(〈Rosemary's Baby〉, 〈고스트버스터즈〉), 허울뿐인 불행한 결혼 생활을 이어가고 있거나(〈For Richer or Poorer〉, 〈아이즈 와이드 셧〉), 납치 또는 살해 위협에 시달리거나(〈위험한 독신녀〉, 〈돈 세이 워드〉), 불법 국제 무기상처럼 떳떳하지 못한 직업을 가지고 있거나(〈로드 오브 워〉), 기껏해야 부모로부터 큰 재산을 물려받은 철없는 젊은이

〈위험한 독신녀Single White Female〉(1992)
★★★ 감독 바벳 슈로더
출연 브리짓 폰다(앨리 존스), 제니퍼 제이슨 리(헤디 칼슨)

〈돈 세이 워드Don't Say a Word〉(2001)
★★★ 감독 게리 플레더
출연 마이클 더글라스(네이탄), 브리티니 머피(엘리자베스)

〈퍼펙트 스트레인저Perfect Stranger〉(2007)
★★★ 감독 제임스 폴리
출연 할리 베리(로위나), 브루스 윌리스(해리슨 힐)

〈라이크 선데이, 라이크 레인Like Sunday, Like Rain〉(2014)
★★★ 감독 프랭크 웨일리
출연 리튼 미스터(엘리너), 데브라 메싱(바바라), 줄리언 샷킨(레지)

(〈Uptown Girls〉, 〈바닐라 스카이〉)로 묘사되는 것은 부자들에 대한 대중의 시기심을 심술궂게 투사한 측면도 있고, 돈이 인간을 행복하게 만들어주는 건 아니라는 평범한 진리가 자연스레 반영된 측면도 있을 것이다.

영화 속 어퍼 웨스트사이드는 이루기 어려운 꿈을 상징하기도 한다. 1990년 작품 〈Green Card〉의 주인공 브론테는 웨스트 76가 60번지의 아파트 입주 자격을 얻기 위해 프랑스인 조지와 위장 결혼을 했다. 정원사인 브론테는 옥상에 멋진 온실을 갖춘 이 아파트에 살고 싶었지만 그러기 위해서는 기혼자로 입주 자격을 제한한 위원회Board의 까다로운 심사를 거쳐야 했기 때문이다. 에일스미어Aylsmere라는 이름을 가진 이 아파트는 1894년에 지은 것이라고 한다.

〈패닉 룸Panic Room〉(2002)
★★★ 감독 데이빗 핀처
출연 조디 포스터(메그), 포레스트 휘테커(번햄), 크리스틴 스튜어트(사라)

〈내니 다이어리〉의 인디 영화 버전이랄 수 있는 〈라이크 선데이, 라이크 레인Like Sunday, Like Rain〉의 주인공은 어퍼 웨스트사이드 저택에 임시 보모로 취업한 엘리너다. 그 집의 열두 살 난 사내아이 레지는 음악, 수학, 문학의 영재지만 엄마의 무관심 속에 외롭게 지내는 아이다. 외롭고 상처받은 부잣집 아이는 뉴욕 업타운 아동들의 스테레오타입, 또는 클리셰Cliché인 셈이다.

불세출의 록 밴드? 영국
최고의 수출품? 비틀스에
수식어를 붙이려는 시도는
부질없다. 비틀스는
비틀스일 뿐이다.

이런 사실을 곱씹어보면 〈패닉 룸Panic Room〉에 나오는 철옹성이 웨스트 94가 38번지라는 게 전혀 이상하지 않다. 이런 장소 선정만으로도 관객들은 오래된 선입견의 도움을 받아 신속히 주인공들의 성격을 파악할 수 있다. 이 영화에서 연약한 여성 메그와 그녀의 어린 딸 사라는 집에 침입한 강도들에 맞서 목숨을 부지해야 한다. 다행히 이 아파트의 내부에는 괴팍한 이전 주인이 설치해둔 도피 시설(패닉 룸)이 있다. 하지만 당뇨병을 앓고 있는 사라는 패닉 룸 안에서 실신하고, 그녀의 글루카곤glucagon 주사는 패닉 룸 밖 냉장고에 있다.

철벽과 철문, 여러 대의 감시 카메라가 설치된 이런 도피 시설을 만든 사람, 실평수를 손해 보면서도 이런 집을 구입하는 사람은 어떤 사람일까? 타인을 두려워해야 할 만큼 가진 것이 많은 사람이 아닐까? 패닉 룸을 만드는 사람은 그것을 사용하기 전에 벌써 그 속에 자신의 영혼을 가둔 게 아닐까? 패닉 룸은 에드거 앨런 포Edgar Allan Poe의 소설 《생매장The Premature Burial》이나 《어셔가의 몰락The Fall of the House of Usher》이 묘사하는 '산 채로 주검 취급을 받는' 공포를 상징하는 게 아닐까? 그렇게 볼 수 있다면 수많은 감시 카메라가 있는 도시에서 꽁꽁 열쇠로 걸어 잠근 집에서 살아가는 모든 현대인은 이미 반쯤은 죽은 상태로 살아가는 건 아닐까?

어퍼 웨스트사이드가 처음부터 '업타운'이었던 건 아니다. 아이젠하워 대통령이 1959년 이 지역에 링컨 센터Lincoln Center for the Performing Arts를 짓는 착공식을 거행하던 무렵만 해도 이곳은 새롭게 이민 온 블루칼라 노동자들이 사는 낙후된 동네였다. 〈로미오와 줄리엣〉을 번안한 1961년의 영화 〈웨스트 사이드 스토리West Side Story〉가 1950년대 이 구역을 배경으로 하고 있다. 이 영화의 로미오는 백인계 제트파의

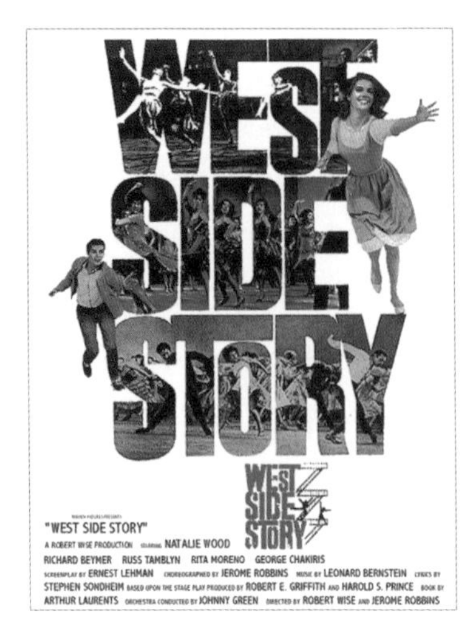

〈웨스트 사이드 스토리West Side Story〉(1961)
★★★★ 감독 제롬 로빈스, 로버트 와이즈
출연 나탈리 우드(마리아), 리처드 베이머(토니)

〈유브 갓 메일You've Got Mail〉(1998)
★★★ 감독 노라 에프론
출연 톰 행크스(조 폭스), 멕 라이언(캐틀린 켈리)

토니이고, 줄리엣은 푸에르토리코계 샤크파 두목의 여동생 마리아였다. 이 뮤지컬을 처음 구상한 안무가 제롬 로빈스Jerome Robbins와 작곡가 레너드 번스타인Leonard Bernstein이 당초에 구상했던 줄거리는 부활절과 유월절 기간 중 로워 이스트사이드에서 가톨릭 가족과 유태인 가족 사이에 벌어지는 이야기였다고 한다. 1950년대만 해도 어퍼 웨스트사이드는 로워 이스트사이드와 크게 다를 게 없는 동네였다는 뜻이다.

고급 주택가로 변모한 뒤에도 이 구역의 변신이 멈춘 건 아니었다. 특히 1990년대 중반 이후의 부동산 활황은 주거 지역의 재개발을 더 부추겼다. 〈나 홀로 집에 2-뉴욕을 헤매다〉에서 케빈이 강도들을 혼내주던 95가 51번지 빈 집은 재개발 공사 중이고 집주인인 케빈의 삼촌 내외는 외유 중이라는 설정이었다.

멕 라이언의 작은 동네 서점이 톰 행크스의 대형 서점에 잠식당하는 1998년 영화 〈유브 갓 메일〉도 당시 뉴욕의 풍경을 현실감 있게 담아냈다. 캐틀린은 어퍼 웨스트사이드에 아동도서 전문서점 'Shop Around the Corner'를 운영하는 서점주다. 이 서점은 웨스트 69가 106번지 치즈 가게를 빌려서 촬영했는데, 지금은 세탁소가 되어 있다. 그녀의 아파트는 웨스트 89가 328번지고, 남주인공 조의 아파트는 리버사이드 드라이브Riverside Drive 210번지 건물이었다. 둘 다 리버사이드 공원Riverside Park 가까운 곳에 살았기 때문에, 두 주인공이 키스를 나누는 키스신은 자연스럽게 이 공원이 배경이 되었다. 90가와 91가 사이의 강변 정원이다.

어퍼 이스트에 메트로폴리탄 박물관이 있다면, 어퍼 웨스트에는 자연사박물관과 링컨 센터가 있다. 이 두 동네는 비슷하면서도 미묘한 차이가 있다. 극성 학부모들이 자주 등장하는 어퍼 이스트사이드와는 달리, 어퍼 웨스트사이드는 교육이나 육아에조차 얽매이지 않은 여유롭고 자유로운 어른들이 (반드시 행복하지는 않게) 살아가는 동네다. 아마도 부정확한 선입견이겠지만, 이것이 뉴욕 영화의 지정학이다. 미드타운과의 경계를 이루고 있는 콜럼버스 서클이 등장하는 영화의 장면이 종종 그 앞과 뒤를 가르는 경계적인 성격을 띠는 것도 우연만은 아닐 것이다.

어퍼 맨해튼 *Upper Manhattan*

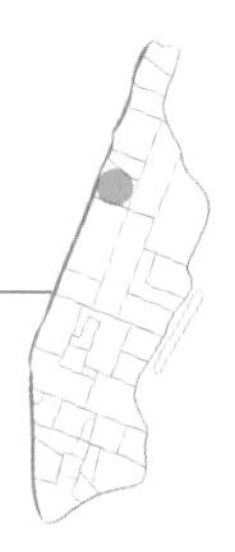

뉴욕에서 예술가 행세를 할 수 있는 건 부자들뿐이야.

영화 〈프란시스 하〉 중에서

독립 영화 제작자 노아 바움백에게는 연인 그레타 거윅이 뮤즈였던 모양이다. 그녀와 공동 작업을 시작하면서 그의 영화들은 더 생기를 띠었다. 생기로 말하면 실은 대부분이 그레타의 몫이 아닌가 싶다. 각본도 쓰고 연출도 하고 연기도 하는 이 다재다능한 아가씨가 긴 팔을 휘저으며 어리숙하게 장광설을 늘어놓는 모습은 나름 귀염성이 있다. 그녀가 무용수 지망생으로 등장하는 〈프란시스 하〉라는, 노아 바움백의 2012년 흑백영화가 있다. 우리나라의 젊은 층에도 꽤 인기를 얻은 이 영화는 어디서 본 듯하면서도 비슷한 다른 영화를 고르기가 쉽지 않다. 마치 홍상수 감독이, 우디 앨런을 사사한 배우들을 데리고 캔디스 부쉬넬의 소설을 영화로 만들면서 잉그마르 베르히만Ingmar Bergman에게 촬영을 맡긴 것 같다고나 할까.

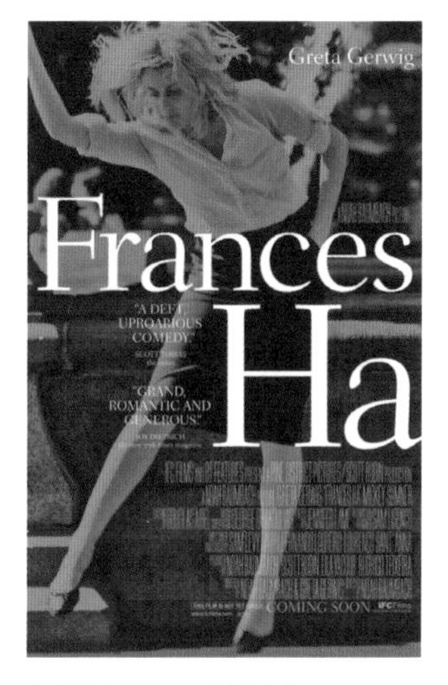

〈프란시스 하Frances Ha〉(2012)
★★★ 감독 노아 바움백
출연 그레타 거윅 (프란시스), 믹키 섬너 (소피)

전업 무용수를 꿈꾸는 프란시스는 브루클린에 살다가 친구의 배신으로 로워 이스트사이드로 떠밀려가 동분서주한다. 새롭게 떠오르는 트라이베카로 가고 싶지만 돈이 없다. 우여곡절 끝에 그녀가 결국 사무직으로 정착하는 곳은 워싱턴 하이츠Washington Heights다. 뉴욕을 아는 이들에게 이 동네들은 프란시스의 부침을 알려주는 기표 역할을 한다. 브루클린 밴더빌트 가Vanderbilt Ave 682번지라는 주소와, 워싱턴 하이츠 오듀본 가Audubon Ave 97번지라는 주소를 굳이 자막으로 보여주는 것도 그 때문이리라. 저녁 값으로 낼 현찰도 없어 현금지급기를 찾아 길거리를 이리저리 뛰어다니면서 넘어지는 프란시스의 '몸개그'는 그녀의 곤궁한 처지를 로워 이스트사이드라는 배경에 빗대어 보여주는 행위 예술인 셈이다.

프란시스의 여정은 주택가에서 시작해 주택가에서 끝난다. 브루클린이 맨해튼으로 진입하고 싶어 하던 출발점이었다면, 워싱턴 하이츠는 도심에서 밀려나고 꿈을 접은 뒤에 도달한 도착점이다. 요컨대 이곳은 프란시스처럼 '시티'의 요충지로 진입해 들어가지 못한 사람들의 주거지다. 어퍼 웨스트사이드 이북으로 허드슨 강을 서쪽으로 면하고 있는 기다란 띠 모양의 지역은 맨해튼 안에 있지만 브롱크스의 분위기를 더 닮아 있다. 허드슨 강과 할렘 강, 센트럴파크가 물리적인 경계를 이루고, 어퍼 웨스트사이드라는 위화감 드는 부자 동네와 할렘이라는 슬럼가에 사이에 끼인 중산층의 거주지, 섬 속의 섬처럼 보이기도 하는 동네다.

이번에 우리가 둘러볼 동네의 동쪽 경계는 남북으로 길게 이어지는 맨해튼 가Manhattan Ave와 세인트 니콜라스 가St. Nicholas Ave다. 그 동쪽은 우리의 다음 목적지인 할렘Harlem 지역이다. 어퍼 웨스트사이드는 센트럴파크가 끝나는 110가까지로 본다. 거기서부터 130가까지를 모닝사이 하이츠Morningside Heights라고 한다. 조금 겹치지만, 122가에서 135가까지는 맨해튼빌Manhattanville이다. 135가와 155가 사이는 해밀턴 하이츠Hamilton Heights인데, 여기는 할렘의 일부로 간주하기도 하고 웨스트 할렘이라고 부르기도 한다. 155가에서 다이크먼 가Dyckman St까지를 워싱턴 하이츠라고 하는데, 그중에서도 181가 이북 지역은 포트 조지Fort George라고 따로 구분하기도 한다. 그보다 위쪽 맨해튼 섬의 최북단은 인우드Inwood라는 동네다. 이 동네에 줄줄이 하이츠라는 이름이 붙은 이유는 실제로 거기가 맨해튼에서 해발고도가 제일 높은 언덕이라서다. 높은 구릉 지대에서 강 건너 뉴저지를 굽어보고, 저만치 허드슨 강을 가로지르는 조지 워싱턴 브리지George Washington Bridge가 보인다.

모닝사이드 하이츠는 대학가다. 남쪽에 뉴욕 대학를 중심으로 하는 그리니치빌리지가 있다면, 북쪽의 모닝사이드 하이츠에는 컬럼비아 대학Columbia University를 중심으로 티처스 칼리지Teachers College, 버나드 칼리지Barnard College, 맨해튼 음악대학Manhattan School of Music, 뱅크 가 교육대학Bank Street College of Education 등이 포진하고 있다. 이 동네 부동산의 가장 큰손으로 젠트리피케이션을 선도한 주역은 컬럼비아 대학이다. 대학 소유 부동산의 확장과 모닝사이드의 치안 안정 속도는 비례했는데, 대학이 부동산 장사를 한다는 비난도 적잖이 들었다. 할렘과 확연히 구분될 만큼 동네 분위기가 개선되자, 1990년대부터는 모닝사이드 하이츠 지역을 'SoHaSouth of Harlem'라고 부르는 이들도 생겨났다.

뉴욕을 배경으로 인기 시트컴 〈Seinfeld〉에서 제리와 크레이머가 살던 아파트는 어퍼 웨스트사이드의 81가 129번지였지만, 극중에서 제리가 친구들과 가장 자주 만나던 장소는 톰스 레스토랑Tom's Restaurant이었다. 브로드웨이 2880번지에 있는 이 식당은 지금도 이 시트콤 팬들의 단골 순례지로 남아 있다. 물론 식당 내부는 스튜디오에서 촬영한 드라마와는 딴판이다.

컬럼비아 대학 교정도 여러 영화에 등장했다. 〈고스트버스터즈〉의 세 괴짜 과학자들이 해충구제회사 직원 같은 옷을 입고 전업 유령

잡이로 나서기 전까지 근무하던 학교가 여기였다. 〈스파이더맨〉 시리즈에서는 주인공 피터 파커가 컬럼비아 대학교 물리학과 학생으로 나온다. (원작 만화에서는 '엠파이어스테이트 대학'이라는 가상의 학교였다.) 〈Mr. 히치-당신을 위한 데이트 코치〉의 주인공 히치가 학창 시절 꺼벙한 모습으로 연애를 시작했다가 차인 흑역사도 이 교정에서 빚어졌다. 〈Premium Rush〉의 자전거 택배 기사 윌리는 컬럼비아 로스쿨 졸업생인데, 그가 중국 여성 니마로부터 사건의 발단이 되는 문서를 받아 쫓기기 시작하는 장소도 이 대학 교정이다. 참고로 니마 역을 맡은 할리우드의 신예 제이미 정Jamie Chung은 한국계 배우다.

모닝사이드 하이츠 이북 지역은 한때는 뭉뚱그려 할렘으로 간주될 정도로 치안이 좋지 않았지만, 1990년대 이후 젠트리피케이션이 빠르게 진행되었고 주민 구성도 지속적으로 변하고 있다. 알렉산더 해밀턴Alexander Hamilton이 말년에 살았다고 해서 해밀턴 힐이라는 이름이 붙은 135가 이북 지역은 1930년대만 해도 경제 사정이 좋은 흑인들이 주로 거주하던 지역이었다. 재즈계의 두 귀족, 듀크 엘링턴Duke Ellington과 카운트 베이시Count Basie가 이 동네 주민이었다. 1940년대에는 동유럽 유태인들이 다수를 이루었고, 그보다 북쪽의 워싱턴 하이츠에는 프랑크푸르트Frankfurt-am-Main 출신 독일인들이 다수 거주해서 한때 '허드슨 강변의 프랑크푸르트Frankfurt-on-The-Hudson'라고 부를 정도였다. 1980년대 들어서는 도미니카공화국 출신 이민들이 대규모로 이주해왔다. 도미니카에 대통령 선거가 있으면 워싱턴 하이츠에서 후보들이 유세 행진을 벌일 정도다.

워싱턴 하이츠 곳곳을 보여주는 최근 영화로 〈익스포즈Exposed〉가 있다. 키아누 리브스가 형사로 출연하는 이 영화는 얼핏 보면 심령

괴기 영화처럼 보이는 사이코 스릴러인데, 가난한 도미니카계 주민들이 대거 등장한다. 쿠바 출신 여배우 아나 데 아르마스Ana de Armas는 깊은 상처를 안고 살아가는 도미니카 이민자 이자벨로 출연한다.

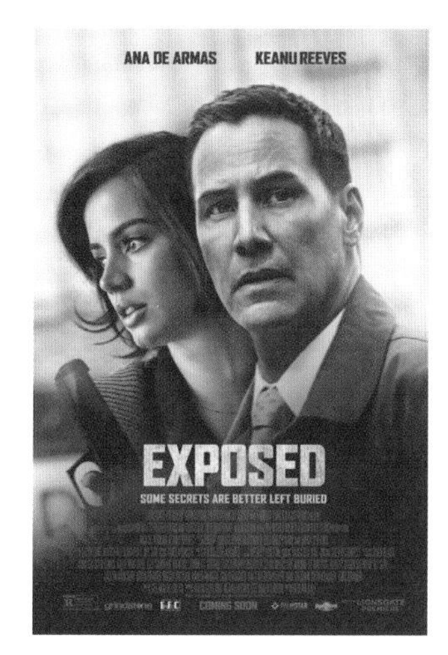

〈익스포즈Exposed〉(2016)
★★★ 감독 디클란 데일
출연 키아누 리브스, 아나 데 아르마스

해밀턴 하이츠의 144가 444번지 저택은 웨스 앤더슨Wes Anderson 감독의 2001년 영화 〈로얄 테넌바움The Royal Tenenbaums〉에서 테넌바움가의 집으로 등장했다. 세상을 달관한 것처럼 성숙하면서도 괴팍하거나 유치한 짓을 일삼는 등장인물들, 빛바랜 파스텔톤 색감, 인위적인 화면 구성, 특징적인 손 글씨 자막 등을 자기만의 상표로 삼은 앤더슨 감독의 영화는 가족의 해체, 죽음을 통한 치유 같은 테마를 코믹하게 다룬다. 테넌바움 가족도 봉숭아학당 분위기인데, 20년 전 가족을 버리고 떠났던 가장이 위암을 앓는다는 거짓말을 핑계 삼아 집으로 돌아오면서 벌어지는 해프닝이 뼈대를 이룬다.

워싱턴 하이츠는 독립전쟁 당시 영국군에 맞서 허드슨 강 하구를 지키는 군사기지 포트 워싱턴Fort Washington이 설치되었던 곳이다. 이곳과 마주보는 강 건너편의 기지가 지금은 한인타운으로 변신한 포트리이고 이 두 지점을 잇는 다리가 조지 워싱턴 브리지다. 조지 워싱턴 장군이 이끌던 독립군이 1776년 전투에서 패배해 퇴각한 쓰라린 역사를 안고 있다. 이곳을 기지로 삼은 이유는 자명하다. 맨해튼에서 해발고도가 가장 높은 곳이기 때문이다. 최고 해발고도(81m) 지점인 베네트 공원Bennet Park에는 '맨해튼 최고도 지점'이라는 표지가 있다.

그러다 보니 미드타운에는 없는, 높고 긴 계단들이 이 동네에는 많다. 〈툼스톤A Walk Among the Tombstones〉에서는 경찰관 매튜가 동네 주점에서 낮술을 한잔 걸치다가 건달들의 살인 사건을 목격하고 범인을 추격해 계단 길에서 총으로 쏘아 굴러 떨어뜨리는 장면이 나온다. 포트 워싱턴 가와 오버룩 테라스Overlook Terrace 사이에 있는 187가 회랑의 계단이다. 세르게이 에이젠슈타인Sergei M. Eisenstein의 〈전함 포템킨The Battleship Potemkin, Bronenosets Potemkin〉 이래 계단에서의 폭력 장면은 〈The French Connection〉, 〈언터처블The Untouchables〉, 〈인정사정 볼 것 없다〉 등등 극적 효과를 배가하기 위해 자주 사용되어왔다. '낮은 곳으로의 추락'을 시각적으로 보여줄 수 있어서다.

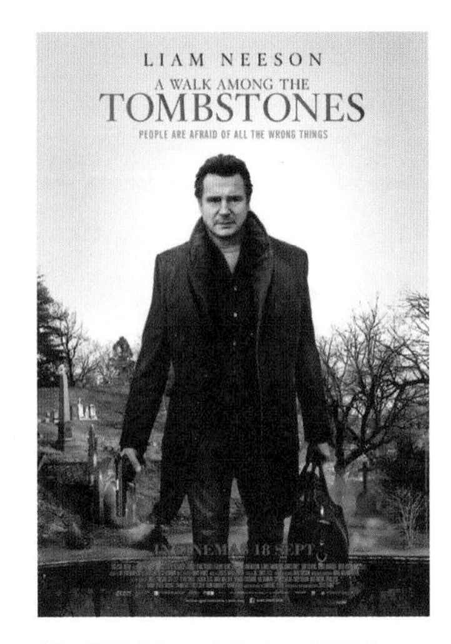

〈툼스톤A Walk Among the Tombstone〉(2014)
★★★ 감독 스콧 프랭크
출연 리암 니슨(매튜 스커더), 댄 스티븐스(케니)

워싱턴 하이츠에는 할렘 강을 굽어보는 쿠건의 절벽Coogan's Bluff이라는 경사지가 있다. 이 지명을 활용한 〈Coogan's Bluff〉라는 영화도 있었다. 영화에 이 절벽이 등장하는 건 아니지만 어퍼 맨해튼을 배경

〈Coogan's Bluff〉(1968)
★★ 감독 돈 시겔
출연 클린트 이스트우드, 수잔 클락, 리 J. 코브

〈Match〉(2014)
★★★ 감독 스티븐 벨버
출연 패트릭 스튜어트, 칼라 구지노, 매튜 릴라드

으로 삼고 있다. '쿠건의 허세'라는 이중의 의미로도 읽힐 수 있는 제목이 탐나긴 했으리라. 클린트 이스트우드가 범인을 인도받기 위해 아리조나에서 카우보이모자를 쓰고 뉴욕을 찾아온 보안관 월트 쿠건 역으로 출연한다. 이스트우드의 액션물 중 최상급에 속하는 영화는 아니지만, 그가 '석양의 무법자'에서 '더티 해리Dirty Harry'로 변신하는 중간 과정이라는 점에서 흥미롭다.

패트릭 스튜어트Patrick Stewart가 연기한 〈Match〉의 주인공 토비는 줄리어드 음대의 발레 교수다. 그를 인터뷰하겠다는 부부가 맨해튼 최북단 인우드에 있는 그의 집을 방문한다. 이 집의 옥상에서는 조지 워싱턴 브리지가 내다보인다. 고층 건물은 별로 보이지 않아 맨해튼의 스카이라인 치고는 특이한 풍광이다.

> 토비: 한국전쟁 난민을 위한 공연의 차석 솔리스트가 아파서 내가 대타로 무대에 섰어요. 그 뒤로 한 달 반 동안 나는 장안의 화제였어요. 춤에 관해 떠드는 이들 사이에서 말이죠. 그리고 카라카스 국립 발레단에 들어가서 여러 나라를 순회하며 공연을 하게 됐지요. (중략) 1988년부터 2004년까지 세계 모든 주요 오페라 공연의 안무를 맡았는데, 지금은 여기로 오게 됐어요. 도미니카인과 알바니아인이 주로 사는 뉴욕의 동네에. 오기 전까지는 이런 데가 있는지도 몰랐어요.

인우드의 초입에는 포트 타이슨 공원Fort Tyson Park이 있고, 그 정점에는 클로이스터스The Cloisters라는 메트로폴리탄 박물관 소속 중세박물관 건물이 있다. 1939년 존 록펠러 주니어John D. Rockefeller Jr.가 프랑스에서 발굴한 수도원들을 뜯어 와 이곳에 복원한 후 박물관 시설로 사용하고 있는 것이다. 〈Coogan's Bluff〉에서 이스트우드는 이 박물관과 포트 타이슨 공원에서 총질을 하면서 오토바이 추격전을 벌였다. 브래드 피트Brad Pitt가 주연하는 〈데블스 오운The Devil's Own〉에서는 IRA 요원들이 클로이스터스를 은밀한 접선 장소로 사용한다. 테러리스트들조차 세간의 눈을 피해 숨어드는 조용한 장소에서 권총을 난사하던 월트 쿠건의 무신경한 마초형 캐릭터는, 장차 그 장르물의 허세Bluff를 '용서받지 못해' 괴로워할 〈용서받지 못한 자Unforgiven〉의 윌리엄 머니 같은 반대쪽 캐릭터를 일찌감치 예고하고 있던 셈이다.

앞서 소개한 〈Portrait of Jennie〉에서 유령 소녀 제니가 다니던 수녀원으로 나왔던 클로이스터스는 할 하틀리Hal Hartley 감독의 〈Amateur〉에서 다시 수녀원으로 등장했다. 하틀리는 1990년대에 인디 영화의 기린아로 두터운 팬층을 확보한 감독이다. 포르노 소설을

돈으로 사랑은 못 사도
세월은 어쩌면 살 수
있는 건지도 모르겠다는
생각이 드는 중세의
시뮬라크르simulacre.
맨해튼 안에 있다고
믿어지지 않을 만큼
고즈넉한 곳이니 가보기를
추천한다.

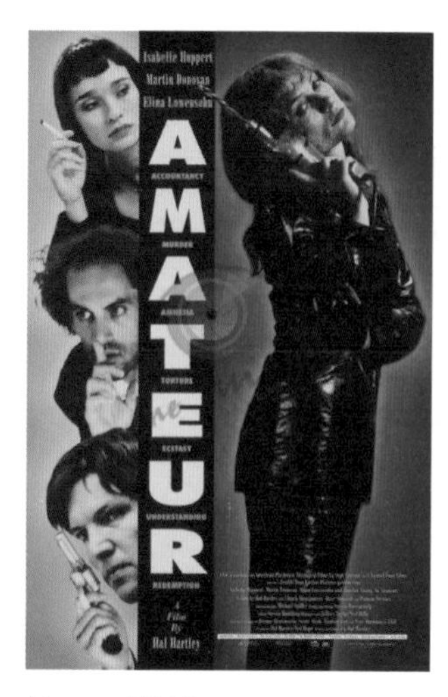

〈Amateur〉(1994)
★★★ 감독 할 하틀리
출연 이자벨 위페르, 마틴 도노반

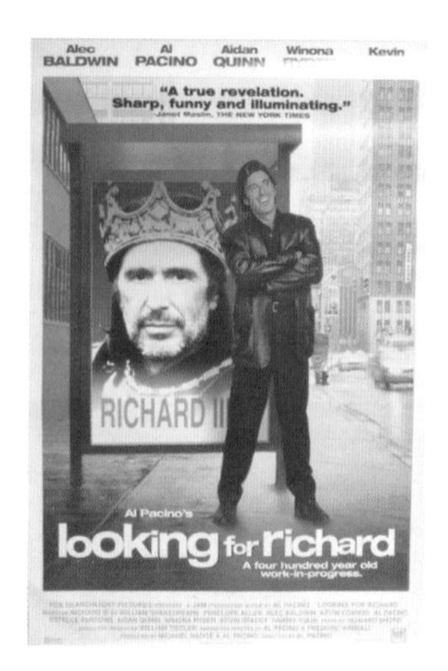

〈Looking for Richard〉(1996)
★★★ 감독 알 파치노
출연 알 파치노

쓰면서 신의 계시를 기다리는 전직 수녀, 폭력을 일삼는 동거남을 자신이 살해했다고 믿는 포르노 배우, 기억상실증에 걸린 건달 등이 등장하는 스릴러다. 전직 수녀가 악당들의 추적을 피해 포르노 배우와 기억상실증 환자를 데리고 이곳으로 도피하기 때문에, 사람이 총에 맞아 죽는 이 영화의 결말은 클로이스터스 대문 앞에서 벌어진다.

1996년 칸영화제의 '주목할 만한 시선Un Certain Regard' 부문에서는 〈Looking for Richard〉라는 다큐멘터리가 상영되었다. 알 파치노가 감독한 이 기록영화는 파치노 자신이 셰익스피어의 〈리처드 3세Richard 3〉의 주연을 맡아 연극을 리허설하면서 여러 사람을 인터뷰한 내용을 담고 있다. 형 에드워드 4세가 서거하자 형을 지지하던 귀족을 제거하고 어린 조카들을 폐위시킨 리처드 3세는 영국 왕실 드라마의 단골

악역이었다. 셰익스피어는 그의 신체적 결함을 꼽추로 과장해 그의 비뚤어진 성격을 시각화했다. 〈라이온 킹The Lion King〉에서 심바의 삼촌 스카의 모델이 된 인물이 리처드 3세다. 이런 배경을 알아야만 〈The Goodbye Girl〉의 주인공 엘리어트가 리처드 3세를 게이로 표현해야 했던 고충이 진정한 코미디가 된다. 알 파치노는 중세의 분위기를 살리기 위해 클로이스터스에서 리허설 장면을 촬영한다.

중정의 아치형 회랑을 채 통과하지 못한 햇볕이 돌바닥에 바랜 빛깔의 그림자를 드리우는 곳. 가을이면 불타는 색조로 물든 뉴저지 바위 열주들 위의 숲을 강 너머로 바라볼 수 있는 곳. 돈으로 사랑은 못 사도 세월은 어쩌면 살 수 있는 건지도 모르겠다는 생각이 드는 중세의 시뮬라크르simulacre. 맨해튼 안에 있다고 믿어지지 않을 만큼 고즈넉한 곳이니 가보기를 추천한다.

할렘 *Harlem*

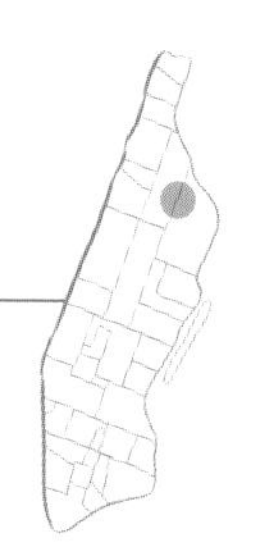

나의 고등학교는 락스베리의 흑인 빈민가였고, 나의 대학교는 할렘의 길거리였습니다. 나의 대학원은 감옥이었지요. 이 학교 창밖은 내가 강도를 일삼던 거리였습니다. 나는 짐승처럼 지냈지요.

영화 〈말콤 X Malcolm X〉 중에서, 말콤 X의 대사

시드니 포이티어Sidney Poitier는 독보적인 영화인이다. 유색인종 배우들이 모멸적이고 주변적인 배역만을 맡고 있던 미국 영화계에서 인상적인 연기로 주연급 배우로 성장했고, 결국 〈Lilies of the Field〉로 아카데미 주연상을 수상한 첫 흑인 배우가 되었다. 영화에서 욕지거리나 슬랭slang을 쓰지 않고 지성적인 주연 배역을 소화할 수 있는 그의 후계자로 댄젤 워싱턴Denzel Washington을 꼽을 수 있다. 워싱턴은 2002년 〈트레이닝 데이Training Day〉로 두 번째 아카데미 주연상을 받은 흑인 배우가 되었다. 그는 할렘에서 성장하고 활동한 두 명의 매우 대조적인 실존 인물을 연기했다. 스파이크 리 감독의 〈말콤 X〉에서 무슬림 민권운동가 말콤 X로 출연했고, 리들리 스콧 감독의 〈아메리칸 갱스터American Gangster〉에서는 마약을 파는 폭력 조직 두목 프랭크 루카스Frank Lucas로 출연했다.

말콤 X는 전투적인 무슬림 청년단을 이끌었는데, 1957년의 경찰서 앞 시위에서는 손짓 하나로 4000명의 시위 군중을 해산시키는 카리스마를 발산해 경찰들의 등골을 서늘하게 만들었다. 1965년 2월 19일 브로드웨이 3940번지의 오듀본 볼룸Audubon Ballroom(지금은 말콤 X 기념관Malcolm X and Dr. Betty Shabazz Memorial and Educational Center)에서 연설을 하려고 연단에 섰다가 이슬람 네이션Nation of Islam 소속 무장 단원들의 총격에 암살당했다. 스파이크 리는 암살의 주된 동기가 말콤 X의 대중적 인기에 대한 시기심이었던 걸로 묘사하고 있다. 이 암살 사건은 돌이킬 수 없는 자충수였다. 말콤 X를 살해한 것이 흑인 단체였다는 사실은 미국 흑인들의 단합에 크나큰 상처를 남겼고, 미국에서 이슬람이 더는 민권운동의 중요한 축을 맡지 못하게 되는 결과를 초래했기 때문이었다.

〈트레이닝 데이Training Day〉(2001)
★★★ 감독 안톤 후쿠아
출연 덴젤 워싱턴(알론조), 에단 호크(제이크)

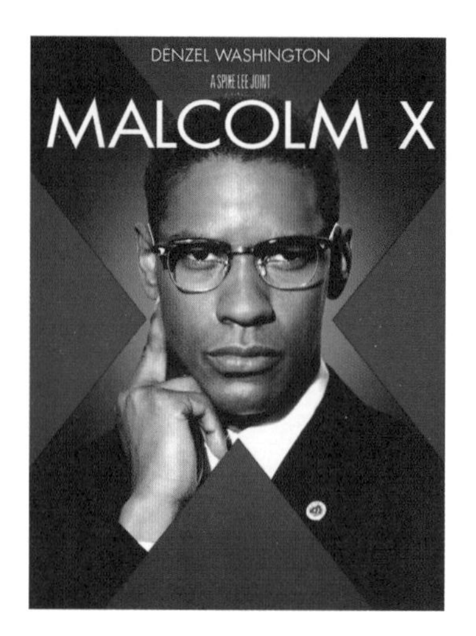

〈말콤 XMalcolm X〉(1992)
★★★ 감독 스파이크 리
출연 덴젤 워싱턴(말콤 X)

말콤 X보다 다섯 살 연하였던 프랭크 루카스는 1968년 할렘의 갱단 두목 엘즈워스 '범피' 존슨이 사망하자 조직을 인수하고 당시만 해도 이태리계 마피아들의 전유물로 여겨지던 마약을 대량으로 공급하기 시작했다. 그는 대담하게도 태국 북부 군벌과 직접 거래선을 트고 베트남전쟁 군수품 담당자와 담합하여 '블루 매직'이라는 순도 높은 마약을 미국 내로 반입했다. 그의 마약이 일차적으로 망가뜨린 대상은 할렘의 주민들이었다. 한 명의 배우가 이 두 인물을 연기했다는 사실은 묘한 느낌을 준다. 말콤과 루카스가 할렘의 두 얼굴을 상징하는 것처럼 보여서다.

말콤은 감옥에서 각성한 후 금욕적인 생활을 하면서 흑인 형제자매들에게 천부적인 권리를 자각시키기 위해 노력하다가 순교자가 된 인물인 반면에, 프랭크 루카스는 돈과 권력을 탐하면서 할렘 지역을 지구 상에서 가장 위험한 장소로 만드는 데 기여했다.

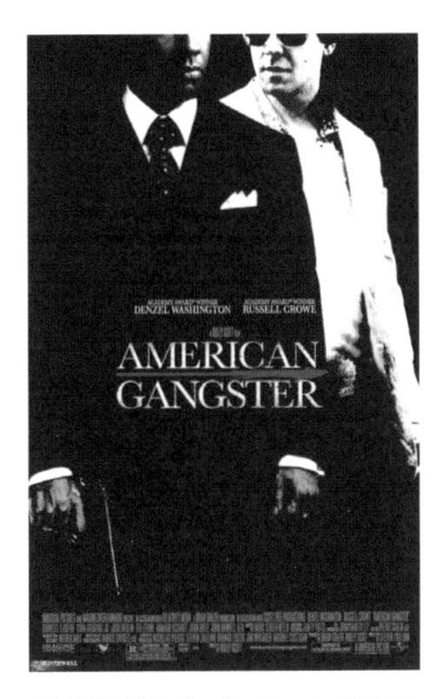

〈아메리칸 갱스터American Gangster〉(2007)
★★★ 감독 리들리 스콧
출연 덴젤 워싱턴(프랭크 루카스), 러셀 크로우(리치 로버츠)

지구 상에 미국이라는 나라가 생기기 전부터 우리는 흑인이었습니다. 미국이 사라지고 난 뒤에도 우리 흑인은 존재할 겁니다.
해마다 선거철만 되면 정치인들은 이곳으로 와서 우리를 달래려고 합니다. 백인들이 보내서 오는 겁니다.
그들은 이곳 할렘으로 마약을 보내서 우리를 달래고, 술을 보내서 우리를 달래고, 매춘을 보내서 우리를 달랩니다.
할렘에서조차 백인의 허락이 없으면 마약을 살 수 없고, 백인의 허락 없이는 할렘에서 성매매도 할 수 없고, 백인의 허락 없이는 할렘에서 도박도 할 수 없습니다.
당신이 술병을 딸 때마다 여는 건 정부의 납세 봉인입니다.

영화에서 말콤 X는 웨스트 125가 253번지에 있는 아폴로 극장Apollo Theater 앞 길거리에서 이렇게 연설한다. 불과 몇 년 후 이곳에 마약을 공급하는 큰손이 흑인 갱단으로 바뀐 걸 봤다면 말콤은 뭐라고 했을까. 참고로 이 도로는 에드워드 노튼Edward Norton 주연의 〈인크레

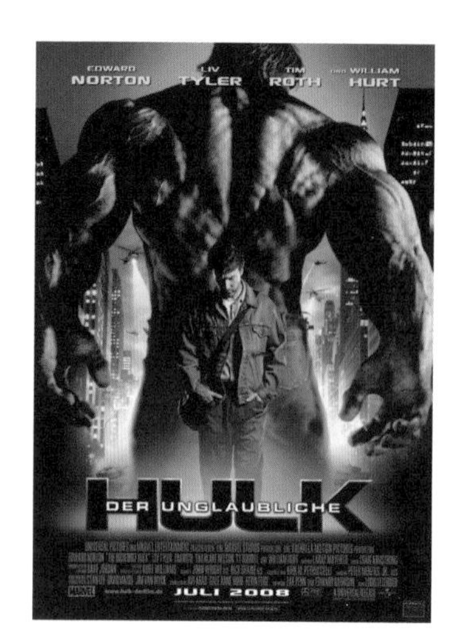

〈인크레더블 헐크The Incredible Hulk〉(2008)
★★★ 감독 루이스 리터리어
출연 에드워드 노튼(브루스 배너), 리브 타일러(베티 로스), 팀 로스(에밀 브론스키)

더블 헐크The Incredible Hulk〉에서 헐크가 악당 괴물 어보미네이션abomination과 싸우면서 만신창이로 만든 거리다.

할렘이 처음부터 마약상과 갱단의 보금자리였던 건 아니다. 17세기 중반 이 구역에 네덜란드인들이 주거지를 만들고 네덜란드 도시 이름을 따서 할렘Haarlem이라고 불렀다. 독립전쟁 중 영국군이 이 거주지를 폐허로 만들어버렸고 재건은 더딘 속도로 이루어졌다. 19세기 후반에 가난한 유태인과 이탈리아인들이 다수 유입되었지만, 1920년대에 미국 남부에 거주하던 흑인 200만 명 이상이 북부 지역 도시로 이주하는 인구의 대이동Great Migration이 일어나면서 할렘은 흑인 중심의 인구 구성을 가지게 되었다. 구성만 변한 게 아니라 인구 자체가 폭발적으로 늘어나, 1925년에 뉴욕은 런던을 따돌리고 세계 최대 인구의 도시가 되었다. 이런 변화는 뉴욕에 거주하는 흑인들의 문화적 자각으로 이어졌다. 흑인 지식인 공동체는 아프리카의 원초적 삶을 긍정적인 시각으로 바라보았고, 흑인 작가들은 그런 태도를 담은 소설을 쓰기 시작했다. 이것이 이른바 '할렘 르네상스Harlem Renaissance'다.

심각한 인종차별은 여전히 존재했지만, 할렘은 흑인 공동체의

〈커튼 클럽The Cotton Club〉(1984)
★★★ 감독 프랜시스 포드 코폴라
출연 리처드 기어, 다이안 레인

새로운 역동성을 보여주는 장소였다. 루이 암스트롱이 자주 연주하던 민튼스 플레이하우스Minton's Playhouse, 듀크 엘링턴이 활약하던 커튼 클럽Cotton Club, 드러머 칙 웹Chick Webb이 밴드를 이끌던 사보이 볼룸Savoy Ballroom 같은 할렘의 재즈 클럽들은 예전에 존재한 적이 없던 새로운 음악을 세상에 쏟아냈다. 〈말콤 X〉의 전반부에는 할렘의 재즈 클럽 스몰스 파라다이스Small's Paradise에서 춤추며 놀던 말콤의 젊은 시절 모습이 묘사되어 있다.

이곳을 범죄의 소굴로 전락시킨 계기는 1930년대의 대공황이었다. 그 암울한 시절에 전성기를 누린 것은 갱단과 재즈 뮤지션들뿐이었다. 프란시스 포드 코폴라 감독의 1984년 영화 〈커튼 클럽The Cotton Club〉은 이 무렵 커튼 클럽에서 벌어지는 연주와 치정과 질투와 범죄를 담은 영화다. 리처드 기어가 코넷 연주자 딕시 드와이트로, 다이안 레인이 갱단 두목의 연인 베라 역으로 출연한다.

1930년대부터 1950년대 말까지 할렘은 뉴욕 재즈의 본산이었다. 1958년 8월 12일, 아트 케인Art Kane이라는 사진작가가 이스트 126가 17번지 건물 앞에 57명의 유명 재즈 연주자들을 세워두고 사진을 찍었다. 잡지 〈에스콰이어Esquire〉의 1959년 1월호에 게재된 이 사진은 훗

〈A Great Day in Harlem〉(1994)
★★★ 감독 진 바흐
출연 퀸시 존스

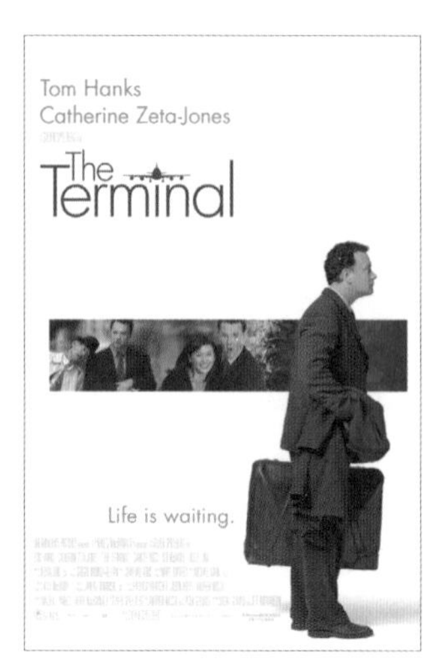

〈터미널The Terminal〉(2004)
★★★★ 감독 스티븐 스필버그
출연 톰 행크스(빅토르 나보스키), 캐더린 제타-존스(아멜리아 워렌)

날 'A Great Day in Harlem'이라는 제목으로 알려졌다. 재즈 팬이라면 누구나 57명의 기라성 같은 연주자들이 이렇게 한자리에 서 있다는 사실만으로도 흥분을 일으킨다. 이 사진에 얽힌 뒷얘기를 담은 〈A Great Day in Harlem〉이라는 영화가 1995년 아카데미 최우수 다큐멘터리상을 받았다. 스티븐 스필버그 감독의 〈터미널The Terminal〉에서 주인공 빅토르 나보스키가 머나먼 미국을 찾아온 이유, 공항에서 9개월 동안이나 갇혀 지내면서까지 뉴욕에 가려고 하는 것은 바로 이 사진 때문이다. 그는 이 사진을 가리켜 '이것이 재즈(This is Jazz)'라고 말한다. 공항에서 배운 서툰 영어 덕분에 정확한 제유법提喩法을 구사한 셈이다. 이 사진은 그 자체로 재즈다.

심각한 인종차별은 여전히
존재했지만, 할렘은 흑인
공동체의 새로운 역동성을
보여주는 장소였다.

아멜리아: 당신은 범죄자인가요? 빅터, 당신은 여기 공항 게이트에서 살고 있는 거잖아요? 난 왜 그러는지를 알고 싶은 거예요.

빅토르: 자, 여기 보여줄게요. 우리 아버지. (땅콩 깡통을 내민다.)

아멜리아: (찡그리며) 설마 그 속에 당신 아버지가 있다는 건 아니죠?

빅토르: 이건 재즈예요. 우리 아버지 드미타르 아세노프 나보르스키, 헝가리 신문에 난 이 사진을 봤어요. (사진이 게재된 신문지 조각을 보여준다.) 아버지는 7일 동안 이 사진을 쳐다봤대요. 월요일, 화요일, 수요일…….

아멜리아: 그 사람들이 누군데요?

빅토르: 카운트 베이시, 디지 길레스피, 셀로니어스 몽크, 소니 롤린즈, 아트 블래키, 맥스 카민스키……. 다들 함께 찍은 거예요. 이 사진 7일 동안 보다가 우리 아버지 아이디어가 떠올랐어요. 클럽에 편지를 쓰기 시작해요. 리케티 스플릿, 스누키스 슈가보울…… 수녀에게 부탁해서 영어로 편지를 썼죠. 수백 통 썼어요. 그리고 기다려요. 몇 주, 몇 달, 몇 년을 기다려요. 그랬더니 그 사람들 모두 자기 이름을 사인해 보내줘요. 한 사람, 한 사람씩. 전부 다 자기 이름을 써서 우리 아버지한테 보내요. 그런데 딱 한 사람은 안 보냈어요. 베니 골슨. 색소폰. 베니 골슨이 자기 이름을 써서 우리 아버지한테 보내주기 전에 우리 아버지 죽어요. 그래서 나는 아버지한테 약속해요. 나는 약속을 지키는 사람이에요. 뉴욕에 가서 베니 골슨을 찾는다, 이름을 쓰게 해서 깡통에 넣는다, 약속해요.

아멜리아: (눈시울을 붉히며) 그래서 여기 있는 거예요? 아버지에게 그걸 해드리려고?

빅토르: 아버지도 나를 위해서 그렇게 할 거예요. 당신이 누군가를 기다

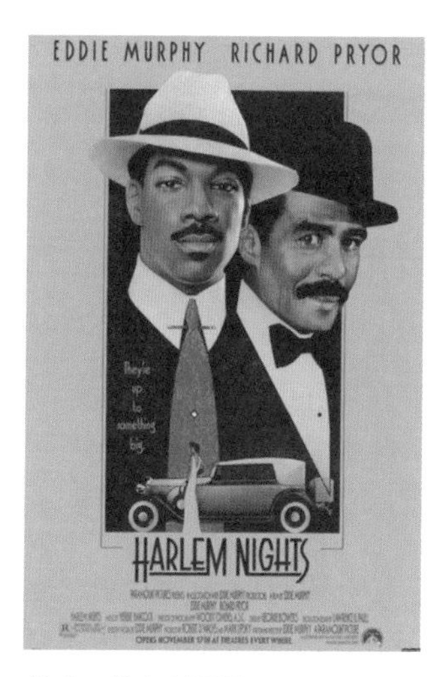

〈Harlem Nights〉(1989)
★★★ 감독 에디 머피
출연 에디 머피, 리처드 프라이어

〈Annie〉(2014)
★★★ 감독 윌 글럭
출연 제이미 폭스, 쿠벤자네 왈리스

린다고 나한테 말해서, 나는 '맞아요, 맞아. 우리는 모두 기다려요.'라고 말했어요. 당신은 뭘 기다려요?

아멜리아: 당신이요. 나는 당신을 기다렸나봐요.

코미디도 있고 뮤지컬도 있지만, 할렘을 배경으로 한 영화는 스릴러나 액션물이 압도적으로 많다. 에디 머피Eddie Murphy와 리처드 프라이어Richard Pryor가 나오는 〈Harlem Nights〉 같은 코미디조차 갱단의 범죄를 소재로 삼고 있고, 현대물로 리메이크한 뮤지컬 〈Annie〉조차 불우하고 가난한 할렘의 모습을 담고 있다. 로저 무어Roger Moore가 주연한 〈007 죽느냐 사느냐Live And Let Die〉에서 제임스 본드는 할렘의 마약상 미스터 빅과 싸운다. ('미스터 빅'이라는 별명을 들을 때 〈섹스 앤

〈007 죽느냐 사느냐Live and Let Die〉(1973)
★★★ 감독 가이 해밀톤
출연 로저 무어(제임스 본드)

더 시티〉의 돈 많은 매력남이 아니라 할렘의 악당을 떠올려야 진정한 007 시리즈의 팬이다.) 1995년 〈다이 하드 3〉의 악당은 맥클레인 형사에게 원한을 품고, 그에게 '나는 검둥이가 싫어요.'라는 팻말을 몸에 두르고 138가와 암스텔담 가Amsterdam Ave 교차로에 서 있지 않으면 시내에 폭탄을 터트리겠다고 위협한다. 길에서 맞아 죽으란 얘기다. (실제 촬영은 175가와 오듀본 가 교차로에서 이루어졌다.)

1970년대에는 '블랙스플로이테이션Blaxploitation'이라는 영화의 장르가 탄생했다. 펑크와 소울 음악을 배경으로 폭력과 흑인 특유의 속어가 난무하는 가운데 흑백 갈등을 판에 박은 전형으로 다루는 오락물이다. 문화적 정형화는 어떤 경우에도 사회적 화합에 해롭기 때문에 높이 살 만한 전통은 아닌데, 이런 장르가 버젓이 존재했던 건 어엿한 사실이기 때문에 영화사적으로는 의미가 없지 않다.

훗날 스파이크 리는 블랙스플로이테이션의 이미지를 차용해 차별의 어리석음을 꾸짖고, 마이크 마이어스는 그것을 패러디해 웃음거리로 만들고, 쿠엔틴 타란티노Quentin Tarantino는 그 이미지를 확장해 특이한 B급 영화 주인공을 만들었다. (타란티노의 2012년 영화 〈장고: 분노의 추적자Django Unchained〉가 아마도 가장 최근에 만들어진 블랙스플로이테이션 영화일 것이다.) 스스로를 포주나 폭력배로 묘사하는 힙합 아티스트의 행태도 1970년대 블랙스플로이테이션 영화에 뿌리를 두고 있다고 보면 된다. 할렘을 무대로 하는 블랙스플로이테이션 영화로는 〈샤프트Shaft〉, 〈Super Fly〉, 〈Across 110th Street〉, 〈Black Caesar〉, 〈Hell Up in Harlem〉 등이 있다.

앞서 소개한 해밀턴 하이츠 지역을 웨스트 할렘이라고 하듯, 할렘의 5가 동쪽을 이스트 할렘이라고 부르기도 한다. 1990년대 말 이후 할렘에서도 젠트리피케이션이 진행되어 2008년 인구조사에서는 1930년대 이래 처음으로 할렘의 흑인 인구가 절반 이하로 줄어든 걸로 나타났다. 시 당국의 노력으로 치안도 많이 개선되었는데, 그래도 이스트 할렘은 맨해튼에서 범죄율이 가장 높은 지역에 해당한다. 에이즈나 마약 남용, 노숙자 등 사회문제도 가장 심각하다. 19세기에는 이태리계 주민이 많아 이탈리안 할렘이라고 부르던 구역이었는데 제2차 세계대전 이후 푸에르토리코, 엘살바도르, 도미니카, 멕시코계 주민들이 대거 유입되었기 때문에 지금은 스페니시 할렘Spanish Harlem이라는 별명을 가지고 있다. 카를로스 산타나Carlos Santana와 롭 토머스Rob Thomas의 노래 〈Smooth〉의 가사에 나오는 '엘 바리오El Barrio'가 스페니시 할렘의 스페인어 별명이다.

스페니시 할렘에서 촬영한 영화 치고 조용하고 얌전한 영화를 찾기란 어렵다. 먼저 떠오르는 것은 뤽 베송Luc Besson 감독의 〈레옹〉이다. 암살자 레옹이 가족을 잃은 소녀 마틸다를 거두어 돌보는 아파트는 97가 71번지 건물이었다. (실내 장면은 첼시 호텔에서 촬영했다.)

말콤 X와 갱 두목 프랭크 루카스가 할렘의 양면성을 상징하듯이, 할렘은 두 얼굴의 아픔을 가지고 있다. 피해자의 좌절과 가해자의 비

〈샤프트Shaft〉(1971)
★★★ 감독 고든 파크스
출연 리처드 라운트리, 모세스 건

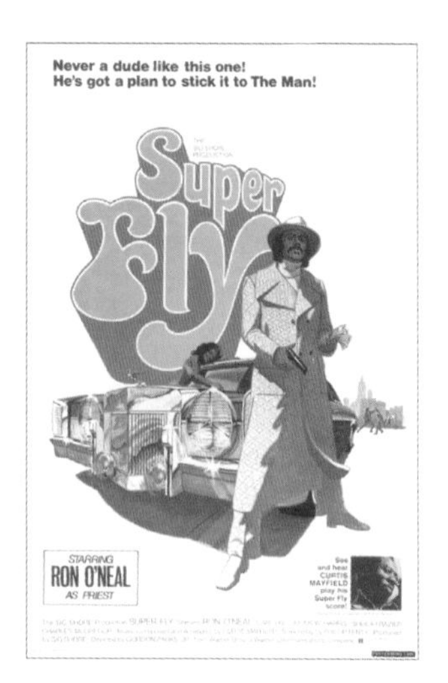

〈Super Fly〉(1972)
★★★ 감독 고든 팍스 주니어
출연 론 오닐, 칼 리

〈Across 110th Street〉(1972)
★★ 감독 배리 쉐어
출연 안소니 퀸, 야펫 코토

〈Black Caesar〉(1973)
★★★ 감독 래리 코헨
출연 프레드 윌리암슨, 글로리아 헨드리, 아트
런드

열함이다. 〈말콤 X〉의 TV 대담 장면에서 말콤은 이렇게 말한다.

〈Hell Up in Harlem〉(1973)
★★ 감독 래리 코헨
출연 프레드 윌리암슨, 줄리어스 해리스

> 이 나라의 흑인은 400년 동안 백인이 저지르는 폭력의 피해자였습니다. 몽매한 흑인 목사들은 폭력을 향해 다른 뺨도 내미는 것이 신성한 행동이라고 가르쳤습니다. 100년 전 백인들은 흑인을 괴롭히려고 흰 천을 뒤집어쓰고 사냥개를 사용했습니다. 오늘날 그들은 흰 천을 벗어던지고 경찰 제복을 입었고, 사냥개가 경찰견으로 바뀌었을 뿐입니다.

스파이크 리 감독의 또다른 영화 〈25시25th Hour〉에서 주인공 몬티는 다음과 같이 비꼰다. (정확히 말하면, 몬티는 거울을 보면서 시크교도, 파키스탄인, 한국인, 러시아인, 유태인, 월 가 금융업자, 푸에르토리칸 등등 맨해튼의 모든 주민들을 욕한다.)

> 업타운의 흑인 브라더들, 지랄하지 말라 그래. 걔들은 농구를 해도 절대 패스는 안 해. 수비수 역할도 안 하려고 해. 레이업슛lay-up shoot을 할 때마다 워킹travelling 반칙을 저지르고 잘못되는 건 전부 다 백인들 탓이래. 같잖은 소리. 노예제도가 끝난 건 137년 전이야. 언제까지 그 타령을 할 건가!

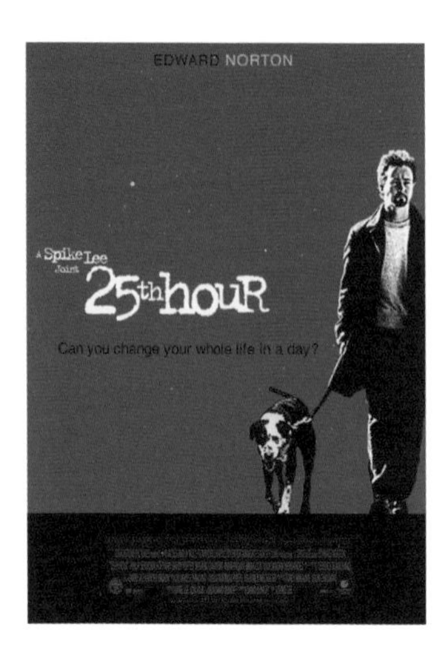

〈25시25th Hour〉(2002)
★★★ 감독 스파이크 리
출연 에드워드 노튼(몬티 브로건)

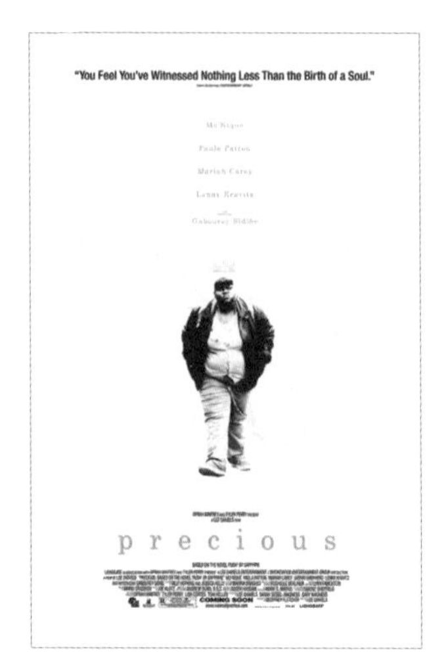

〈프레셔스Precious〉(2009)
★★★ 감독 리 다니엘스
출연 가보리 시디베(프레셔스), 머라이어 캐리(사회복지사), 모니크(엄마)

스스로를 피해자로만 보는 사람들은 자기보다 약한 사람 앞에서 쉽사리 가해자로 변신한다. 할렘에만 해당하는 이야기는 물론 아니다. 이 점을 깊이 생각해보게 만들어주는 영화를 한 편 소개하면서 할렘 여행을, 그리고 이로써 맨해튼 산책을 마칠까 한다.

〈프레셔스Precious〉는 1980년대 말 할렘에 살던 소녀를 소재로 한 소설을 각색한 영화다. 클래리스 프레셔스 존스는 폭력과 폭언을 일삼는 엄마 밑에서 희망도 자존감도 없이 살아가는 열여섯 살 소녀다. 학교에 다니지만 글을 읽을 줄 모르고, 넘어지면 일어나기 힘들 정도로 비만인데다 두 번째 아이를 임신하고 있다. 충격적인 사실은 그녀에게 두 아이를 갖게 만들고 병까지 옮겨준 사내가 그녀의 친아버지라는 사실이다. 영화에 난생 처음 출연한 가보리 시디베Gabourey Sidibe

는 이 역으로 아카데미 여우주연상 후보에 올랐고, 사회복지사 역을 맡은 가수 머라이어 캐리Mariah Carey의 연기도 뜻밖에 훌륭했다. 코미디언 모니크Mo'Nique는 폭력 엄마 메리 역할로 아카데미 여우조연상을 수상했다. 그녀의 연기는 눈부시게 무시무시하다. 나는 배우의 연기에 대해 눈부시다는 표현과 무시무시하다는 표현을 동시에 쓸 수 있는 다른 예로 히스 레저의 조커 말고는 알지 못한다.

독자 여러분은 이런 상황에 처한 소녀 프레셔스가 희망을 가지고 인생을 살 수 있을 거라는 생각이 드는가? 그녀가 자신을 구할 수 있는 유일한 방법은 스스로 피해자가 되지 않기로 결심하는 데서 비롯되지 않겠는지?

YANKEE STADIUM
Armitron
pepsi
pepsi
pepsi
Ford
tristateford.com
at&t
ZALES
H&R BLOCK
SPORTS AUTHORITY
State Farm
Budweiser

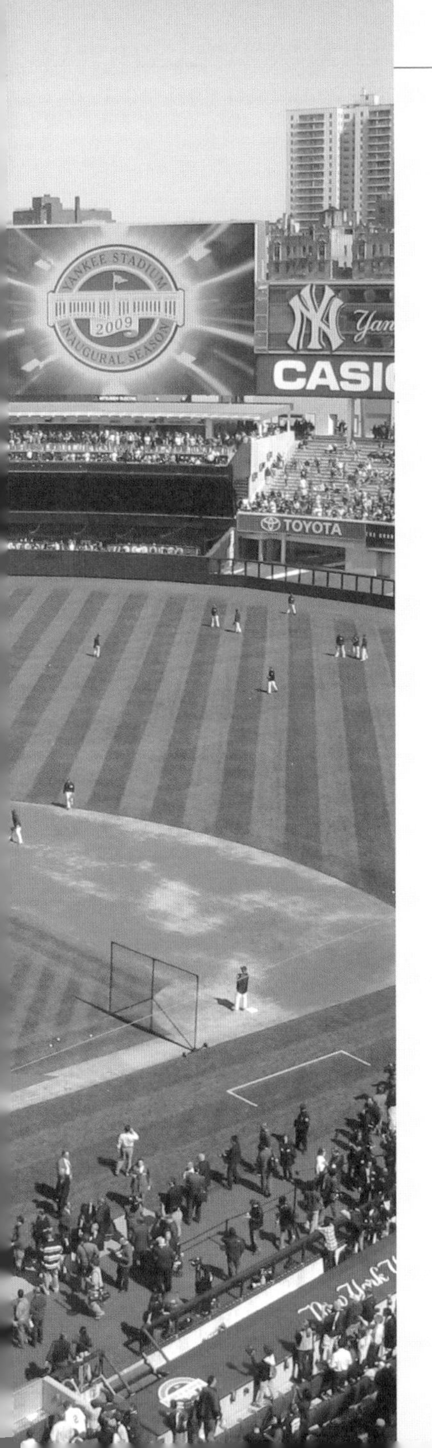

브롱크스 The Bronx

범죄의 대명사에서 야구의 본고장으로

나는 브롱크스에서 자랐어요. 브롱크스는 살아남는 법을 가르쳐주죠. 마치 '한번 덤벼봐' 하는 느낌이랄까요.

웨슬리 스나입스Wesley Snipes

★ 할렘에서 허드슨 강의 샛강인 할렘 강을 건너면 브롱크스다. 뉴욕의 다섯 자치구 중 유일하게 섬이 아니라 대륙에 속해 있다. 그 명칭은 유럽인으로는 최초로 17세기에 이곳에 이주해온 스웨덴인 요나스 브롱크Jonas Bronck의 이름을 딴 것이다. '브롱크 씨네 땅The Bronck's 또는 The Broncks'이라는 의미에서 유독 브롱크스 앞에는 정관사 'The'를 붙인다. 원래 웨스트체스터 카운티Westchester County에 속해 있던 브롱크스는 1874년 뉴욕 카운티 소속으로 변경되고, 1914년에 브롱크스 카운티로 획정되었다. 브롱크스의 특징은 4분의 1 정도가 공용 시설 용지라는 점이다. 묘지, 공원, 식물원, 동물원 등이 일찌감치 19세기 말부터 도시계획으로 확정된 덕분이다.

20세기 초 브롱크스 남부 지역은 피아노 공장을 중심으로 하는 제조업 지역이었고, 상대적으로 부유한 주민들은 동부 또는 북서부 지역에 거주했다. 1900년부터 30여 년 동안 인구가 여섯 배로 폭증할 정도로 번창했지만 대공황 이후 성장세가 멈추었고, 제2차 세계대전 이후 쇠락의 길을 걸었다. 특히 브롱크스 남부 지역은 빈곤과 범죄의 대명사가 되면서 대표적인 도시계획 실패 사례로 손꼽혔다. 주거지의 슬럼화와 공공 서비스의 축소가 악순환의 소용돌이를 그리며 진행되었고, 건물주들은 재개발에 돈을 들이느니 보험료를 타려고 사고를 가장한 방화를 자행했다. 1972년 BBC는 〈The Bronx is Burning〉이라는 제목으로 이 무렵에 관한 다큐멘터리를 만들었다.

1977년 양키 스타디움Yankee Stadium에서 월드시리즈 경기가 진행되고 있는 도중에도 경기장 주변에서 큰 화재가 일어났다. 다음날 〈뉴욕 포스트〉는 야구 아나운서의 말투를 흉내 내어 '신사 숙녀 여러분, 브롱크스는 불타고 있습니다'라고 보도했다. 이 무렵의 야구계를 묘사한 ESPN 드라마 제목이 〈The Bronx is Burning〉인 것은 그 때문이다. 1980년대에 본격적인 재개발이 시작되기 전까지, 남부 브롱크스에 자랑거리라곤 라틴 재즈와 힙합의 중심지라는 사실 뿐이었다. 알 파치노가 "경호원 따위는 필요 없어. 나는 브롱크스 남부 출신이니까."라고 큰소리친 데는 이런 배경이 있다.

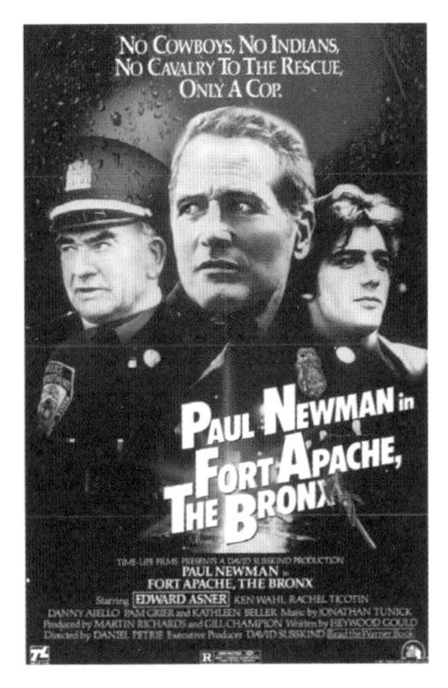

〈Fort Apache, the Bronx〉(1981)
★★★ 감독 다니엘 페트리
출연 폴 뉴먼, 에드워드 애스너

1981년 느와르 〈Fort Apache, the Bronx〉에서 포트 아파치란 브롱크스 남부 41지구 경찰서를 가리키는 별명이다. 서부 개척 시대에 빗댈 만큼 치안이 나빠서다. 의욕이 없거나 부패한 경찰들이 그득한 곳에서 질서를 바로잡으려는 경찰관 머피가 분투를 벌이는 내용이다. 실제 41지구 경찰서는 다른 곳에 있지만 영화는 브롱크스 워싱턴 가Washington Ave 830번지 건물에서 촬영했다.

실은 내게 브롱크스를 처음 각인시켜주었던 영화는 성룡의 〈홍번구紅番區〉였다. 성룡을 미국 관객에게 본격적으로 소개한 첫 영화였다. 이 영화가 없었다면 〈러시 아워Rush Hour〉 시리즈도 없었을 것이다. 성룡은 삼촌의 가게를 돕기 위해 뉴욕으로 온 홍콩 청년 마혼경으로 출연하는데, 이 영화 속의 브롱크스는 마약을 거래하는 갱단이 자동소총을 난사하고 오토바이 폭주족이 차량과 상점을 멋대로 파괴하

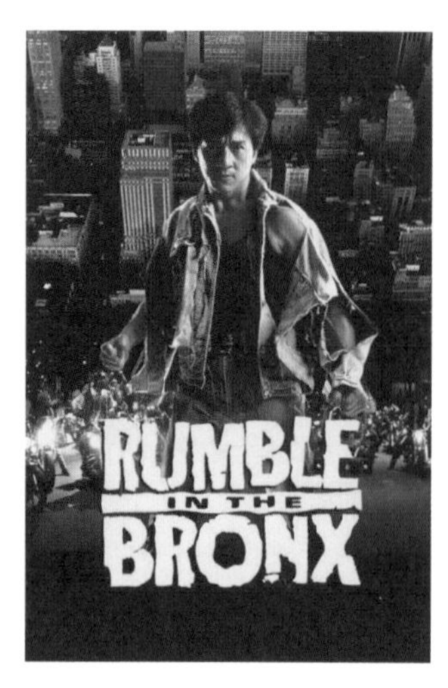

〈홍번구Rumble In The Bronx〉(1995)
★★★ 감독 당계례
출연 성룡, 매염방

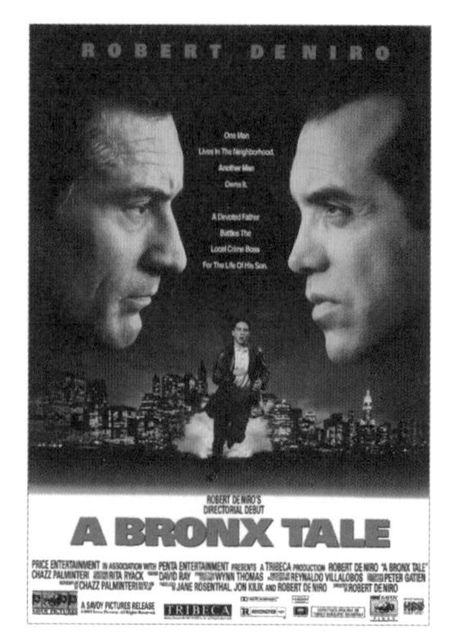

〈A Bronx Tale〉(1993)
★★★ 감독 로버트 드니로
출연 로버트 드니로(로렌조), 채즈 팰민테리(소니), 릴로 브랑카토(칼로제로)

는 무법천지다. 이 영화를 대부분 밴쿠버에서 촬영했다는 사실을 알았을 땐 이미 영화 속 브롱크스의 심상이 내게 굳어진 뒤였다.

브롱크스 태생 배우 채즈 팰민테리Chazz Palminteri가 극본을 쓴 〈A Bronx Tale〉은 로버트 드니로의 감독 데뷔작이기도 하다. 1960~1968년 동안 브롱크스 이스트 187가 667번지에 살던 이태리계 소년 칼로제로가 버스 기사인 아버지와 건달 두목의 사랑을 동시에 받으며 위태롭게 성장해가는 이야기를 그리고 있다. 187가는 패싸움이 벌어지는 거리로 등장하는데, 정작 촬영은 퀸스의 아스토리아Astoria 지역에서 했다.

스파이크 리 감독의 〈썸머 오브 샘Summer of Sam〉은 뉴욕에서 연쇄살인 사건이 벌어지고, 기록적인 더위 속에서 발생한 뉴욕 정전 사고

〈썸머 오브 샘Summer of Sam〉(1999)
★★★ 감독 스파이크 리
출연 존 레귀자모(비니), 애드리언 브로디(리치), 미라 소르비노(디오나)

의 와중에 약탈과 파괴가 자행되었던 1977년 여름, 브롱크스 남부 레이튼 가Layton Ave 부근 주택가 주민들이 겪는 일을 묘사했다. 공동체의 불쾌감과 공포감과 불안감이 결국 '우리 중 가장 다른 누군가'를 지목해 폭력의 피해자로 만들고야 마는 과정을 스파이크 리 특유의 화법으로 다시 한 번 풀어낸 영화다.

1990년의 의료 드라마 〈사랑의 기적Awakenings〉는 1960년대 말 브롱크스 올러튼 가Allerton Ave 612번지 베스 에이브라함 병원Beth Abraham Hospital에 근무하던 올리버 색스Oliver Sacks라는 신경전문의가 겪은 실화를 바탕으로 한다. 의사 말컴은 기면 뇌염encephalitis lethargica이라는 질환으로 식물인간이 된 레너드라는 환자를 돌보다가 파킨스씨병 치료제를 실험적으로 사용해 그를 정상 상태로 돌아오게 한다. 레너드의 회복 상태는 비록 오래 지속되지 않지만 병을 극복해보려는 환자들의 분투는 그들을 치료하고 간병하는 이들을, 그리고 화면 밖의 관객을 감동시킨다.

브롱크스에 살면서 기차를 타고 맨해튼으로 출퇴근하는 노동자의 일상은 〈러브 인 맨해튼〉에도 묘사되어 있다. 호텔 종업원 마리사가 아들을 키우며 사는 집을 그랜드 콘코스the Grand Concourse와 제롬 가

〈사랑의 기적Awakenings〉(1990)
★★★ 감독 페니 마샬
출연 로버트 드니로(레너드), 로빈 윌리엄스(말컴)

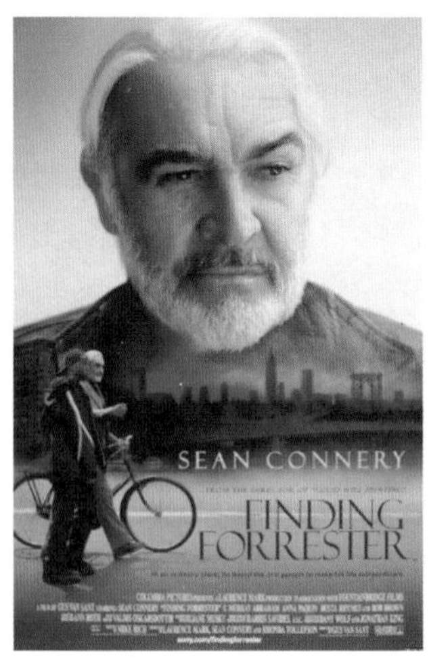

〈파인딩 포레스터Finding Forrester〉(2000)
★★★ 감독 구스 반 산트
출연 숀 코네리(윌리엄 포레스터), 롭 브라운
(자말 월레스)

Jerome Ave 사이의 이스트 175가에서 촬영했다. 마리사의 아들 타이가 '사이먼 앤 가펑클'의 음악을 들으며 학교에 가는 도입부의 아침 골목길 풍경이 기억에 남는다.

〈파인딩 포레스터Finding Forrester〉는 브롱크스판 〈굿 윌 헌팅Good Will Hunting〉이라고 할 수 있다. 윌리엄 포레스터는 오래전 단 한 권의 소설을 출간한 작가다. 그는 그 책으로 퓰리처상Pulitzer賞을 받았지만 세상과 단절한 채 은둔하고 있다. 그의 아파트는 브롱크스 파크 가 299번지 건물이다. 그의 집 앞에서 농구를 하던 열여섯 살 소년 자말은 친구들과의 내기에 져서 그의 집에 물건을 훔치러 들어간다. 그런 인연으로 포레스터는 자말에게 작문을 가르치게 된다. 두 사람 사이에 우정이 싹트고, 작가가 소년의 재능을 싹틔우는 것 못지않게 소년도 노작가가 인생을 달리 볼 수 있도록 돕는다. 자말은 대인기피증에 시달리는 포레스터를 한밤중의 텅 빈 양키 스타디움으로 데려간다. 여기서 작가는 자신의 인생사를 털어놓는다.

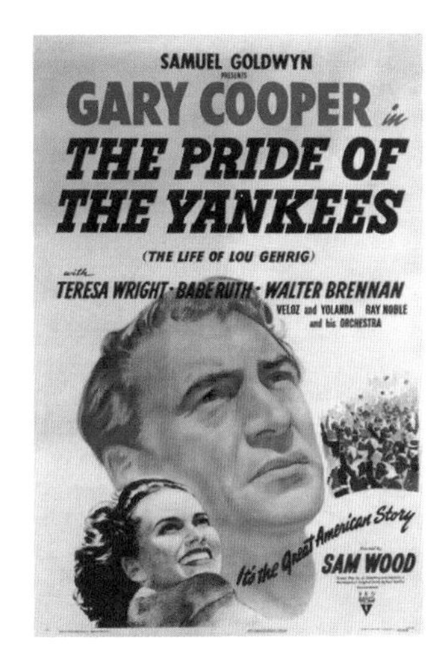

〈The Pride of the Yankees〉(1942)
★★★ 감독 샘 우드
출연 게리 쿠퍼, 테레사 라이트

양키 스타디움이야말로 브롱크스의 자랑거리다. 베이브 루스Babe Ruth, 루 게릭Lou Gehrig, 조 디마지오Joe DiMaggio 같은 뉴욕 양키스의 전설적인 선수들이 거기서 뛰고 구르며 경기를 펼쳤다. 원래의 스타디움은 1923년 161가161st St에 지었던 것인데, 2008년에 문을 닫고 길 건너편 새 경기장으로 이전되었다. 그러니까 게리 쿠퍼Gary Cooper가 루 게릭으로 출연했던 〈The Pride of the Yankees〉라든지, 존 굿맨John Goodman이 베이브 루스로 출연한 〈베이브The Babe〉에 등장하는 경기장은 지금은 사라진 예전의 스타디움이었다. 〈당신에게 일어날 수 있는 일〉의 주인공 찰리와 이본이 동네 아이들을 데리고 놀아주던 경기장도, 〈다이 하드 3〉에서 선량한 시민 제우스가 폭탄을 찾느라 빈 관중석 아래를 미친 듯이 뒤지던 경기장도, 앞서 소개한 〈파인딩 포레스터〉에서 자말이 작가 포레스터를 데려간 경기장도 마찬가지다.

영화 속 양키 스타디움에서 벌어진 가장 드라마틱한 게임은 〈사

TATTOO
Danice
SCHOOL BUS

YANKEE STADIUM
HESS
VISA VISA
Armitron

양키 스타디움이야말로
브롱크스의 자랑거리다. 베이브
루스, 루 게릭, 조 디마지오 같은
뉴욕 양키스의 전설적인 선수들이
거기서 뛰고 구르며 경기를 펼쳤다.

〈베이브The Babe〉(1992)
★★★ 감독 아더 힐러
출연 존 굿맨(베이브 루스), 켈리 맥길리스(클레어)

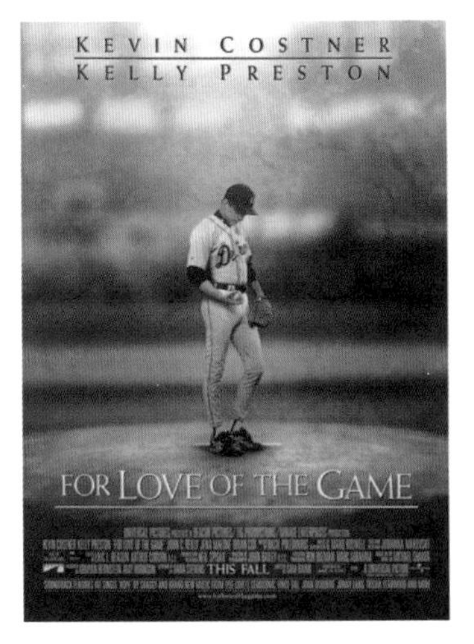

〈사랑을 위하여For Love of the Game〉(1999)
★★★ 감독 샘 레이미
출연 케빈 코스트너(빌리 채플), 켈리 프레스턴(제인 오브리)

랑을 위하여For Love of the Game〉의 뉴욕 양키즈 대 디트로이트 타이거즈의 경기였다. 케빈 코스트너Kevin Costner는 슬럼프를 이겨내고 적진에서 벌어진 은퇴 경기에서 양키스를 퍼펙트게임perfect game으로 누르는 타이거즈의 승리 투수 빌리 채플 역을 맡았다. 영화의 감동을 배가시켜 준 것은 노익장 스포츠 캐스터 빈 스컬리Vincent Edward "Vin" Scully의 중계였다. 무려 67시즌 동안 다저스 팀의 경기를 중계했던 그의 관록은 빌리 채플의 투구가 실전처럼 느껴지는 신뢰감을 주었다.

"빌리 채플은 지금 좌타자를 향해 던지고 있는 게 아닌 것처럼 보입니다! 그는 타자를 향해 던지는 것도 아니고, 양키스를 상대로 싸우고 있는 것도 아닙니다. 그는 시간을 향해 던지고, 미래와, 나이에 맞서 싸우고 있습니다. 그의 경력을 생각한다면, 마무리를 향해 던지고 있는 셈이죠. 제 생각으로는 어쩌면 오늘 밤 그는 자신의 아픈 어깨로 태양을 하늘 위로 다시 한 번 밀어 올리고, 우리에게 화창한 여름날을 하루 더 선사해줄지도 모르겠습니다."

SINGER BOWL

퀸스 Queens

히어로도, 외계인도 함께 어울리는 인종 박람회장

다르완: 퀸스도 뉴욕의 일부예요. 우리에게는 마천루도, 타임즈 스퀘어도, 트럼프의 궁전들도 없지만 사람은 더 많아요. 서로 다른 사람들, 가족들…….

웬디: 당신 가족도 여기 있나요?

다르완: 조카하고만 있어요. 펀자브Punjab에 사는 여동생의 아들이죠.

웬디: 부모님들은요?

다르완: 돌아가셨어요. 어, 좌회전하라고 안 했는데…….

웬디: 나의 퀸스를 보여드리죠. 여기가 내가 자란 곳이에요.

다르완: 고향이 퀸스에요? 하하. 나를 제대로 골려먹었군요.

영화 〈인생면허시험Learning to Drive〉 중에서

★ 몇 년 전 오랜만에 서울에서 친구들과 술자리를 가졌다. 어린 시절 동네에서 함께 자란 친구들과 만나면 하도 밟아서 털이 다 빠져버린 카펫 같은, 모두가 다 아는 옛이야기를 되풀이하게 된다. 그래도 그 이야기를 처음 나누었을 때처럼 즐겁다. 술잔을 비우다가 문득 내가 물었다.

"참, 요즘 L은 어떻게 지낸대? 소식 아는 사람 있나? 장사 잘되나 궁금한데."

미국에서 오래 살다가 서울로 나온 친구 C가 술잔을 내려놓으며 대답했다.

"그 자식 죽었어."

황망한 소식이었다. 살 좀 빼라는 핀잔을 줘도 자기는 체질이 그렇다며 듣는 척도 안 하던 친구가 무슨 바람이 불었는지 운동하겠다고 체육관에 가서 러닝머신 위에서 뛰다가 심장마비로 세상을 떠났다고 했다.

새 동네로 이사 온 직후, 국민학교 5학년 시절 내게는 친구가 그리 많지 않았다. 함께 우표를 수집하던 K는 지금 미국 나사NASA의 직원이 되어 있고, 서로 집에 놀러 다니던 P는 중견 영화감독이 되었다. L은 왠지 함께 있으면 마음이 푸근한 친구였다. L과 나는 눈이 오는 날이면 길에다 두꺼비집만 한 구덩이를 파고 신문지로 덮은 뒤에 누군가 그것을 밟으면 낄낄대며 좋아하곤 했다. 중학교에 간 뒤로 L의 소식은 별로 듣지 못했다. 나쁜 친구들과 어울리는 거 같다는 이야기를 누군가가 해주었다.

1980년대 초, 두발은 자유화되었지만 교복은 아직 입고 다니던 고등학교 1학년 시절이었다. 해 저무는 어스름에 동네 앞 골목을 걸어가는데 '엇' 하는 사이에 예닐곱 명의 불량해 보이는 녀석들에게 에워싸이고 말았다. 혼자 다닐 때면 종종 불량배들에게 돈을 빼앗기곤 했지만 시내도 아닌 동네에선 처음 당하는 일이었다. 돈을 빼앗기 전에 으레 겁을 주려는 욕설이 난무했고, 나는 묻는 말에 대답하기보다는 지금 내 수중에 돈이 얼마인지를 기억해내려고 애썼다. 그때였다. 불량배들의 대오가 갈라지더니 낯익은 얼굴이 쑤욱 나타났다.

"용민이 아니니?"

L이었다. 무슨 인사말을 건네야 할지 몰라서 머뭇거리는 내 눈길을 피하며 L은 말했다.

"야, 씨발. 얘는 내 친구야. 그냥 보내줘. 미안하다 용민아. 에이, 쪽팔리게……."

일당들은 눈을 흘기며 돌아섰고, L은 등을 보이며 성큼성큼 멀어져갔다. 나는 한동안 멍하니 섰다가 집에 왔고, 세월이 흘렀다. 나는 제대를 했고, 졸업을 했고, 결혼을 했고, 취직도 했다. 아이를 낳았고, 외교관이 되어 첫 해외 임지인 유엔 대표부에서 근무를 시작했다. 주말이 되면 아이들과 놀아주는 것이 가장 큰 낙이었다. 다섯 살이 된 큰아들을 데리고 뉴저지 팰리세이즈 파크의 실내 수영장에 갔다. 두어 시간 아이와 물장구를 치고 샤워장에서 얼른 내 몸부터 씻은 다음 아이를 앞뒤로 돌려세우며 비누칠을 해주고 있었다. 등 뒤로 누군가 다가오나 싶더니 내게 물었다.

"용민이 아니니?"

L이었다. 세상에. 흰색 BMW를 모는 L을 포트리의 집으로 데려갔다. 지난번, 그러니까 고교 시절 길거리에서의 조우 이야기부터 시작하지 않을 수 없었다. "쪽팔리게 그때 얘긴 뭐……."라면서 L은 자

기가 살아온 이야기를 해주었다. 고교 시절 제법 스케일 크게 문제아 노릇을 한 덕분에 세 번 퇴학을 당해 네 곳의 고등학교를 다녔다는 이야기, 미국으로 건너와 '처음에는 빌빌대다가' 옷 장사를 시작해 지금은 제법 자리를 잡았다는 이야기, 워싱턴에 있을 때는 동창 누구누구와도 연락을 하며 지냈다는 이야기 등등.

"브루클린 근처 롱아일랜드 쪽 흑인 동네에서 가게를 하는데, 걔네들은 돈을 버는 족족 옷 사는 데 다 써버리기 때문에 장사는 잘되는 편이야. 근데 얼마 전에 어떤 새끼들이 아예 트럭으로 가게 문짝을 부수고 창고까지 싹 다 털어가서 지금 보험회사랑 협상 중이니까, 보험료 타면 내가 술 한번 거하게 살게."

그 뒤로 우리는 뉴욕 근무를 마칠 때까지 가끔 만났다. 함께 술을 먹고 우리 집에서 자고 갈 때면 선물이라며 티셔츠를 들고 와서 쑥스러워하며 던져주고 가기도 했는데, 보험료 탔다는 소식은 못 듣고 임기가 끝나 뉴욕을 떠났다. 그 뒤로 간간이 장사 잘하며 지낸다는 소식을 듣던 터였는데, 러닝머신 위에서 생을 마감했다는 거다.

퀸스의 플러싱에는 뉴욕 최대의 한인타운이 있었다. 과거형으로 쓰는 이유는 2000년대 이후로 이곳 상권의 상당 부분이 중국인, 특히 우리말을 쓰는 동북 지방 중국인들에게 넘어간 것처럼 보이기 때문이다. 지금은 '연변식'이라고 간판을 내걸고 장사하는 식당도 많다. 내 친구 L의 가게는 퀸스가 아니라 롱아일랜드라고 했지만, 나는 뉴저지건 퀸스건 뉴욕의 한인타운에 가면 L의 얼굴부터 떠오른다. 최근 만난 넉살 좋은 40대 얼굴이 아니라 눈밭에 구덩이 파고 헤헤거리던 동그랗고 귀염성 있던 꼬마 얼굴이.

어쨌거나, 한인타운 얘기부터 꺼냈으니 김진아 감독의 한미 합작영화 〈두 번째 사랑Never Forever〉을 먼저 소개한다. 소피는 한국인 변호사 앤드류와 결혼해 퀸스에 사는 가정주부다. 남편 쪽 문제로 둘 사이에는 아이가 없는데, 남편이 점차 삶의 의욕을 잃어가자 소피는 결혼 생활을 파탄에서 구해보려고 병원에서 알게 된 김지하에게 돈을 주고 자신을 임신시켜달라고 부탁한다. 지하는 돈이 필요해서 정자를 기증하러 병원에 갔다가 불법 체류자라는 신분 때문에 거절당한 터였다. 영화는 퀸스 월넛 가Walnut St의 저택과 차이나타운 헨리 가에 있는 김지하의 셋방을 오가며 진행된다. 영화가 국적과 문화, 결혼과 종교 같은 좀 더 깊은 주제로 파고들지 못하고, 평범한 주부가 성적 해방에 눈뜨는 〈투 문 정션Two Moon Junction〉류의 결말에 그친 점이 아쉽다. 주인공 소피 역을 맡은 베라 파미가Vera Farmiga는 섬세한 연기로 영화의 품격을 높여주었다. 지하 역을 맡은 하정우가 뛰어난 배우라는 데는 토를 달 필요가 없지만, 이 영화에서는 자신의 신분에 비해 사용하는 영어의 수준이 높고, 구사하는 영어의 수준에 비해서는 유창함이 떨어져 줄거리의 핍진성逼眞性을 살리는 역할을 하지는 못하고 있다. 캐스팅보다는 시나리오를 탓해야 할 것이다.

〈두 번째 사랑Never Forever〉(2007)
★★★ 감독 김진아
출연 베라 파미가(소피 리), 하정우(김지하), 데이비드 맥기니스(앤드류 리)

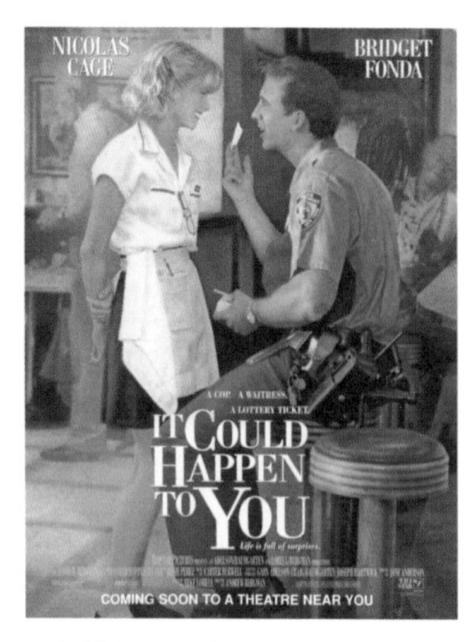

〈당신에게 일어날 수 있는 일It Could Happen to You〉(1994)
★★★ 감독 앤드류 버그먼
출연 니콜라스 케이지(찰리), 브리짓 폰다(이본), 웬델 피어스(보우)

드라마 〈어글리 베티Ugly Betty〉(2006)
감독 빅터 넬리 주니어 外
출연 아메리카 페레라, 에릭 마비우스

서양인들의 눈에 한인 이민자들은 이해할 수 없을 정도로 악착같이 살아가는 독종들로 보이는 모양이다. 브루클린을 무대로 하는 〈Do the Right Thing〉이나 LA를 무대로 하는 〈폴링 다운Falling Down〉에서 그랬는데, 퀸스라고 예외가 아니다. 〈당신에게 일어날 수 있는 일〉의 주인공 찰리는 퀸스의 경찰관이다. 그가 파트너 보우와 함께 자주 들리던 한인 가게에 강도가 들어 손님들에게 총을 겨누고 경찰을 따돌리려 한다. 찰리가 위기 상황을 알아차리는 이유가 우습기도 하고 서글프기도 하다.

찰리: 우리 단골 한인 상점에 지금 강도가 있어.

보우: 정말?

드라마 〈The King of Queens〉(1998)
감독 롭 실러
출연 케빈 제임스, 레아 레미니

찰리: 주인아줌마가 감기로 안 나왔대.
보우: 죽고 난 다음에도 일할 사람인데!
찰리: 그리고 아저씨가 커피를 공짜로 줬어.
보우: 젠장. 강도가 든 게 분명하군. 어떻게 할까?
찰리: 자넨 여기서 기다려. 내가 지하로 접근할게. 지원 요청해.

정작 퀸스에서 플러싱의 한인타운이 차지하는 비중은 그리 크지 않다. 플러싱 바로 옆 잭슨 하이츠Jackson Heights는 TV 드라마 〈어글리 베티Ugly Betty〉에서 패션 잡지사에 취직한 멕시코계 아가씨인 베티 수아레즈가 살던 동네고, 그 바로 남쪽 레고 파크Rego Park의 애버딘 가Aberdeen St에는 드라마 〈The King of Queens〉의 식탐이 많은 배달부 더그 부부의 집이 있었다. 이들 드라마는 퀸스의 생활상을 글로 설명하는 것보다 잘 보여준다.

마블의 히어로들 중 가장 궁핍한 스파이더맨 피터 파커가 부모를 여의고 숙부와 숙모 슬하에서 자란 동네는 레고 파크와 인접한 포레스트 힐즈Forest Hills다. 퀸스와 브루클린은 서로 옆 동네지만 분위기가 좀 다르다. 브루클린은 퀸스보다 작지만 인구는 더 많고, 로워 맨해튼과 생활권이 연결되어 있어서 대중교통 노선이 조밀하게 연결된

〈캡틴 아메리카: 시빌 워Captain America: Civil War〉 (2016)
★★★ 감독 안소니 루소, 조 루소
출연 크리스 에반스(캡틴 아메리카), 로버트 다우니 주니어(아이언맨), 톰 홀랜드(스파이더맨)

'시내' 분위기를 풍긴다. 뉴욕 특유의 영어 억양을 '브루클린 악센트'라고 하는 데서 알 수 있듯이, 브루클린에는 뭔가 균질적인 동네의 문화 같은 것이 존재하는 것처럼 보인다. 그에 비해 퀸스는 브루클린보다는 인구밀도가 낮고 맨해튼의 미드타운과 전철로 연결된 배후지 또는 주거지의 이미지가 강하다. 거리마다 하도 아롱다롱 다양해서 퀸스 전체를 아우르는 특징을 집어내기는 어렵다. 그래서인지 퀸스와 브루클린의 주민들 사이엔 은근한 경쟁심도 있는 것처럼 보인다. 브루클린 출신의 대표적인 히어로는 늙지 않는 금발의 백인 청년 캡틴 아메리카다. 〈캡틴 아메리카: 시빌 워〉에서는 스파이더맨과 캡틴 아메리카가 서로 싸운다.

> 캡틴 아메리카: 스타크가 뭐라고 얘기 안 해주던가?
>
> 스파이더맨: 당신이 틀렸고, 그런데 옳다고 생각하고, 그래서 위험한 인물이라고…….
>
> 캡틴 아메리카: 일리가 있군. 너는 괜찮은 녀석이야. 꼬마야, 고향이 어디니?
>
> 스파이더맨: 퀸스.

캡틴 아메리카: (씩 웃으며) 나는 브루클린.

피터 파커가 사는 동네의 포레스트 힐즈 고등학교는 폴 사이먼Paul Simon과 아트 가펑클Art Garfunkle이 학창 시절 장차 세계적인 듀오가 될 인연을 맺은 곳이다. 나는 중학교 2학년 때 이들의 노래를 들으면서 기타를 익혔고, 노래 가사에 나오는 뉴저지 턴파이크New Jersey Turnpike라는 곳을 언젠가 가 보리라 다짐하면서 학창 시절을 보냈고, 폴 사이먼 노래를 장기 삼아 '쌍투스'라는 합창 서클에서 활동했다. 뉴욕에 근무하던 2014년 연말 연휴에 동포들의 송년 기념 연주회에서 뉴욕에 사는 쌍투스 출신 72학번 대선배와 무대에 올라 사이먼 앤 가펑클의 노래를 부른 적이 있었다. 포레스트 힐즈 고교의 지척에서 〈The Boxer〉를 부르며 필요 이상으로 감상에 젖었던 건 이런 사연 탓이었다.

퀸스 초입 롱아일랜드 시티Long Island City에는 뉴욕 최대의 영화 및 TV 촬영소인 실버컵 스튜디오Silvercup Studios가 있다. 옥상에 스튜디오 로고가 큰 간판으로 걸려 있어서 차를 타고 다리를 건너오면 제일 먼저 보인다. 뉴욕을 배경으로 하는 수많은 드라마, 영화, 뮤직 비디오와 광고가 여기서 촬영된다. 불사의 전사들 이야기를 다룬 〈하이랜더Highlander〉에서는 주인공 맥클로드가 악당 커간과 이 건물 옥상에서 일전을 치른다. 최고의 칼싸움 장면은 아니라도 간판을 부수는 것으로는 영화사상 가장 인상적인 장면이 아닐까 싶다.

실버컵 스튜디오 한 블록 옆 12가의 택시 회사는 〈인생면허시험Learning to Drive〉에서 주인공 다르완이 기사로 근무하는 회사로 등장한

SILVERCUP
STUDIOS

박람회장에 설치된 비행접시
모양의 전망대를 〈맨 인 블랙〉은
1961년 최초로 지구를 방문한
외계인 우주선으로 묘사했다.
1978년 MBC에서 방영한 어린이
SF 드라마 〈X-수색대〉에서
주인공이 외계인을 무찌르도록
남산 하얏트 호텔을 거울로
뒤덮은 무기로 설정한 것과 유사한
발상이다.

〈하이랜더Highlander〉(1986)
★★★ 감독 러셀 멀케이
출연 크리스토퍼 램버트(코너 맥클로드), 클랜시 브라운(커간)

〈인생면허시험Learning to Drive〉(2014)
★★★ 감독 이자벨 코이젯트
출연 패트리샤 클락슨 (웬디), 벤 킹슬리 (다르완)

다. 일에만 빠져 살던 도서평론가 웬디는 갑자기 이혼을 하고 혼자가 되자 처음으로 운전을 배운다. 시크교도인 다르완이 그녀의 운전 교사다. 공통점이라고는 전혀 없는 두 사람이 운전을 배우고 가르치면서 서로에게서 교훈을 얻는 따뜻한 영화다.

〈나우 유 씨 미: 마술사기단Now You See Me〉에서 네 명의 마술사가 야외에 군중을 모아놓고 현란한 영상을 건물 벽에 상영하면서 최후의 공연을 펼치던 장소는 퀸스의 롱아일랜드 시티 데이비스 가Davis St 45-46가에 있던 파이브포인츠5Pointz Aerosol Art Center라는 건물이었다. 세계 각지의 예술가들이 그려놓은 벽화로 유명하던 곳인데 2014년에 철거되고 그 자리에는 콘도미니엄 건물이 들어섰다.

〈Coming to America〉에서는 가상의 아프리카 국가 자문다의

〈나우 유 씨 미: 마술사기단Now You See Me〉(2013)
★★★ 감독 루이스 리터리어
출연 제시 아이젠버그, 마크 러팔로, 우디 해럴슨, 아일라 피셔

〈Coming to America〉(1988)
★★★ 감독 존 랜디스
출연 에디 머피, 아세니오 홀

왕자 아킴이 부모가 짝지어준 배필을 마다하고 진정한 사랑을 찾아 뉴욕으로 온다. 퀸스라는 도시보다 여왕 후보를 찾기에 더 적합한 곳이 있겠냐며. (영국이 네덜란드로부터 뉴욕을 빼앗은 후 찰스 2세의 왕비 캐더린을 기려 이곳을 퀸스 카운티로 명명했다.) 아킴은 엘머스트Elmhurst에 있는 햄버거 가게에 취직하고, 사장 딸에게 반한다. 서구인들의 낭만적인 상상과는 달리, 식민 제국주의 시절 서구가 만신창이를 만든 후에 독립한 아프리카 국가들 중 왕정을 유지하는 나라는 거의 없다. 게다가, 아킴이 사랑을 이룰 수 있을지보다 그가 아버지로부터 물려받을 정권을 잘 유지할 수 있을지가 더 걱정스러운 문제다.

엘머스트 옆 동네 우드사이드Woodside는 롱아일랜드 출신 감독 할 하틀리의 작품 〈Henry Fool〉의 무대다. 전과자 헨리 풀이 찾아오면

〈Henry Fool〉(1997)
★★★ 감독 할 하틀리
출연 토머스 제이 라이언(헨리), 제임스 얼바니악(사이먼)

〈비지터The Visitor〉(2007)
★★★ 감독 톰 맥카시
출연 리차드 젠킨스(월터 베일), 하즈 슬레이만(타렉 칼릴), 히암 압바스(모나)

서 우드사이드에 살던 한 가족의 삶에 생기는 이상한 변화를 그리고 있다. 칸영화제 황금종려상 후보에 올랐고, 극본상을 받은 이 영화는 〈Fay Grim〉, 〈Ned Rifle〉 등 헨리 풀을 둘러싼 3부작의 첫 편이다. 등장인물들은 가난하고 폭력, 왕따, 성추행에 시달린다. 헨리의 가르침을 받아 시를 쓰는 주인공 사이먼의 직업은 우드사이드 쓰레기처리장 직원이다. 지능이 낮은 것처럼 보이던 사이먼이 노벨상을 받는다는 설정이 코미디의 핵심이다. 주류 코미디와는 전혀 다른 저예산 인디 영화다.

만년 조역 배우 리처드 젠킨스Richard Jenkins를 2008년 아카데미 남우주연상 후보에 올린 〈비지터The Visitor〉는 코네티컷 대학 경제학 교수의 이야기다. 이 드라마의 주요한 무대는 뉴욕 대학이 있는 그리니치

빌리지와 퀸스의 불법 체류자 수용 시설이다. 학교 측 요청으로 마지못해 뉴욕으로 출장을 온 노교수 월터는 비워두었던 자신의 아파트에서 불청객을 만나 화들짝 놀란다. 사기꾼에게 집세를 지불하고 거기서 살고 있던 시리아 청년 타렉과 그의 애인은 이내 사과하고 순순히 집을 비운다. 그 모습이 딱해서 월터는 그들에게 거처를 구할 때까지 함께 지내도 좋다고 허락한다. 어느 날 타렉은 이민국에 체포되어 수용 시설에 수감되고, 시카고에 살던 타렉의 모친 모나가 아파트로 찾아온다. 무뚝뚝하고 자기중심적이던 월터는 타렉의 모친을 돌보며 수용 시설을 방문하고, 변호사도 자기 비용으로 고용해준다. 월터가 되찾는 인간성에 대비되는 퀸스의 수용 시설은 비정하고, 차갑고, 비인간적이다. 이 이설은 공항에서 가까운 자메이카 150가150th Ave 182-22번지에 있다.

월터: 저기에요.

모나: 저게 감옥이라고요?

월터: 네. 맞아요.

모나: 감옥처럼 보이지 않는데요.

월터: 그게 바로 중요한 포인트죠.

〈뉴욕은 언제나 사랑 중The Accidental Husband〉에서는 사랑에 관한 조언을 하는 라디오 진행자 엠마가 퀸스 아스토리아 35가35th St 22-63번지의 소방서에 근무하면서 33가33rd St 사모사 팰리스Samosa Palace라는 인도 식당(실제로는 세탁소) 2층에 사는 인도인 패트릭과 티격태격하다가 사랑에 빠진다. 두 사람이 서로를 호의적으로 바라보도록 맺어주

〈뉴욕은 언제나 사랑 중The Accidental Husband〉(2008)
★ 감독 그리핀 던
출연 우마 서먼(엠마), 제프리 딘 모건(패트릭), 콜린 퍼스(리처드)

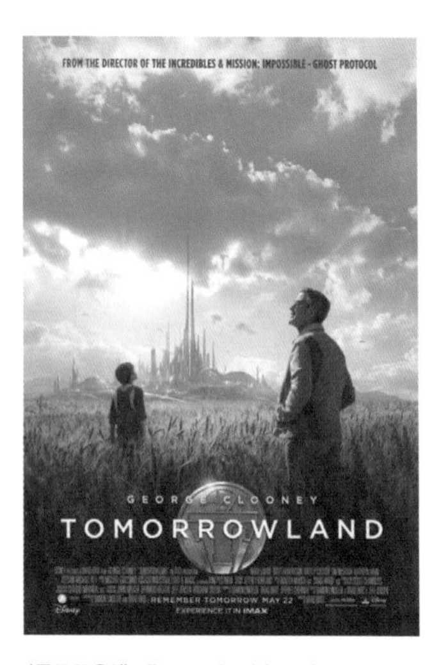

〈투모로우랜드Tomorrowland〉(2015)
★★★ 감독 브래드 버드
출연 조지 클루니(프랭크), 브릿 로버트슨(케이시), 라피 캐시디(아테나)

는 계기는 아스토리아 힌두사원에서 열리는 이웃 청년 아자이의 화려한 성년식이었다.

플러싱 메도우즈Flushing Meadows의 코로나 공원Corona Park에 있는 뉴욕 시 소유 건물은 1939년 세계박람회World's Fair 때 지어서 1946~1950년 동안에는 유엔총회 건물로도 사용되고, 1964년 세계박람회 때도 활용된 적이 있다. 미국의 국력이 한창 치솟고 있던 1964년 박람회장에서 관람객이 느꼈을 흥분은 〈투모로우랜드Tomorrowland〉가 잘 묘사하고 있다. 프랭크 워커는 어린 시절 발명품 경진 대회에 참가하려고 퀸스의 박람회장을 찾아온다. 커다란 짐을 들고 그레이하운드 버스에서 내린 그의 눈앞에 펼쳐진 1964년의 박람회장은 21세기 관객의 눈에도 신천지처럼 보인다.

이 박람회장에 설치된 비행접시 모양의 전망대를 〈맨 인 블랙〉은 1961년 최초로 지구를 방문한 외계인 우주선으로 묘사했다. 1978년 MBC에서 방영한 어린이 SF 드라마 〈X-수색대〉에서 주인공이 외계인을 무찌르도록 남산 하얏트 호텔을 거울로 뒤덮은 무기로 설정한 것과 유사한 발상이다.

요원 J: 그럼 이 전망대는 진짜 비행접시고, 세계박람회는 외계인의 착륙을 감추기 위한 눈속임일 뿐이었단 말인가요?

요원 K: 안 그러면 뭐 하러 도대체 퀸스 같은 데서 박람회를 열었겠나?

〈맨 인 블랙〉에서 빈센트 도노프리오Vincent D'Onofrio는 농부 에드가의 껍질을 뒤집어 쓴 외계의 바퀴벌레 악당 역할을 맡았는데, 개인적으로는 그의 연기 일생에서 〈풀 메탈 자켓Full Metal Jacket〉 이래 최고의 연기가 아니었나 생각한다. MIB의 요원들이 이 박람회장에서 바퀴벌레 괴물과 일전을 벌이는 대목이 영화의 클라이맥스다. 이 건물은 1972년부터는 퀸스 박물관Queens Museum으로 사용되고 있다. 전시물 중 가장 널리 알려진 것은 '뉴욕 파노라마Panorama of the City of New York'라는 미니어처로, 뉴욕 전체를 867m²에 축소해놓은 전시관이다. 1992년까지 실제로 지어진 89만 5000개의 모든 건물 모형이 포함되어 있다.

〈New Year's Eve〉에서는 직장인 잉그리드의 새해 소원 목록을 오토바이 택배 기사 폴이 이루어준다. 잉그리드의 소원 목록에는 '하루에 뉴욕의 다섯 개 자치구 다 돌아다녀보기'도 있었는데, 폴은 잉그리드를 이 전시실로 데려와 꿈을 이루어준다. 서울에서 이들의 흉내를 내보고 싶은 분들은 종로구 새문안로에 있는 서울역사박물관을 찾

〈맨 인 블랙 Men in Black〉(1997)
★★★★ 감독 베리 소넨필드
출연 토미 리 존스(요원 K/케이), 윌 스미스
(제임스 에드워드/요원 J/제이)

〈A Guide to Recognizing Your Saints〉
(2006)
★★★ 감독 디토 몬티엘
출연 로버트 다우니 주니어(성인 디토), 샤이아
라보프(어린 디토), 채스 팰민테리(아버지)

아가면 된다. 이곳에는 서울을 1500분의 1로 축소한 317m² 규모의 모형이 전시되어 있다.

퀸스판 〈A Bronx Tale〉이라고 할 수 있는 〈A Guide to Recognizing Your Saints〉라는 영화가 있다. 양의 동서를 불문하고, 실은 1980년대가 따사롭고 화목하게 응답하지 않는 사람이 더 많다는 엄연한 사실을 아프게 일깨워주는 영화다. 작가가 된 디토는 2006년 아버지가 병 들었다는 소식을 듣고 아스토리아의 집을 찾아오지만 그가 LA로 떠나버린 데 상처를 받고 화가 난 그의 아버지는 그를 외면한다. 그로부터 20년 전인 1986년, 지긋지긋한 아스토리아를 멀리 떠나고 싶어 하는 디토에게 아버지는 입버릇처럼 이렇게 주장했다.

"중국에 가고 싶냐? 차이나타운은 그러라고 있는 거야. 이태리?

조지한테 물어봐. 이태리인들이 가는 데 거기 뭐였더라? 그래, 리틀 이탈리의 멀버리 가. 푸에르토리코에 가고 싶어? 바로 윗동네를 가. 푸에르토리코 사람들 천지니까."

세계에서 가장 인종적 다양성이 큰 동네인 퀸스는 아롱다롱 많은 사연을 담고 있다. 퀸스에 자리 잡고 있는 코니아일랜드Coney Island와 JFK 국제공항은 그 사연을 한층 더 이채롭게 만들어준다.

브루클린 *Brooklyn*

이민자들의 종착역에서 창업의 요람으로

토니: 아일랜드 분이세요?

사내: 티가 많이 나나요?

토니: 제가 아일랜드 여자랑 결혼해서 금세 눈치를 챘나 봐요. 브루클린에 많잖아요, 당신네들.

사내: 본국에 남아 있는 사람이 아무도 없을 것처럼 보일 지경이죠.

영화 〈브루클린Brooklyn〉 중에서

★ 1645년 네덜란드인들이 정착하면서 자국 유트레히트Utrecht 주의 마을Breuckelen 이름을 붙인 흔적이 지금까지 남은 곳이 브루클린이다. 1664년 영국 왕 찰스 2세는 뉴욕을 점령하고 나서 이 지역을 킹스 카운티King's County라고 명명했는데, 지금도 카운티 이름으로는 킹스 카운티다. 19세기 초엽에는 조선업에 종사하는 인구가 가장 많았지만 그 후로 제조업은 쇠락해갔다. 1883년 브루클린 브리지가 완공되자 맨해튼과 하나의 생활권이 되었고, 주민 투표를 거쳐 1898년 뉴욕의 일부로 편입되었다.

1960년대에 이 지역 제조업 기반은 최악의 상태를 맞이했다. 1964년 발표된 휴버트 셀비 주니어Hubert Selby Jr.의 소설을 독일과 영국 제작자들이 미국 배우를 기용해 만든 영화 〈브루클린으로 가는 마지막 비상구Last Exit to Brooklyn〉는 뉴욕을 배경으로 한 가장 암울한 영화일 것이다. 존 스타인벡John Steinbeck 원작의 〈The Grapes of Wrath〉보다 빈곤의 절규가 더 쨍쨍하고, 뉴욕이 무법천지로 변한 디스토피아를 묘사한 〈The Warriors〉나 〈Escape from New York〉보다도 더 폭력적이다. 〈브루클린으로 가는 마지막 비상구〉에 나타나는 1960년대의 선셋 파크Sunset Park 지역은 실업과 마약과 폭력과 매춘이 낡아빠진 건물과 흙먼지 날리는 거리를 지배하던 슬픈 도시였다.

브루클린에서 벌어지는 범죄와의 전쟁도 뿌리가 깊다. 윌리엄 프리드킨William Friedkin 감독의 〈The French Connection〉은 1972년 R등급 영화로는 최초로 아카데미 작품상을 수상했고, 감독상·각색상·편집상·남우주연상을 휩쓸었다. 전철을 탈취해 달아나는 살인범을 열혈 뉴욕 형사 '뽀빠이' 도일이 자동차로 뒤쫓는 장면은 영화사상 가장 인상적인 추격 장면들 중 하나로 꼽힌다. 이 장면은 벤슨허스트

〈브룩클린으로 가는 마지막 비상구Last Exit to Brooklyn〉(1989)
★★★ 감독 울리히 에델
출연 스티븐 랭(해리 블랙), 제니퍼 제이슨 리(트랄라), 버트 영(빅 조)

〈The Warriors〉(1979)
★★★ 감독 월터 힐
출연 마이클 벡(스완), 제임스 레마(아약스), 도시 라이트(클레온)

Bensonhurst 구역의 스틸웰Stillwell 노선 지상 고가 전철 구간에서 5주간에 걸쳐 촬영했다. 영화 교과서에서 화면 구도의 전범으로 인용되는 전철역 계단에서의 범인 사살 장면은 브루클린 62가 전철역에서 촬영했다.

시드니 루멧 감독, 알 파치노 주연의 1975년 작품 〈Dog Day Afternoon〉은 1972년 브루클린 체이스 맨해튼 은행에서 벌어진 강도 사건을 소재로 한 것이다. 소니와 살바토레는 총기를 들고 은행을 털기 위해 들어가지만 성과도 없이 경찰에 포위된다. 살바토레 역을 맡은 존 카제일John Cazale은 이 영화를 포함해 〈대부〉, 〈The Conversation〉, 〈대부 2〉, 〈디어 헌터The Deer Hunter〉 등 딱 다섯 편의 영화에만 출연했고, 그가 출연한 영화마다 아카데미 작품상 후보에 올

〈The French Connection〉(1971)
★★★ 감독 윌리엄 프리드킨
출연 진 핵크먼(지미 파파이 도일), 페르난도 레이(엘레인 카니어)

〈Dog Day Afternoon〉(1975)
★★★ 감독 시드니 루멧
출연 알 파치노(소니 워트직), 존 카제일(살바토레 샐)

랐다. 코미디를 연기할 때도, 그의 캐릭터는 슬픔을 끌어안은 페이소스를 보여준다. 소니와 살바토레가 인질극을 벌이는 모습은 실소가 나올 만큼 어색한데, 그보다 더 낯선 모습은 미국에서도 저토록 경찰 당국이 주민들의 불신과 미움을 받는 시기가 있었다는 사실이다. 이들이 경찰과 대치하던 영화 속 은행은 프로스펙트 파크 웨스트Prospect Park West 285번지 건물에서 촬영했다.

리처드 기어, 돈 치들Don Cheadle, 에단 호크Ethan Hawke, 웨슬리 스나입스, 빈센트 도노프리오 같은 화려한 캐스팅만으로 감동적인 영화가 만들어지는 건 아니라는 사실을 보여준 〈브룩클린스 파이니스트Brooklyn's Finest〉라는 스릴러도 있었다. 미국에서 'the finest'라고 집합적으로 쓰면 경찰을 의미한다. 박봉과 관료주의와 허무감에 시달리는 강력반 경찰관들은 마약과 인신 매매와 폭행과 살인이 난무하는 브루클린 브라운스빌Brownsville 구역에서 저마다 다른 방식으로 인생이라는 고해苦海에 대응한다.

〈툼스톤〉은 1838년에 조성된 그린우드 묘지Green-Wood Cemetary에서 발견된 토막 시신의 살해범을 추적하는 내용을 담고 있다. 영화의 말미에는 이 묘지에서 두 명의 강간 살해범과 주인공 매튜의 총격전이 벌어진다.

〈브룩클린스 파이니스트Brooklyn's Finest〉
(2009)
★★ 감독 안톤 후쿠아
출연 리처드 기어, 에단 호크, 웨슬리 스나입스

그럼에도 불구하고 브루클린을 범죄의 소굴로 기억하는 건 공평하지 못하다. 1980년대 이후 서서히 변화를 맞이한 브루클린의 하안 지역은 오늘날 뉴욕 주민들이 가장 선호하는 주거지 중 하나가 되었다. 특히 2010년대 이후로는 하이테크를 이용한 첨단 기업들의 창업 장소이자, 현대 예술 및 디자인의 요람으로 각광을 받고 있다. 〈나의 특별한 사랑 이야기〉의 주인공 윌과 에이프릴이 이런 대화를 나눈다.

윌: 요즘도 전에 살던 다락방에 살아?

에이프릴: 브루클린에 살아.

윌: 항상 첨단을 걷는군.

1960년대의 선셋 파크 지역은 실업과 마약과 폭력과 매춘이 낡아빠진
건물과 흙먼지 날리는 거리를 지배하던 슬픈 도시였다.

박봉과 관료주의와 허무감에
시달리는 강력반 경찰관들은
마약과 인신매매와 폭행과
살인이 난무하는 브루클린
브라운스빌 구역에서 저마다
다른 방식으로 인생이라는
고해에 대응한다.

브루클린 하이츠 강변은 맨해튼의 야경을 감상하기에 가장 좋은 곳이다. 수상 택시가 오가는 이곳의 부두는 일일이 꼽기 어려울 정도로 많은 영화에 등장했다. 브루클린 하이츠는 맨해튼 업타운처럼 고급 주택가는 아니지만 2000년대 이후로는 멋을 아는 젊은 뉴요커들의 보금자리로 인기를 얻고 있다. 〈사랑의 레시피No Reservations〉의 요리사 케이트가 몬태그 테라스Montague Terrace 8번지의 아파트에 살았고, 〈라스베가스에서만 생길 수 있는 일〉에서는 라스베이거스에서 충동적으로 결혼을 치른 조이와 잭이 올드 풀턴 가Old Fulton St 19번지 잭의 아파트에 신혼살림을 차렸다. 브루클린 하이츠에서 벌어지는 가장 시끌벅적한 연애 소동은 노만 주이슨 감독의 1987년 코미디 〈문스트럭〉에 담겨 있다.

1930년만 해도 브루클린은 백인 인구가 97% 이상을 차지하던 지역이었다. 20세기 초에는 유태인이 우세했지만 20세기 중반에는 아일랜드인들이 '본국은 텅 비었다'는 농담을 할 정도로 많이 브루클린에 몰려왔던 모양이다. 2016년 아카데미 시상식에서 작품상, 여우주연상, 각색상 후보에 올랐던 영화 〈브루클린Brooklyn〉은 홀몸으로 미국에 건너온 아일랜드 처녀 에일리스의 이야기다. 〈어톤먼트Atonement〉에 나왔던 눈만 커다랗고 기묘하게 생긴 말라깽이 꼬마가 예쁜 숙녀로 성장한 모습이 반가웠는데, 브루클린 백인 사회의 분위기를 짐작하는 데 도움이 되는 영화다.

1984년의 흑백영화 〈천국보다 낯선Stranger Than Paradise〉는 짐 자무쉬Jim Jarmusch 감독을 뉴욕 인디 영화의 대표 선수로 만들어준 영화다. 사무엘 베케트Samuel Beckett의 연극처럼 이 영화의 주인공들은 무언가를 기다리고, 대화를 나누고, 길을 떠나지만 모든 것이 황량하고, 부

〈사랑의 레시피No Reservations〉(2007)
★★★ 감독 스콧 힉스
출연 캐더린 제타-존스(케이트), 아론 에크하트(닉), 애비게일 브레슬린(조)

〈라스베가스에서만 생길 수 있는 일What Happens in Vegas〉(2008)
★★ 감독 톰 본
출연 카메론 디아즈(조이), 애쉬튼 쿠쳐(잭)

질없고, 어긋난 것처럼 보인다. 세 단락으로 이루어진 이 영화의 첫 부분 〈The New World〉는 1982년에 먼저 만든 단편영화였다. 브루클린에 살고 있는 윌리에게 헝가리의 사촌 동생 에바가 찾아와 열흘 동안 함께 지낸다. 윌리는 에바에게 헝가리어를 쓰지 말라고 하고, 옷도 '여기 사람들처럼' 입으라고 권한다. 외출은 해도 좋은데 클리블랜드 가Cleaveland St 아래로는 위험하니까 다니지 말라고 한다.

1970년대 이후 서아시아(주로 파키스탄)인, 서인도제도(주로 자메이카, 기아나, 하이티)인, 중남미(주로 푸에르토리코)인 등이 브루클린으로 유입되었고 최근에는 중국인도 폭증하면서 아일랜드인들 상당수는 롱아일랜드의 다른 지역으로 옮겼다. 1930년대에는 흑인들 중 상당수가 할렘을 떠나 브루클린으로 옮겨 왔는데, 그중에서도 퀸스에 가

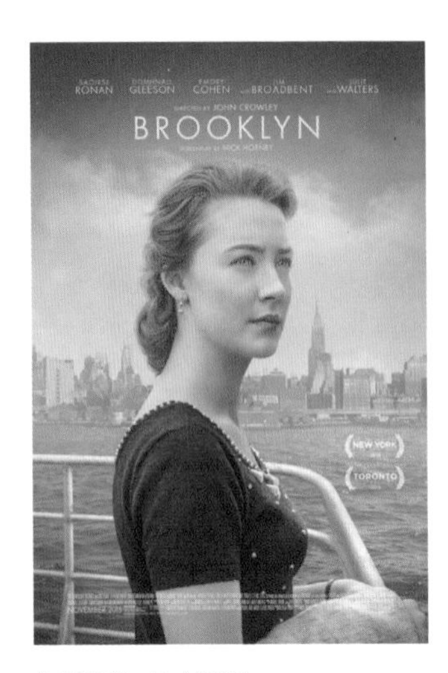

〈브루클린Brooklyn〉(2015)
★★★ 감독 존 크로울리
출연 서샤 로우넌(에일리스), 에머리 코헨(토니)

〈천국보다 낯선Stranger Than Paradise〉(1984)
★★★ 감독 짐 자무쉬
출연 리차드 에드슨(에디), 존 루리(윌리),
에스터 발린트(에바)

까운 베드퍼드-스타이브슨트Bedford-Stuyvesant는 뉴욕에서 흑인 인구 밀집도가 가장 높은 동네가 되었다. 스파이크 리 감독은 이 동네 렉싱턴 가에서 벌어지는 이야기를 다룬 〈Do the Right Thing〉으로 미국의 사회적 갈등을 다루는 주목받는 신예 작가로 인정받았다. 영화의 전반부는 마치 TV 드라마처럼 코믹하고 경쾌한데, 무더위에 지친 시민들이 짜증을 내기 시작하면서 일상 속에 지뢰처럼 묻혀 있던 인종적 편견이 표면으로 튀어나와 동네 피자집이 박살나고 결국 사망자가 발생한다. 이 영화 속에서 자기 잇속만 차리고 공동체에는 무관심한 것으로 묘사된 한인 상점 주인의 이미지는 어쩐지 1992년 LA 폭동 당시 한인 사회가 당했던 막대한 피해를 예고한 것만 같은 씁쓸한 느낌이다.

존 바담John Badham 감독의 1977년 영화 〈토요일 밤의 열기Saturday

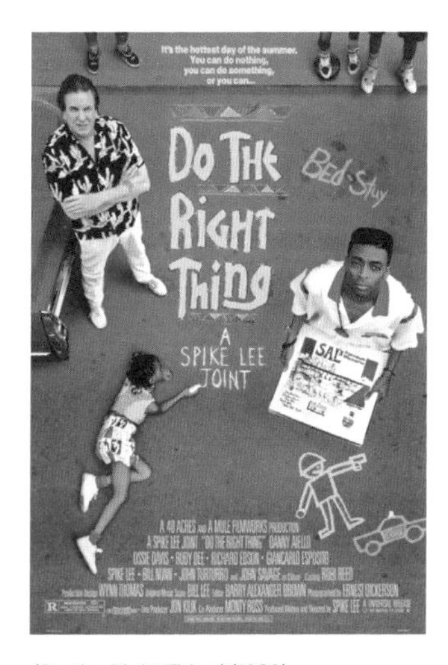

〈Do the Right Thing〉(1989)
★★★★ 감독 스파이크 리
출연 대니 아옐로, 오시 데이비스, 스파이크 리

〈토요일 밤의 열기Saturday Night Fever〉(1977)
★★★★ 감독 존 바담
출연 존 트라볼타(토니 마네로)

Night Fever〉는 베이 리지Bay Ridge 지역에 사는 이탈리아계 청년 토니의 이야기다. 이 영화의 사운드트랙 앨범이 한 시대를 정의할 만큼 폭발적인 성공을 거두었기 때문에 언뜻 화려한 오락 문화를 묘사한 영화로 오해하기 쉬운데, 주인공 토니의 화려함은 길에서 주운 공작새 깃털로 치장한 까마귀처럼 슬픈 화려함이다. 페인트 가게 점원인 토니가 주말마다 디스코텍을 찾는 이유는 그 무대에서만큼은 모두가 주목하는 스타가 되고, 암울한 현실과 막막한 장래 문제를 잊을 수 있기 때문이다. 그럴듯한 직장을 잡지 못하는 처지, 버팀목이 되어주기는커녕 노상 나무라기만 하는 부모, 이루기 어려운 사랑, 동네의 인종적 갈등에 대한 묘사는 이 영화를 〈아웃사이더The Outsiders〉, 〈The Breakfast Club〉, 〈열정St. Elmo's Fire〉, 〈Pretty in Pink〉 등에 비견

〈Staying Alive〉(1983)
★★ 감독 실베스터 스탤론
출연 존 트라볼타

〈Brighton Beach Memoirs〉(1986)
★★★ 감독 진 삭스
출연 블리드 대너(케이트), 조나단 실버맨(유진)

할 수 있는 미국 청년 풍속도 중 한 편으로 만들었다. 6년 후의 속편 〈Staying Alive〉는 실베스터 스탤론이 감독을 맡았다.

브루클린 남단 브라이튼 해변Brighton Beach은 극작가 닐 사이먼의 1983년 자전적 희곡 〈브라이튼 해변의 추억Brighton Beach Memoirs〉의 무대다. 이 연극은 1986년 동명의 영화로도 만들어졌다. 1937년 대공황 시절을 배경으로 폴란드계 유태인 소년 유진이 겪는 성장통을 유머러스하게 그려내, 국내에서도 세실극단이 여러 차례 공연했다. 이 동네에는 슬라브계 주민이 많아 '리틀 러시아Little Russia, 리틀 오데사Little Odessa'로 불린다. 키릴Cyrillic 알파벳 간판도 심심찮게 눈에 띈다. 〈로드 오브 워〉에서 니콜라스 케이지Nicolas Cage가 연기했던 악덕 무기상인 유리 올로프의 가정사를 들어보자.

"우리 가족은 제가 어렸을 때 미국으로 왔어요. 하지만 마음까지 고향을 떠난 건 아니었죠. 우크라이나인들이 대개 그랬듯이, 우린 브라이튼 해변에 모여 살았어요. 흑해 연안을 떠올리게 해주는 곳이죠. 얼마 지나지 않아, 난 우리가 한 지옥을 떠나 다른 지옥으로 왔다는 걸 깨달았어요. (생략) 내 생애의 첫 20년 동안 내게 리틀 오데사는 마치 지하철 노선의 종점 같은 곳이었죠. 제 진짜 이름은 유리 올로프가 아니에요. 거짓말이었어요. 20세기에 유태인으로 사는 게 유리했던 시절은 별로 없었지만, 1970년대에 소련을 탈출하기 위해서 우리 가족은 유태인인 체했어요. 물론 그 이후로 제가 코셔Kosher 율법을 지킨 일은 없었지만 말이죠."

〈로드 오브 워Lord of War〉(2005)
★★★★ 감독 앤드류 니콜
출연 니콜라스 케이지(유리), 에단 호크(잭)

브라이튼 해변을 배경으로 했던 영화로는 대런 아로노프스키Darren Aronofsky 감독의 초기작 〈레퀴엠Requiem for a Dream〉도 있다. 끝까지 보기가 쉽지는 않지만 보고 나면 결코 잊을 수 없는 영화다. (원작은 《브룩클린으로 가는 마지막 비상구Last Exit to Brooklyn》를 썼던 휴버트 셀비의 동명 소설이다. 셀비는 두 영화에 모두 단역으로 출연했다.) 네 명의 등장인물이 약물중독에 빠져 피폐해져가는 충격적인 과정을 화면에 담았다. 주인공 모자가 살던 영화 속 아파트는 러시아계 유태인들이 많이 사는 브

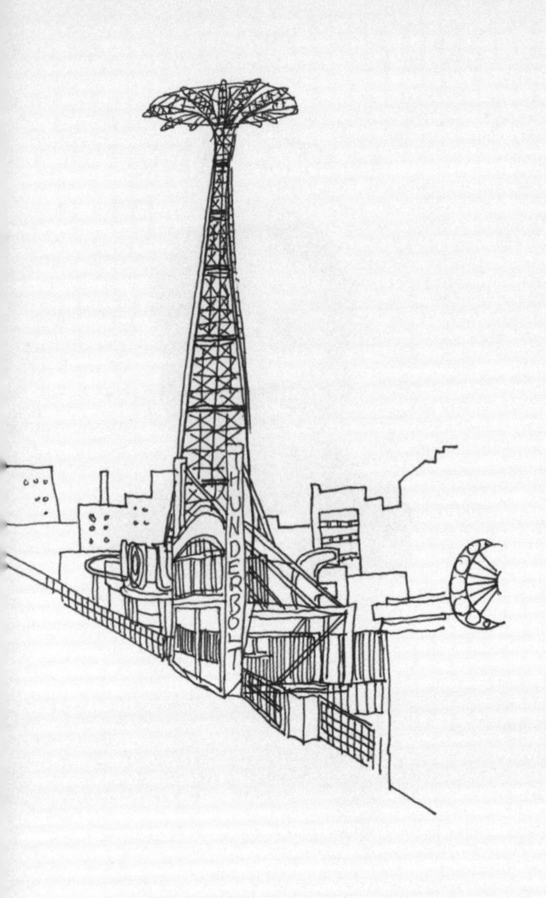

우크라이나인들이 대개
그랬듯이, 우린 브라이튼 해변에
모여 살았어요. 흑해 연안을
떠올리게 해주는 곳이죠. 얼마
지나지 않아, 난 우리가 한
지옥을 떠나 다른 지옥으로
왔다는 걸 깨달았어요.

라이튼 6가6th St 3152번지 건물이었다. 이 영화로 아카데미 여우주연상 후보에 오른 것은 엘렌 버스틴Ellen Burstyn 여사였지만, 배우 겸 가수였던 자레드 레토Jared Leto가 처음으로 평단의 주목을 받고, 만년 청순가련형 소녀였던 제니퍼 코넬리Jennifer Connelly가 작심하고 완전히 망가진 영화이기도 했다. 코넬리는 아역 시절부터 스타였지만, 이 영화로 철저히 망가진 모습을 보여준 뒤에야 진지한 연기자 대접을 받게 된다. 그로부터 2년 뒤, 〈뷰티풀 마인드A Beautiful Mind〉에서 보여준 좋은, 그러나 상대적으로 평이했던 연기로 아카데미 여우조연상을 수상한 것도 이 영화가 밑거름이 되어준 덕분이었음이 확실하다.

〈레퀴엠Requiem for a Dream〉(2000)
★★★★ 감독 대런 아로노프스키
출연 엘렌 버스틴(사라), 자레드 레토(해리),
제니퍼 코넬리(마리온), 말로 웨이언스(타이론)

〈The Squid and the Whale〉은 1986년 파크 슬로프Park Slope 6가 167번지에 살던 백인 중산층 부부의 이혼과, 거기서 비롯되는 가정의 붕괴를 묘사했다. 이 영화는 신경질적이면서도 무신경한, 특이한 분위기를 띠고 있는데, 어쩌면 지식인의 위선을 조롱하는 신경병적인 느낌은 제작자 웨스 앤더슨의, 아픔을 무덤덤하게 받아들이는 방식은 노아 바움백 감독의 몫인지도 모르겠다. 스탠퍼드 대학 프랜시스 후쿠야마Francis Fukuyama 교수는 1999년 《대붕괴 신질서The Great Disruption》라는 저서를 통해 산업사회가 정보사회로 접어들면서 도덕적

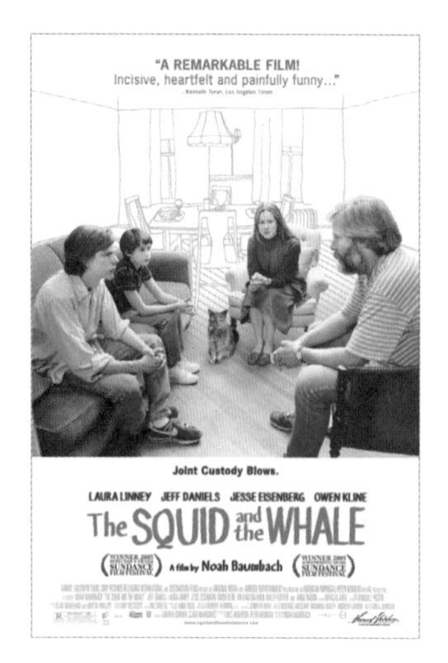

〈The Squid and the Whale〉(2005)
★★★ 감독 노아 바움백
출연 제프 다니엘스, 로라 리니, 제시 아이젠버그

〈인턴The Intern〉(2015)
★★★ 감독 낸시 마이어스
출연 앤 해서웨이(줄스 오스틴), 로버트 드니로(벤 휘태커)

가치가 해체되고 재구성되는 과정을 설명했다. 그는 특히 가족 관계의 변화에 주목했는데, 〈The Squid and the Whale〉은 이 책의 보조 교재로 사용하면 딱 좋을 영화였다.

〈The Squid and the Whale〉이 우리가 알고 있던 가족 관계의 붕괴를 그렸다면, 낸시 마이어스Nancy Meyers 감독의 〈인턴The Intern〉은 새로운 환경에 적응해 재구성되고 있는 미래형 가정을 묘사한다. 가정주부였던 줄스는 톡톡 튀는 아이디어를 자산으로 '더핏The Fit'이라는 인터넷 패션 회사를 설립하고, 그녀의 남편 매트는 직장을 그만두고 아이를 돌보는 전업주부 역할을 자처한다. 새로운 가정의 위기는 남편이 주부로서의 정체성에 회의를 느낄 때 닥쳐온다. 은퇴한 70세의 노신사 벤은 아내를 여의고 혼자 살아가고 있는데, 그의 회사가 전화

번호부를 제작하는 회사였다는 사실을 감안하면 그가 정년퇴직할 때까지 회사가 존재했다는 사실 자체가 그에게는 행운이 아니었을까 싶다. 벤은 여생을 활기차게 보내기 위해 더핏에 인턴으로 근무를 자원한다. 빠른 노령화 추세를 감안하면, 칠순 노인의 인턴 취업은 우리에게도 강 건너 불구경일 수만은 없다. 최첨단 아이디어와 젊은 직원들로 무장한 인터넷 기업의 창업이 브루클린에서 이루어지는 것은 자연스럽다. 브루클린에 있는 더핏의 사무실 외관은 실은 브롱크스 바레토 가Barretto St에 있는 지폐 인쇄 공장에서 촬영했다. 줄스의 집은 브루클린 그랜드 가Grand Ave 385번지 건물이다.

자, 이제는 베라자노 브리지Verrazano-Narrows Bridge를 지나 스태튼아일랜드로 갈 차례다.

스태튼아일랜드 *Staten Island*

사람들이 종종 잊는 뉴욕의 일부

가끔 나도 집에서 속옷 바람으로 춤추면서 노래를 해.

하지만 그런다고 내가 마돈나가 되는 건 아니야.

영화 〈워킹 걸〉 중에서, 신시아의 대사

★ 익살맞고 짓궂게 스태튼아일랜드를 소개하는 영화가 있다. 뤽 베송이 제작에 참여한 제임스 디모나코James DeMonaco 감독의 데뷔작 〈Staten Island〉는 이런 내레이션으로 시작한다.

"스태튼아일랜드에 오신 것을 환영한다. 뉴욕의 다섯 번째 구, 하지만 그보다는 '빅애플The Big Apple'이라는 별명을 가진 이 도시에서 잊혀가고 무시당하는 구역으로 더 악명이 높은 곳이다. 뉴스 채널에서 뉴욕 일기예보를 할 때면 스태튼아일랜드 날씨를 빠뜨리기 일쑤다. 심지어 1988년에 뉴욕 이사회는 연간 예산을 짜면서 스태튼아일랜드에도 재원을 배정해야 한다는 사실을 잊기까지 했다. 대체 왜들 이러는 걸까? 아마도 스태튼아일랜드가 모든 이들이 세계의 중심이라고 여기는 장소와 같은 도시 속에 있기 때문일 것이다. 그렇다. 맨해튼 말씀이다. 스태튼아일랜드는 이웃 동네의 명성에 잠겨 익사하고 있는 걸까? 그럴지도 모른다. 하지만 그렇다면 대실수다. 스태튼아일랜드는 사람들이 잘 이해하지 못하는 독특한 땅이다. 더는 맨해튼의 잊힌 양자 같은 대접을 받아서는 안 된다. 우나미Unami 원주민 부족이 수백 년 지배했던 섬을 1670년 영국이 구매한 이래 스태튼아일랜드는 인종적, 재정적 다양성이 큰 곳으로 변화해 왔다. 의사와 증권거래인과 변호사가 형사, 소방관, 소독 기사 이웃에 사는 곳. 그 와중에 뉴욕 다섯 구 가운데 조직폭력단 인구가 가장 많은 곳이기도 하다. 제대로 들으셨다. 스태튼아일랜드는 뉴욕에서 폭력단에게 가장 인기가 높은 거주지이고, 이 섬의 숲은 뉴욕-뉴저지 일대에서 시체 유기 장소로 가장 자주 선택된다. 시체 밭이나 다름없는 이 섬에는 마침 어울리는 도로나 동네의 이름도 많다. 그레이트킬스Great Kills, 아서킬Arthur Kill, 프레시킬스Fresh Kills, 킬밴컬Kill Van Kull 따위다. 하지만 이 섬을 진정 특별하게

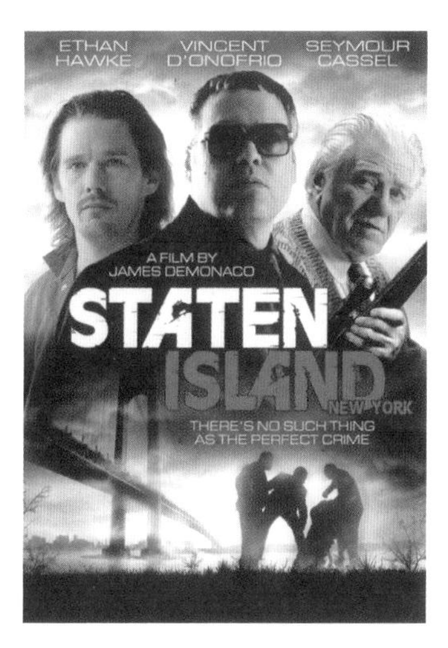

〈Staten Island〉(2009)
★★ 감독 제임스 디모나코
출연 에단 호크(설리 핼버슨), 빈센트 도노프리오(파미 타조), 세이무어 카셀(제스퍼 사비아노)

만드는 것은 여기 사는 사람들이다. 이 버려진 섬의 주민들에게는 뭔가 매우 다른 점이 있다. 각설하고, 이 잊힌 장소와 독특한 주민들이 도대체 어떤지 직접 살펴보자. 좋은 여행하시길!"

〈Staten Island〉는 독립 영화에 가깝다. 에단 호크가 분뇨처리기사로, 빈센트 도노프리오가 조폭 두목으로, 세이무어 카셀Seymour Cassel이 언어장애를 가진 정육점 직원으로 출연한다. 세 주인공의 코믹하고, 애처로운, 끔찍한 인연이 영화의 말미에 한 줄기로 만나는 구성이다. 비록 이 영화는 스태튼아일랜드를 조폭들의 놀이터처럼 묘사했지만, 실제로 분위기가 그렇게 나쁜 것은 아니다. 킬Kill이 들어가는 동네 이름은 아닌 게 아니라 좀 섬뜩하기는 한데, '킬'은 네덜란드어로 수로水路, 또는 하상河床을 의미하기 때문에 강변 지역에 종종 남아 있는 명칭일 뿐, 그 자체는 조폭과 상관이 없다.

17세기에 이 섬을 차지한 네덜란드는 자국의 의회Staten-Generaal를 기려 이곳을 'Staaten Eylandt'라고 명명했다. 지금의 섬과 구의 이름은 그래서 스태튼아일랜드가 되었지만, 카운티 이름은 리치몬드다. 영국 왕 찰스 2세의 아들 리치몬드 공 레녹스Charles Lennox, 1st Duke of Richmond를 기려 영국인들이 붙였던 이름이다. 독립전쟁 당시 이 섬은 허드슨 하구를 점령하기 위한 영국군의 전진기지였기 때문에 1776년에는 무려 140척의 영국 전함이 여기에 정박했다. 브루클린과 마찬가지로 1898년에 뉴욕의 일부로 편입되었는데, 1960년만 해도 스태튼아일랜드의 인구는 지금의 절반도 안 되는 22만 명에 불과했다.

스태튼아일랜드가 종종 무시당한다는 느낌을 받는 것은 뉴욕의 다섯 구 중 인구가 가장 적다는 사실과도 무관하지 않다. 면적은 퀸스와 브루클린 다음으로 크고, 브롱크스보다는 무려 50% 정도가 더 큰데 인구는 47만 명 정도로 브롱크스 인구의 30% 정도에 불과하니 뉴욕 기준으로는 거의 '텅 빈 땅' 같은 느낌을 주는 게 사실이다. 그나마 주거지는 맨해튼과 브루클린이 바라보이는 북부 해안 지대에 밀집해 있다. 백인 인구가 75% 이상으로, 다수는 이탈리아계다. 그밖에는 스리랑카인이 많아 톰킨스빌Tompkinsville에는 리틀스리랑카Little Sri Lanka가 조성되었고, 멕시코인과 이집트(콥트교도)인들도 제법 많다.

이탈리아계 다음으로 많은 유럽계 이민은 아일랜드계다. 이 섬 주민들의 애환과 야망을 가장 솜씨 좋게 담은 영화는 〈워킹 걸〉이었는데, 주인공 테스 멕길은 스태튼아일랜드 주민의 정형을 보여준다. 누추한 연립주택에 사는 노동자 계층 집안의 아일랜드계 여성으로, 야간대학에서 경영학 학사 학위를 받고 맨해튼에 어렵사리 구한 직업은 비서직이다. 그녀의 상사는 다정한 체하면서 그녀의 아이디어를 가로챈다. 집에서 빈둥대는 남자 친구는 집안에 딴 여자를 끌어들여 바람을 피운다. 그녀가 월 스트리트에서 능력을 발휘하기 위해 필요한 것은 무엇일까. 그녀에게 반한 유능한 사내와 약간의 행운, 그보다 중요한 것은 야심을 포기하지 않는 그녀의 집요함이 아니었을까. 함께 비서로 근무하는 친구 신시아와는 달리 테스는 비서직에 만족

〈워킹 걸Working Girl〉(1988)
★★★★ 감독 마이크 니콜스
출연 해리슨 포드(잭), 시고니 위버(캐더린), 멜라니 그리피스(테스), 조안 쿠삭(신시아)

〈Joe Versus the Volcano〉(1990)
★★★ 감독 존 패트릭 쉐인리
출연 톰 행크스(조), 멕 라이언(디디/안젤리카/패트리시아)

하고 안주할 생각이 없다. 그런 그녀의 태도가 바로 이 영화를 따뜻하게 만들어주는 동력이다. 테스가 살던 집은 리치몬드 테라스Richmond Terrace 506번지 건물에서 촬영했고, 들러리로 참석한 친구의 결혼식은 요크 가York Ave 109번지 성 스타니슬라우스 교회St. Stanislaus Kostka Church에서 촬영했다.

〈Joe Versus the Volcano〉에서 주인공 조도 이 섬의 주민이었다. 그가 일하던 의료 기구 제작 회사의 근무 환경은 괴기 영화에나 나올 법한 정도로 지저분하고 을씨년스럽다. 조는 활력도, 의욕도 없이 살아가다가 자신이 죽을병에 걸렸다는 시한부 선고를 받고서야 사표를 던지고 스태튼아일랜드 '바깥세상'으로 나갔다.

〈데블스 오운〉의 톰 경사도 아일랜드계다. 성실한 가장이고, 좋

스태튼아일랜드는
사람들이 잘
이해하지 못하는
독특한 땅이다.
더는 맨해튼의 잊힌
양자 같은 대접을
받아서는 안 된다.

〈데블스 오운The Devil's Own〉(1997)
★★★ 감독 앨런 J. 파큘라
출연 해리슨 포드(톰), 브래드 피트(프랭키)

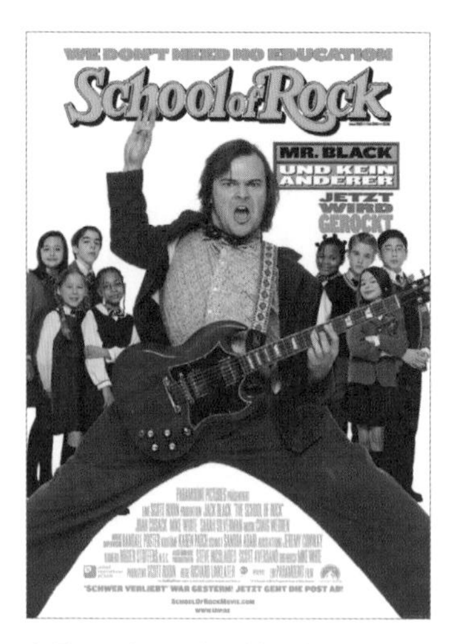

〈스쿨 오브 락School of Rock〉(2003)
★★★ 감독 리처드 링클레이터
출연 잭 블랙(듀이 핀)

은 아빠이며, 강직한 경찰인 그는 미국에서 일자리를 구한다는 아일랜드 동포 청년에게 숙식을 제공한다. 하지만 톰은 이 청년의 정체가 IRA의 악명 높은 테러리스트 프랭키 맥과이어라는 사실을 알게 된다. 프랭키의 체포 협조를 의뢰하는 영국 경찰의 태도를 보아하니 그들은 프랭키를 산 채로 잡을 생각은 별로 없다. 톰은 자신의 직분을 수행하면서 프랭키를 살리는 길은 자신이 그를 체포하는 것뿐이라고 생각한다. 항구에서 출항한 통통배가 두 사람의 최후의 격돌 장소로 등장한다.

〈스쿨 오브 락School of Rock〉은 어느 동네인지가 중요한 영화는 아니지만, 스태튼아일랜드를 무대로 촬영했고 이 영화 등장인물들의 엉성하고 우스꽝스런 모습이 어쩐지 스태튼아일랜드와 잘 어울려 보인

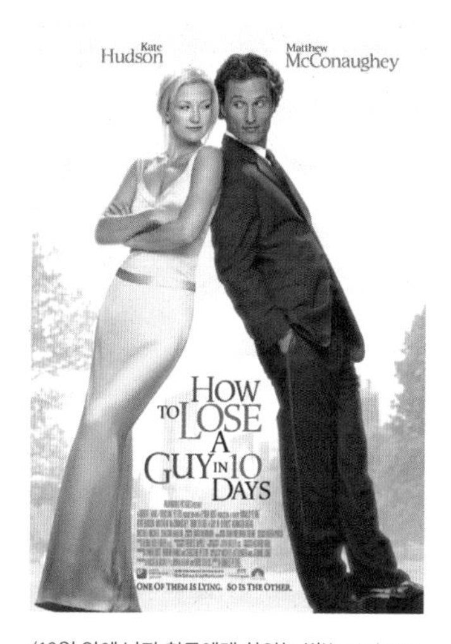

〈10일 안에 남자 친구에게 차이는 법How to Lose a Guy in 10 Days〉(2016)
★★★ 감독 도널드 패트리
출연 매튜 맥커너히(벤자민), 케이트 허드슨 (앤디)

다. 록 음악에 미쳐 공연을 하고 싶어 어쩔 줄 몰라 하는 듀이는 초등학교에서 가짜 선생님 노릇을 하면서 아이들과 록 밴드를 꾸민다. 영화에 등장하는 호레이스 그린 초등학교는 스태튼 아일랜드의 와그너 칼리지Wagner College를 배경으로 촬영했고, 여러 밴드가 경쟁하는 '배틀battle'은 1929년에 지어진 성 조지 극장St. George Theater(하얏트 가Hyatt St 35번지)에서 촬영했다.

스태튼아일랜드의 소외감은 심리적인 것만은 아니다. 이 섬은 뉴욕 자치구들 중 맨해튼과 다리나 터널로 연결되지 않은 유일한 구역이기 때문이다. 그래서 이 섬의 전철은 뉴욕 전철 시스템과 연결된 일부가 아니다. 여기서 맨해튼으로 가려면 무료로 운항하는 페리를 타거나, 베라자노 브리지로 브루클린을 경유하는 수밖에 없다. 하지만 그 덕에 도심에서 떨어진 한적한 느낌은 있다.

〈10일 안에 남자 친구에게 차이는 법〉의 주인공 벤자민은 사무실 사람들과 내기 삼아 시작했던 데이트의 상대 앤디에게 진짜 연정을 느끼기 시작한다. 엎치락뒤치락, 속임수와 탄로와 오해가 이어지는 두 사람이 서로에게 가장 가까이 다가가는 대목은 벤자민이 앤디를 스태튼아일랜드의 부모 집에 데려가 식구들과 함께 카드 게임을

〈너브Nerve〉(2016)
★★★ 감독 헨리 유스트, 아리엘 슐만
출연 엠마 로버츠(비), 데이브 프랭코(이안),
에밀리 미드(시드니)

〈킥 애스: 영웅의 탄생Kick-Ass〉(2010)
★★★ 감독 매튜 본
출연 애런 존슨(킥 애스), 클로이 모레츠(힛걸),
니콜라스 케이지(데이먼 맥크레디)

하는 장면이다. 저만치 뉴욕 항 너머로 도심의 스카이라인이 보인다. 그 집에 다녀오는 길에는 페리를 타야 하기 때문에 그림으로도 로맨틱한 장면이 연출된다.

〈너브Nerve〉의 여고생 비도 스태튼아일랜드 주민이다. 그녀는 원하는 대학으로 진학해 집을 멀리 벗어나고 싶어 하지만, 그녀의 어머니는 그녀가 등록금이 싼 집 근처의 대학으로 통학하기를 바란다. 비는 반쯤은 우연히, 반쯤은 탈출구를 찾고 싶은 오기 어린 만용으로 '너브'라는 위험한 온-오프라인 동시 진행 게임에 뛰어든다. 그녀도 페리를 타고 스태튼아일랜드로 돌아간다.

뉴욕 시가 워낙 슈퍼히어로의 인구밀도가 높은 도시다 보니, 스태튼아일랜드 출신 유명 히어로는 없는지 찾아봤다. 내가 찾을 수 있었던 히어로는 〈킥 애스: 영웅의 탄생Kick-Ass〉의 킥 애스뿐이었다. 만화를 동경하던 데이브는 택배로 구입한 쫄쫄이를 입고 히어로 흉내를 내다가 폭력배들에게 죽기 직전까지 얻어맞는 바람에 말초신경이 망가져 아무리 맞아도 아픈 줄 모르는 불쌍한 히어로 킥 애스로 거듭난다. 스태튼아일랜드 주민들은 안 그래도 불쾌한데 놀리는 거냐고 화를 낼지도 모르겠지만, 킥 애스의 본거지가 스태튼아일랜드인 건 어쩔 수 없는 사실이다. 비록 영화를 스태튼아일랜드에서 촬영한 건 아니지만.

이번 여행은 여기까지다. 영화를 품 안 가득 안고 있는 매력적인 도시를 돌아보는 여정에 동참해주신 것을 감사드린다. 살짝 아쉬운 마음이 드시는 독자들께는 다음번 뉴욕 여행을 기약 드리겠다. 이번 책이 뉴욕의 동네별 설명서였다면, 다음 책은 실제 여행에 더 편리하게 참고할 수 있는 테마별 가이드북으로 준비하고 있다.

되도록 특정 세대에 치우치지 않게 다양한 영화들을 소개하려고 노력했지만, 뉴욕을 배경으로 하는 영화는 이 책에 소개된 작품들 외에도 많고 많다. 지금도 뉴욕은 케이트 베킨세일 · 피어스 브로스넌 주연의 〈The Only Living Boy in New York〉, 휴 잭맨 · 잭 에프런 주연의 〈The Greatest Showman on Earth〉, 사뮤엘 L 잭슨 · 오스카 아이삭 · 올리비아 와일드 주연의 〈Life Itself〉 등 여러 영화의 로케이션 노릇을 하고 있다. 앞으로도 수많은 영화들이 우리에게 이 유난스러운 도시의 이야기를 전해줄 것이다. 뉴욕의 구석구석을 소개하려고 애썼지만, 이 책이 천의 얼굴을 지닌 뉴욕의 전모를 담고 있다고 주장하기도 어렵다. 그것이 이 책의 여백이고, 독자들이 저마다의 경험으로 채워주실 부분이다.

처음 원고를 쓰기 시작한 지 불과 2년여가 흘렀을 뿐인데도 어느새 세상은 사뭇 다른 모습을 하고 있다. 세계 각지에서 반이민, 난민 혐오, 외국인 증오 현상이 눈에 띄게 증가했다. 이런 시절일수록 여행자의 역할이 중요하다고 믿는다. 뉴욕처럼 다양성을 간직한 장소가 가지는 의미도 더 커진 것이 틀림없다. 양자 이론의 선구자였던 덴마크 물리학자 닐스 보어Niels Henrik David Bohr의 말처럼, '상반된 것들은 서로를 보완해주기contraria sunt complementa' 때문이다.

찾아보기

인명

지명

영화명

Manhattan Lower Manhattan TriBeCa Chinatown Lower Eastsi
ittle Italy SoHo West Village Greenwich Village East Villa
Gramercy Koreatown Chelsea Hell's Kitchen Theater Distr
Midtown Midtown East Upper East Side Central Park Upper We
Side Upper Manhattan Harlem The Bronx Queens Brooklyn Stat
Island Manhattan Lower Manhattan TriBeCa Chinatown Low
Eastside Little Italy SoHo West Village Greenwich Village Ea
Village Gramercy Koreatown Chelsea Hell's Kitchen Theater Distr
Midtown Midtown East Upper East Side Central Park Upper We
Side Upper Manhattan Harlem The Bronx Queens Brooklyn Stat
Island Manhattan Lower Manhattan TriBeCa Chinatown Low
Eastside Little Italy SoHo West Village Greenwich Village Ea
Village Gramercy Koreatown Chelsea Hell's Kitchen Theater Distr
Midtown Midtown East Upper East Side Central Park Upper We
Side Upper Manhattan Harlem The Bronx Queens Brooklyn Stat
Island Manhattan Lower Manhattan TriBeCa Chinatown Low
Eastside Little Italy SoHo West Village Greenwich Village Ea
Village Gramercy Koreatown Chelsea Hell's Kitchen Theater Distr
Midtown Midtown East Upper East Side Central Park Upper We
Side Upper Manhattan Harlem The Bronx Queens Brooklyn Stat
Island Manhattan Lower Manhattan TriBeCa Chinatown Low
Eastside Little Italy SoHo West Village Greenwich Village Ea
Village Gramercy Koreatown Chelsea Hell's Kitchen Theater Distr
Midtown Midtown East Upper East Side Central Park Upper We
Side Upper Manhattan Harlem The Bronx Queens Brooklyn Stat
Island Manhattan Lower Manhattan TriBeCa Chinatown Low
Eastside Little Italy SoHo West Village Greenwich Village Ea
Village Gramercy Koreatown Chelsea Hell's Kitchen Theater Distr
Midtown Midtown East Upper East Side Central Park Upper West Si
Upper Manhattan Harlem The Bronx Queens Brooklyn Staten Isla